文化の朝は移動図書館ひかりから

千葉県立中央図書館ひかり号研究

日本図書館研究会
オーラルヒストリー研究グループ 編著

ひかり号（1号車）

日本図書館研究会

2017

ひかり号巡回順路　1960年
（千葉県立中央図書館）

貸出風景　君津地域

上：設置されているテーブルと
　　ベンチを利用して

中：図書を借りる手続きをする
　　女性たち

下：ステーションで貸出業務を
　　する図書館員

上：旧中央図書館前
　　歴代「ひかり号」と
　　図書館員

中：銚子灯台前にて
　　1949年図書館員と地
　　元の子供たち

下：旧中央図書館前
　　1949年8月「ひかり
　　号」1号車完成披露時

上：大網町
　　アコーディオン奏者横森氏と共に

中：「ひかり号」車内

下：房南中学校　1957年10月
　　読書週間で感謝を受ける図書館員
　　と「ひかり号」

序　文

　『格子なき図書館』という映画がある。これは1950年4月に公布された図書館法の精神，中でも法第3条に示された「図書館奉仕」を具体的映像により見てもらい，新しい図書館を実感できるようにと GHQ/SCAP（連合国軍総司令部）の教育政策担当セクションであった CIE（民間情報教育局）によって配給され，全国各地で巡回上映された映画である。戦前からの古い日本の図書館の姿と，図書館法によって生み出される新しい図書館の対比を通じて新旧図書館の違いを描こうとしたものである。

　この映画の最後に，千葉県立図書館の移動図書館「ひかり号」が図書館から遠く離れた山間僻地まで本を運び，ステーションで貸出をする姿が収録されている。

　この「ひかり号」の映像は新しい時代の図書館の象徴として描かれたものであり，これ以降，全国の県立図書館を中心に移動図書館が導入されたことからも，この映画の影響の大きさが分かる。

　本書は，日本図書館研究会の研究グループの一つである「オーラルヒストリー研究グループ」が，千葉県立図書館に残されていた大量の「ひかり号」関係資料を整理し，分析し，また関係者からのインタビューを行いながら，「ひかり号」の歴史を丹念に掘り起こした力作である。

　1950年代から今日まで，全国各地の図書館において数多くの移動図書館が運行されてきたが，その歴史をまとめ上げたものは僅かしかない。今では関係資料が処分され，歴史を辿ることさえままならないものもあるだろうが，移動図書館の先鞭をきった千葉県立図書館の「ひかり号」の歴史がまとめられたことをきっかけに，他の図書館における移動図書館の歴史の発掘と研究の後続を期待したい。

　2017年3月

日本図書館研究会

理事長　前田　章夫

刊行に寄せて

　1949年，全国の移動図書館ブームの先駆けとして巡回を始め，1997年まで活動した千葉県立中央図書館「ひかり号」の調査・研究の成果が本書にまとめられ，出版されますことを心よりお祝い申し上げます。千葉県立中央図書館が文化の光を届けるために巡回させてきた移動図書館活動の資料を調査するとともに，多くの方々のインタビュー等をまとめ，このようなかたちで出版していただけることは価値のあることであり，図書館に勤務する私たちにとっても，当時の図書館員が「ひかり号」を通じてどのような意志で実践を積み重ねてきたのかその精神を知るとともに，何を地域住民にもたらしたのかを知ることで，将来に向けてさらに充実した図書館を目指す良い機会になります。

　さて，本研究にまとめられておりますとおり，図書館員が戦後の迷走した時代に移動図書館を通して地域に深く溶け込み，地域住民との信頼関係を築きながら図書館活動を積み重ねてきました。この「ひかり号」の巡回によって，図書館と地域，地域の人々をつなぐ役割を果たしてきたことがうかがえます。現在は，県内の公共図書館の蔵書は県立図書館の横断検索システムで検索でき，搬送ネットワークでつながり地元の図書館等に取り寄せ利用することができます。また，千葉県では，「子どもと本をつなぐ・子どもの本でつながる読書県『ちば』」を基本理念として，「第3次子どもの読書活動推進計画」に基づき，読書県『ちば』を推進しています。

　県立図書館では県内の中核的な図書館としての役割を強化するとともに，県民に身近な市町村立図書館サービスや学校図書館ネットワークを様々な形で支援し，県内全体の読書活動の充実に努めておりますが，これからも県民の多様なニーズに応えるとともに，房総文化で「つながる」ようその進展に寄与していきたいと考えております。

　最後になりましたが「ひかり号」に携わった多くの方々に敬意を表すとともに，研究をまとめてこられたオーラルヒストリー研究グループの皆様に厚くお礼申し上げます。

平成29年3月 　　　　　　　　　　　　千葉県立中央図書館

　　　　　　　　　　　　　　　　　　館長　鵜澤　堅治

本研究について

オーラルヒストリー研究グループについて

　日本図書館研究会(以下，日図研)の理事会の承認を得て，オーラルヒストリー研究グループ(以下，本グループ)が日図研の研究グループとして正式に発足したのは1992年6月のことである。結成の経緯については，1996年11月刊行の『図書館界』(以下，『界』)の「創立50周年記念日本図書館研究会の50年」に書いたので，ここでは繰り返さない[1]。

　発足時での本グループの研究課題は『中小都市における公共図書館の運営』(以下，『中小レポート』)であった。『中小レポート』関連文献の収集とその分析，インタビューの実施，その記録の整理へと進み，1998年3月にはその成果として『『中小都市における公共図書館の運営』の成立とその時代』を出版した[2]。

　『中小レポート』研究の終了後，本グループは「長野県下伊那郡下青年会による図書館づくりに関する研究」，さらに「長野県上小上田地域における図書館運動の検討」と研究を継続した。この間得られた成果は，日図研研究大会での報告，『界』への投稿などによって明らかにしてきた。しかしながら『中小レポート』研究のように，単行本をまとめるまでには至らなかった。

　聴き取り調査の意義と，その半面の難しさについては，2007年7月の「エビデンスベーストアプローチによる図書館情報学研究の確立」の第5回ワークショップで報告しているので，そちらをご覧いただきたいと思う[3]。本研究の中心人物である大岩桂子から「ひかり号」の未整理資料の存在についての一報が入り，筆者と連絡を取り始めたのは2010年9月。グループ研究とはいいながら，事実上奥泉和久と筆者の二人で「森博研究」を続けていた頃であった。

「ひかり号」研究の概要

　実は自分自身「ひかり号」と廿日出逸暁について書いたことがあり，「ひかり号」に関する未整理資料が千葉県立中央図書館(以下，県立図書館)に眠っているという話には，大変興味を持った[4]。また，大岩のつてで「ひかり号」に関わった旧館員や利用者への聴き取り調査も可能であることがわかった。そ

こで本グループの研究活動として，2011年度より「ひかり号」関係資料の整理と関係者への聴き取り調査を実施することにした。

「ひかり号」研究を始めるにあたり，大岩と『中小レポート』研究以来本グループのメンバーである奥泉に加え，日本の移動図書館の歴史に詳しい石川敬史とアメリカの移動図書館の歴史に詳しい中山愛理をグループに迎え，万全の研究体制を作った。またその後，千葉県館山市に長年居住し南房地域の事情に詳しい関和美と大阪府枚方市立図書館で移動図書館業務の経験がある久保田正啓が加わり，陣容はさらに整った。

県立図書館にメンバーが集まっての初会合は，2011年6月であった。この年の3月に東日本大震災が発生し，県立図書館もしばらく休館となり，出足をくじかれた。メンバーそれぞれが一抹の不安を抱えての出発だった。

しかしながら県立図書館の書庫で山積みになった段ボール箱を見て，これが貴重なものであることを実感した。同時に整理と保存に向けた取り組みを急がなければならないこともわかった。

さっそく大岩が作成した資料のリストを基礎に，「ひかり号」関係資料の整理と最低限の保存対策を進めた。その一方で，関係者からの聴き取り調査も順次実施した。これまでインタビューに応じてくださったのは以下の方々である。改めてお礼申し上げる。

山崎　宏氏(2011年8月28日・9月11日)

大多和誠氏(2011年9月11日)

日高八郎氏(2011年11月27日)

鈴木武次氏(2012年6月3日)

牛久町読書倶楽部の皆さま(2013年8月3日)

中島ひとみ氏(2014年6月8日)

インタビューの結果や「ひかり号」関係資料の分析に基づき，本グループでは2012年2月の日図研第53回研究大会でのグループ発表を皮切りに，研究の成果を明らかにしてきており，すでに6年間の研究の蓄積がある。そして「ひかり号」関係資料の整理を終え，本研究の当初目的であった初期「ひかり号」に関する調査と関係者への聴き取りが一段落したことから，研究の一区切りとして，日図研より特別の助成を頂戴して，本書を刊行することとなった。

なお，ここで本書の本タイトル『文化の朝は移動図書館ひかりから』について付言しておきたい。このタイトルは，「ひかりの歌」の1番のサビの部分か

ら拝借したものである。

　あゝ風かおる　文化の朝は　移動図書館[ブックモビール]　移動図書館[ブックモビール]
　　　　　　　　　　　　　　　〝ひかり〟から　〝ひかり〟から

　「ひかり号」の巡回が始まっておよそ 3 年後の1952年 8 月,「ひかりの歌」が
公募された。土岐善麿を委員長とする選考委員会で審査の結果, 千葉県内在住
の並木杏子が作った歌が 1 等となった。翌年 9 月この歌はレコードになり（作
曲は團伊久磨）, 人々に親しまれた。本グループが整理した「ひかり号」関係
資料には,「ひかりの歌」の SP 盤レコードやレコード作製に関する文書類も
残っている。少々叙情的ではあるが, 上記のような由来があることからこのタ
イトルを付けた次第である。なお, このあとの x ページに「ひかりの歌」の歌
詞と楽譜を掲載している。

本書の内容・構成

　日図研の研究グループは, 原則として毎年度その研究成果を日図研研究大会
などで報告することになっている。本グループも「ひかり号」研究の成果をこ
れまで日図研研究大会で口頭発表の上,『界』に掲載してきた。第 1 部の各章
は, 2011〜2016年度の本グループの研究成果として, 当該年度の日図研研究大
会で口頭発表し,『界』に掲載した以下の 6 編の論文からなる。ただし第 6 章
については, この原稿を書いている時点（2017年 2 月）では, 日図研研究大会
で口頭発表した原稿を基にした『界』掲載予定の論考となる。

第 1 章：石川敬史, 大岩桂子「戦後移動図書館活動の検証：千葉県立図書館
　　　　「ひかり号」調査の概要報告」『図書館界』64(2), 2012.7, p. 154-
　　　　163.（2012.2 日図研第53回研究大会）
第 2 章：石川敬史, 大岩桂子「移動図書館による映画会活動の分析：1950年
　　　　代前半までの千葉県立図書館「ひかり号」を中心に」『図書館界』
　　　　65(2), 2013.7, p. 126-134.（2013.2 日図研第54回研究大会）
第 3 章：石川敬史, 大岩桂子「千葉県立図書館「ひかり号」利用者の分析：
　　　　1940〜1950年代を中心に」『図書館界』66(2), 2014.7, p. 156-164.
　　　　（2014.2 日図研第55回研究大会）
第 4 章：大岩桂子, 中山愛理「「ひかり号」の活動と視聴覚メディア」『図書
　　　　館界』67(2), 2015.7, p. 116-124.（2015.2 日図研第56回研究大会）

第5章：石川敬史，大岩桂子，関和美「転換期における「ひかり号」の検証：病院ボックスを中心に」『図書館界』68(2)，2016.7，p. 142-151.（2016.2 日図研第57回研究大会）

第6章：関和美「千葉県館山・鴨川地域における医療と図書館」『図書館界』69(2)，2017.7(2017.2 日図研第58回研究大会)

　次に第2部は，この間のメンバー各自の「ひかり号」関連の論考を集めた。第1章(大岩)，第2章(奥泉)，第3章(石川)，第4章(中山)，第5章(小黒)は，それぞれ本書の刊行にあわせての書き下ろしである。第6章(久保田)は，久保田正啓「アウトリーチの観点から見た市立移動図書館の役割と意義」『図書館界』67(5)，2016.1，p. 310-316. を改題し，加筆・修正を行ったものである。

　第3部は資料編である。石川敬史，大岩桂子の「1．戦後移動図書館実践史：千葉県立図書館「ひかり号」担当者の山崎宏民，大多和誠氏へのインタビュー記録をもとに」は，『十文字学園女子大学人間生活学部紀要』第11巻(2013年)に掲載された同名論考を転載したものである。「2．千葉県立中央図書館所蔵「ひかり号」関係資料目録」は，前記のように大岩が作成したリストをもとにメンバーが分担して最低限の保存対策を講じながら再編し，それを石川がエクセルの表にまとめた。これらの資料は県立図書館が所蔵しているが，その利用などについては，同館に問い合わせていただきたい。「3．年表」は，奥泉がメンバーの意見を参考に編成した。

　以上のように，本書は約6年間にわたる「ひかり号」研究の集大成である。そのため各章の内容に一部重複がある。ことに第1部は，各年度の日図研大会での研究報告を誤字の修正などを除いてほぼそのまま転載しているため，同じような文章が繰り返しあらわれている。この点について，あらかじめお断りしておきたい。

本書の表記等について

　本書を編むにあたって，各人の文章の書き方を尊重しながらも，やはりグループ研究として1冊の図書にするのであるから，極力表記などを統一するようにした。また注における引用文献の記述などについては，おおむね「『図書館界』執筆要綱」によった。しかしながら，たとえば漢数字・アラビア数字の使用法など，必ずしも一様ではない。

本研究はおもに草創期の「ひかり号」を研究対象としている。この第二次世界大戦後の1940年代後半から1950年代にかけての時期は，様々な面で混乱期・過渡期であった。それは，漢字や仮名づかいなどにおいても然りであり，本研究で使用した資料類でも，新旧の漢字・仮名づかいが混在し，表記に揺れがある。とくに「ひかり号」関係資料所収の手書き文書や謄写版文書などでは，それが著しい。そこで本書では，漢字については原則常用漢字に統一したが，引用文の表記は原文のままとした。

　その他本書の全体像がはっきりしてくると，気になるところがまた現われてきた。おそらくはメンバーそれぞれもう少し時間をかけて調査し，書きたかったことが多々あるだろう。しかし「ひかり号」研究着手から約6年，このあたりで研究にひとつの節目をつけるのが妥当と判断した。積み残したことは今後の課題として，読者の叱正を待ちたいと思う。

　2017年3月
　　　　日本図書館研究会オーラルヒストリー研究グループを代表して
　　　　　　　　　　　　　　　　　　　　　　　小黒　浩司

注

1）『図書館界』48(4)，p. 246-247．また，日図研のウェブサイト中の本研究グループのページ〈http://www.nal-lib.jp/groups/oral/index.html〉．［引用日2016-12-25］

2）オーラルヒストリー研究会編『『中小都市における公共図書館の運営』の成立とその時代』日本図書館協会，1998，386p.

3）「2007年エビデンスベーストアプローチによる図書館情報学研究の確立第5回ワークショップ「図書館史研究にとってエビデンスとは何か？」議事録」日本図書館情報学会のウェブサイト〈http://www.jslis.jp/eba/workshop/5/event070728_3.html〉．［引用日2016-12-25］

4）小川徹，奥泉和久，小黒浩司著『公共図書館サービス・運動の歴史2』日本図書館協会，2006，276p.

ひかりの歌

並木杏子作詞
團伊玖磨作曲

ひかりの歌

(『ひかり』3(1)，1953.4，p.7.)

x

目　　次

第1部

日本図書館研究会　研究大会報告
2012〜2017

ひかり号（2号車）

第1章 戦後移動図書館活動の検証：
千葉県立図書館「ひかり号」調査の概要報告

石川　敬史，大岩　桂子

1. はじめに

　日本の移動図書館は，主に都道府県立図書館によって1950年代に相次いで開始された。終戦後の各地域へ自動車で巡回し，図書の貸出以外に，夜に映画の上映などが行われた。特に，1949年9月に巡回を始めた千葉県立図書館「ひかり号」[1]は，戦後最も早いとされ，移動図書館ブームの先駆けをつくった。当時の移動図書館は，「"閲覧や保存中心"の戦前の公共図書館の姿勢を"公開と貸出し"という体制に切り替え」[2]た。だが1970年代になると，市町村立図書館による移動図書館が大きく展開する中で，都道府県立図書館の移動図書館は批判的に論じられた[3]。

　その背景のひとつが1965年9月に日野市立図書館が開始した移動図書館「ひまわり号」の活動である。個人貸出の徹底，全域サービス等の方針のもと，「ひまわり号」は戦後公共図書館活動を大きく変えた。その後，数多くの市町村立図書館により実施された移動図書館は，市民と図書館との距離を縮め，図書館設置への呼び水になるなど，大きな役割を果たしてきた。しかし，近年は分館の新設や財政上の都合などにより，移動図書館は縮小・廃止の傾向にある。

　そもそも移動図書館の特徴として，機動性やPR性を有する一方で，「資料の数・質において限界があり，職員の数・質において限定され，施設においても自動車の持つ限界内に制約」[4]があった。こうした制約がありながら，各時代で一定の役割を果たした移動図書館に図書館員がどのように携わり，戦後の地域や住民に何をもたらしたのであろうか。また，開架書架を装備し，個人貸出を基本とする移動図書館は，どのように始まり広がったのであろうか。

　戦後の移動図書館活動を検証することによって，移動図書館の意義を明確に

でき，再評価にもつながると考える。

2．研究の方法

　オーラルヒストリー研究グループの目的は，「歴史資料の調査とともに，図書館運動などにたずさわった人々にインタビューをとおして，資料からはうかがい知ることができないことがらを発掘すること」[5]である。本研究では，「これまでに図書館員が地道に積み重ねてきた実践や考え方を丁寧に掘り起し」[6]，戦後移動図書館活動を検証する。

　本研究の契機は，千葉県立中央図書館で約40箱に及ぶ「ひかり号」に関する未整理資料の存在が明らかになったことである。これらの資料には，当時の日誌や文書等が含まれている。具体的には，(1)車両関係資料，(2)行事資料，(3)日誌，(4)ステーションマスター関係資料，(5)千葉県訪問図書館ひかり友の会・千葉県移動図書館後援会関係資料などがある。また，「ひかり号」創設時から移動図書館業務に携わった大岩好昭[7]による個人所蔵の資料も一部含まれている(以下，これらを「ひかり号」関係資料とする)。

　そこで本研究グループでは，現在，こうした「ひかり号」関係資料の整理作業を進めながら，1950年代を中心に当時の活動を調査している。同時に，「ひかり号」の運営に直接携わった図書館員へインタビューを実施している。

　本章では，まず移動図書館に関する先行研究と1950年代を中心とする戦後の移動図書館活動を概観し，「ひかり号」の活動を辿りながら調査に向けた研究視角を整理する。そして，インタビュー調査の概要を報告し，今後の研究の展望と課題を明らかにする。

3．先行研究

　「ひかり号」については，『千葉県移動図書館ひかり二十年史』(本章では以下，『ひかり20年史』とする)[8]が詳しい。また，「ひかり号」を発案した館長の廿日出逸暁[9]や，千葉県立図書館の大岩好昭[10]，鈴木武次[11]による資料，さらには「ひかり号」への同乗記(取材)[12]も残されている。これらは当時の運営を知るうえで貴重な資料であるが，社会環境の変化や利用者側の観点等を体系的に分析した資料ではない。

　また，国内の移動図書館については，執筆時点での分析・考察をした資料は数多くある。例えば，鈴木四郎・石井敦[13]は移動図書館と貸出文庫の実務を中

心に体系的に整理している。また，文部省社会教育局[14)]，森耕一[15)]，にしだ・ひろし[16)]，源信重[17)]，石塚正成[18)]，鶴見女子大学図書館研究会[19)]，久留井洋士[20)]，岩崎巌[21)]，中山愛理[22)]をはじめ，『図書館雑誌』[23)]や『みんなの図書館』[24)]においても特集記事が数多く掲載されている。

移動図書館の歴史については，『ひかり20年史』をはじめ，埼玉県[25)]，栃木県[26)]，山梨県[27)]，愛知県[28)]などのように，都道府県立図書館等が記念誌として取りまとめている。移動図書館史の考察については，石塚正成[29)]，荻原幸子[30)]，石川敬史[31)]があり，玉置弘は大阪府立図書館の貸出文庫と自動車文庫の歴史をまとめている[32)]。これらにより，1950年代における移動図書館活動の概要とその特徴，移動図書館の議論の変遷は一定程度明らかになった。しかし，館外奉仕活動との位置づけ，社会環境の変化，利用状況等を踏まえ，当時の移動図書館の意義は十分に分析されていない。

4．戦後の移動図書館活動

4.1　移動図書館の開始

千葉県が移動図書館を開始した1949年9月以前に，自動車により巡回したとする記録がある。例えば，高知県は1948年7月に自動車による巡回を開始した。その方法は，「各コースを2ヶ月各1回宛まわって，巡回文庫（15〜16冊から32〜33冊）の配布交換」であり，「巡回文庫輸送用の型」[33)]であった。また，鹿児島県では，1949年3月にジープ型トラックを購入し運営を開始した。しかし，「取り替えを2ヵ月に1回行い，1箱40冊入りとして，20箱800冊を，県下各ブロックへ配本した」[34)]とあるように，一定冊数の図書がまとめて配本される巡回文庫の方式であった。

移動図書館[35)]とは，「何らかの移動の手段によって図書館資料を運び，そこで図書館員によるサービスを展開する」[36)]ことである。具体的には，自動車などにより[37)]，開架式の「書架装備，拡声装置を施した車体を持つという基本スタイル，

表1　移動図書館巡回開始一覧（1949〜1953年）

巡回開始年	都道府県
1949	千葉県（9月）
1950	茨城県（4月），徳島県（7月），栃木県（8月），埼玉県（9月）
1951	岐阜県（5月），愛知県（6月），兵庫県（8月），大阪府（10月），群馬県（12月）
1952	岡山県（1月），福井県（5月），青森県（5月），北海道（8月）
1953	鳥取県（6月），東京都（6月），和歌山県（9月），山梨県（10月），秋田県（10月）

及び駐車場を1時間内外の駐車時間で巡回し」[38]，主要業務として個人へ図書の貸出が行われた。

　表1は都道府県立図書館による移動図書館巡回開始一覧である[39]。当時の具体的な巡回内容を丹念に調査する必要はあるが，戦後の移動図書館は千葉県が最も早く開始したとされ，都道府県立図書館を中心に1950年代に急速に拡大していくことがわかる。

4.2　1950年代の移動図書館

　1956年の『全国移動図書館研究大会報告』[40]をみると，都道府県立図書館による移動図書館が42台，市立図書館による移動図書館が11台設置され，さらに複数台巡回している都道府県が目立つ。移動図書館を2台巡回しているのは，群馬県，埼玉県，岐阜県，和歌山県，高知市であり，3台巡回しているのは，栃木県，千葉県，静岡県であった。移動図書館の図書積載数は1,000〜2,500冊が多く，役場，公民館，学校，農協等に駐車している傾向にあった。また，駐車場1回平均の利用者は，約40〜60人であった。

5.「ひかり号」調査の研究視角

　1950年代を中心とした「ひかり号」の活動概要を『ひかり20年史』等の資料を踏まえ，「ひかり号」調査の研究視角を整理した。

5.1　「ひかり号」の創設の経緯

　1949年8月8日，「ひかり号」開設祝賀会が開催され，有山崧（日本図書館協会事務局長），中田邦造（東京都立日比谷図書館長）らが参列し，マスコミ等にも大きく取り上げられた[41]。では，他の都道府県に影響を与えた「ひかり号」は，どのような経緯で創設され，どのように製作されたのであろうか。

　1937年に遡ると，千葉県立図書館は次年度（1938年度）の予算要求書の中に新規事業として移動図書館費を計上している。これは，当時館長の廿日出が「懇意になっていた陸軍千葉連隊区司令部某司令官に交渉して軍需要のトラックを借受け」[42]る計画であった。予算要求書には「貨物自動車ヲ借上ゲ書棚ヲ取付ケ図書ヲ満載シテ山間僻地ニ至ル迄広ク移動シ直チニ其ノ場ニ於テ読書セラルル用設備ヲナシ」[43]とある。予算要求は却下されてしまったが，この当時から廿日出は移動図書館を企図していたことがわかる。

　その後，移動図書館の実現へ向けた取り組みは不明であるが，1948年に再び予算申請を行なうことになる。後に「ひかり号」に中心的に携わる大岩好昭は，1946年4月から千葉県市原実業学校に助教として勤務する傍ら，地域の有志とともに牛久町読書倶楽部を結成した。大岩は廿日出より読書倶楽部の運営方法等を初回から指導されていたことから，次のような言葉を廿日出から言われ，移動図書館に携わることになる[44]。

　　君図書館の新らしい仕事を手伝ってくれないか。（略）千葉市に県立図書館はあるけれども，君達が利用するには千葉市までわざわざ出掛けてこなければならない。同じ税金を納めていながら誠に不都合だ。千葉県のどんな辺鄙な処に住んでいても千葉市民と同じ様に図書が利用できる様，自動車で運んで行く計画だ。これを文化の水平運動とゆうんだよ。どうかね，移動図書館の運営に君の運転免許が役に立たないか。

　廿日出は1948年に移動図書館新設の予算申請を行ない，「熱意と努力が報いられ」[45]，教育委員会の賛同と県議会の承認を得ることができた。当時，車両の生産は占領軍により禁止されていたため，自動車の入手には数多くの手続きが必要になった[46]。

　　4月22日
　　　文部大臣あて移動図書館用自動車配布を申請する。
　　4月28日
　　　文部省よりさきの申請書を運輸大臣あて提出すべきことの令達がある。
　　4月28日
　　　運輸大臣あて移動図書館用自動車配布申請（千葉道路運送管理事務所経由）
　　（略）
　　6月3日
　　　千葉道路運送管理事務所長から自動車の割当通知
　　6月6日
　　　貿易庁輸入局長に自動車の割当について連絡
　　6月6日
　　　鉱工品貿易公団に自動車の割当について連絡

　6月8日
　　運輸大臣ならびに鉱工品貿易公団機械部長との間でトラック1台払い下
　　げの本契約締結

　「ひかり号」は占領軍から払い下げられたトラックの改造車であった。トラック
には自由に本を選択できる外向きの書架が設置され，走行中に音楽を流すア
ンプやスピーカーも装備された。装備は近藤自動車，アンプ装置は富士電気
（千葉市）が担当した。当時，移動図書館車の製作には前例がなく，改造を担
う各会社は「盛り沢山の注文に悲鳴をあげていた」[47]という。
　このように，「ひかり号」の創設には，館長の廿日出の考えが強く反映され
ていることがわかる。

5.2　館外奉仕活動としての「ひかり号」

　「ひかり号」は，1949年8月13〜15日に巡回予定地区の道路状況視察と時間
測定のため，市原郡，長生郡，夷隅郡を巡回した。そして巡回地の駐車場をス
テーションと称し，各町村は運営委員会を組織してステーションマスターを選
出した。巡回当初は，3週間周期で6コース，81ステーションであり，当時の
様子は『ひかり20年史』に次のように記されている[48]。

　　高らかにメロデーを奏でながら，ツートンカラーの当時としては派手な
　　宣伝車スタイルで農村に向かったのであるから，素朴な農村の人々を驚嘆
　　させたことは想像以上であった。ひかり号をタバコ "ひかり" を発売中の
　　専売局の宣伝車と思い違いしている人たちも少なくなかったのである。
　　（略）ひかり号をみようとする物見高い人たちや，本を借りようとする人
　　の波でひかり号のまわりはたちまち人垣に囲まれ，二進も三進もいかなく
　　なって立往生する状況が現出した。はじめのころの巡回では，本は貸出す
　　る一方であったから図書の貸出を20〜30冊に制限したところ，集まった人
　　たちの1割にも貸出することができず苦情が多かった。

　「ひかり号」にはナトコ映写機が搭載され，夜に映画会が開催された。さら
に，「ひかりの歌」の制作，ひかり文化祭（読書週間）の開催など，図書の貸出
以外にさまざまな行事が行われた。その後，「ひかり号」は，**表2・表3**にあ

るように増車され，巡回するステーション数も増加していく。

表2　ひかり号一覧

号車	完成年月日	積載量	備考
1号車	1949. 8. 8	600冊	1960年3月まで
2号車	1950. 6. 28	1,000冊	1962年7月まで
3号車	1952. 2. 28	3,000冊	1957年3月まで
4号車	1955. 1. 14	2,500冊	1968年3月まで
5号車	1960. 3. 1	2,000冊	1号車は予備車・配本車へ
6号車	1962. 7. 7	2,000冊	2号車の更新
7号車	1964. 6. 28	300冊	(配本車)1号車の更新
8号車	1968. 3. 30	2,000冊	4号車の更新

表3　ステーション数推移（1949〜1955年）[49]

年度	ステーション数	延べ巡回ステーション数
1949	71	568
1950	176	2,640
1951	181	2,715
1952	305	2,745
1953	305	2,745
1954	314	2,826
1955	302	2,718

　このように，終戦後，図書の入手が困難な農村漁村部へ移動図書館が巡回した一端をうかがい知ることができる。

　一方で，巡回ルートや宿泊先の決定方法，自動車のメンテナンス等，「ひかり号」はどのように運用されていたのであろうか。また，千葉県立図書館の館外奉仕活動において，「ひかり号」がどのように位置づけられていたのであろうか。

　例えば，1954年の千葉県立図書館の体制をみると，総務課6名，整理課7名，奉仕係・館内奉仕係7名のところ，奉仕課・館外奉仕係移動図書館担当は8名，分館担当は5名となっている[50]。また，1948年より，「周辺市町村へ県立図書館サービスをおよぼすため」[51]県内の香取，山武，君津，海匝，安房分館が相次いで設置された。このように，千葉県立図書館において「ひかり号」に限らず，館外奉仕活動が重視されていることがうかがえる。

5.3　農村漁村の住民・地域活動への浸透

　こうして巡回が開始された「ひかり号」は，どのような人々に利用され，地域の中にどのように浸透していったのであろうか。

　図1より，「ひかり号」による貸出冊数は1953年まで急激に増加していることがわかる。これは，「ひかり号」2号車，3号車の増車により巡回する地域が拡大したことによる。その後，1963年までほぼ横ばいであるが，1964年以降は減少している。

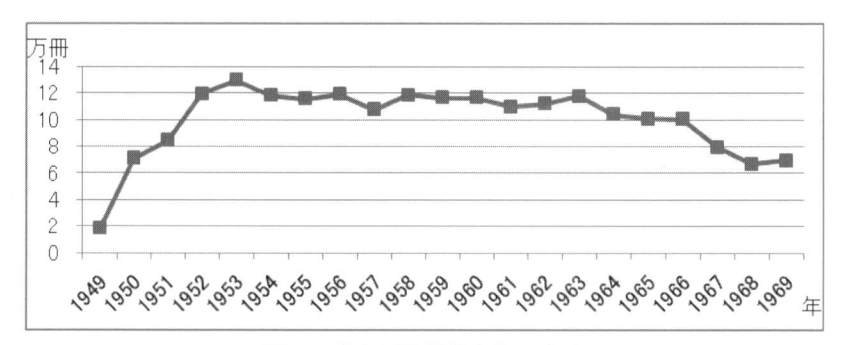

図1　貸出冊数推移（グラフ）[53]

表4　職業別登録者数（1951年）（人）[54]

	農水産	工鉱業	商・交通	官公吏	教育	学生	その他	無	計
男	4,689	403	696	2,173	2,141	377	174	475	11,133
女	1,615	77	163	1,145	1,293	326	142	859	5,615
計	6,304	480	859	3,318	3,434	703	316	1,334	16,748
%	37.6	2.8	5.1	19.8	20.5	4.2	1.8	7.9	100

　また，1949年から1969年までの分類別貸出冊数[52]によると，71.9％が文学（9類），次いで6.2％が社会科学（3類），6.0％が産業（6類）であり，文学に関する図書の利用が圧倒的に多い。

　表4は1951年の職業別登録者数である。これをみると農水産が最も多く，次いで教育，官公吏の順に続く。男女別では男性の利用が多い傾向にあった。

　さらに，「千葉県訪問図書館ひかり友の会」が刊行する機関誌『ひかり』には，数多くの利用者の声が掲載されている。

　　ひかり号の図書が貧しい私の家の中に，愛と和と智の光を与えてくれることを強く感謝して，あらゆる家庭にひかり号が利用される様になって欲しいと念ずるのである[55]。

　　ひかり号の訪れ……私達にも春が来ました。絶望を救ってくれるのは読書より外ありませんでした。夫も書物によって農業に生き作物の収穫も年々上昇して来ました。鶏も又豚もと，楽しい計画が立てられ毎日希望に

もえて居ます。書物の働きがいかに大きいか痛感してまいりました。心の糧としての読書……それも皆，ひかり号の恩恵あるためと思い感謝いたして居ります[56]。

このように，近代的装備を施して巡回した「ひかり号」は，農村漁村の住民にとって文化の灯であったことがわかる。しかし，1953年の取材（同乗記）には，次のような指摘もあった[57]。

> （竹ケ岡：半農，半漁の村のステーションにおいて－著者注）私の感じでは殆どがこの村のインテリ……つまり，先生とか，役場関係の人とかが多いのではないかと思う。私が期待していたような，田からかけあがってきた農民とか，繕っていた網を置いてやってきた漁民とかの姿はないようだ。（略）（移動－著者注）図書館の運営委員を考えてみても良い。どのステーションでも，それは役場や学校の人達農漁村の上層部の人達……だけで構成されていた。つまり，最も本を読んで欲しい人達にはただ本を持ちこむだけでは駄目なのだ。彼等の毎日の生活を，一しょになって苦しみ嘆き希望をたずねる……そういう行為の一つとしてこそ読書も意味を持ち得る。

このように，「ひかり号」は地域住民に大きく歓迎された一方で，一部の住民が利用していたという指摘もあった。

5.4　若い図書館員によるエネルギー

「ひかり号」は，当時，若い図書館員により支えられた。例えば1954年の担当者は，下記の通りであり，3台の「ひかり号」が運営されていた[58]。

担当係長：鈴木武次(31歳)
　　係員：大岩好昭(27歳)，藤堂良治(30歳)，大木宏(25歳)，伊藤誠(23歳)，
　　　　　初芝義男(22歳)，高橋仁(34歳)，片岡吉之(20歳)

当時の図書館員は，座談会や回顧録において，次のように「ひかり号」の巡回の様子を語っている。

　藤堂　映画が終わってから酒を飲まされるときがあるのは閉口です。こっちは飲めないし，翌日は又7時から巡回するので早く寝たいし，一寸困ります。

　大木　特に，夏は暮れるのが遅いから映画も終わりが遅くなりますからね。余り続くと身体が参りますよ。酒は結構だから早く寝させて貰いたいですね[59]。

　（移動図書館が－著者注）24年に出来上がった頃は色彩を施した車は無かったしスピーカをとりつけて走りながら音楽を出す車など更になかった，或る役場の人が私にタイヤで絶縁してあるのにどうしてラジオが鳴るのかなどと云う様な質問をまじめにしていた頃です[60]。

　ともかく現在のようなシステムが何もできていなかったのですから，毎朝7時半には出勤しました。帰りも現在のように5時前に帰館するということがなく，いつもライトをつけて7時頃でした[61]。

　私（大岩好昭－著者注）は二年程，図書館に泊まり込んで若さにまかせて希望に燃えて張り切ってやった。館員の皆さんも競って手伝いに乗車してくれ，女子職員にも声をかけないと苦情の出る程だった[62]。

　（鈴木武次が－著者注）とくに昭和26年から直接担当した4ヶ年は，6人の仲間はみな男性ばかりで，いずれも30前の若さであり，寝ても覚めても仕事仕事で気を合わせ，ブックモビールのことに熱中できたのは仕合せであった。過重な程仕事の量はあったが，全員が楽しく，病気らしい病気もしないですごせたのは，若さのためもあったが，やはりブックモビールの仕事に興味を感じ，情熱を注いでやったことによるものと思う[63]。

　こうした図書館員の実践が，千葉県で開催された第2回（1954年）[64]，第3回（1955年）[65]の全国移動図書館運営協議会等で報告された。その中で，千葉県が先駆者として巡回・貸出方法等に関する議論や情報交換が積極的に行われた。
　「係員は昼食も満足に食べることもできず，また，夜は夜で映画会があると，寝るのは1時～2時になる始末で」[66]あったことから，大岩は当時を「係員の

若々しいエネルギーで,何事も突破し解決することができた」[67]と回顧している。

6．インタビュー調査報告と今後の展望

6.1　インタビュー対象者

　本研究グループでは,『ひかり20年史』を中心とする資料ではうかがい知ることができない事柄を明らかにするため，これまでに下記のインタビューを実施した(本文は敬称略)。

1) 2011年8月28日(日) 13：00〜15：00
　　山崎宏氏(千葉県立中央図書館会議室)
　山崎は自動車の免許を保有していたことが契機となり1950年7月15日に採用され移動図書館担当になった。採用当時は，大岩，山崎，藤堂(山崎と同日採用)の3人が移動図書館担当だった。当初は大岩と組んで巡回した。以後,1970年代まで移動図書館を担当し(館外奉仕課長等歴任),館内奉仕課長等を歴任した。

2) 2011年9月11日(日) 13：00〜15：00
　　大多和誠氏(自宅：千葉県白子町)
　千葉県立図書館入職前,当時の自宅付近(市原郡) に「ひかり号」が巡回され,館長の廿日出や大岩が自宅に宿泊する機会があった。これが契機となり1950年4月15日に採用され,1958年3月31日まで移動図書館を担当した。その後は,館内奉仕課等で勤務した。

3) 2011年11月27日(日) 13：00〜15：00
　　日高八郎氏(千葉県立中央図書館会議室)
　日高は1947年10月20日より千葉の CIE 読書室に勤務する。その後,千葉県立図書館の児童室,総務課を経て,1955年1月4日から8月31日まで館外奉仕課の係長を務め,移動図書館に携わった。その後,整理課長,千葉県議会図書室長,千葉県立中央図書館長等を歴任した。

6.2　インタビュー調査概要

　これらのインタビューにより明らかになった点について,概要を下記に整理した。

(1)「ひかり号」の創設

・廿日出が移動図書館を発案・企画したことについて，戦後，慶應義塾大学のギトラー（Robert L. Gitler）と親しいことからわかるように海外の図書館事情にも詳しいため，見聞した外国の諸活動を参考にしたのではないか（山崎・大多和）。

・「ひかり号」創設時や増車時の巡回ルートは，担当職員間で決めていた。実際に道路地図を持ち巡回時間を計り，ステーション予定地では机を出すなどの作業時間も考慮していた。（山崎・大多和）。

・廿日出の人脈により訪問図書館ひかり友の会や移動図書館後援会の委員が選ばれる傾向にあった。また，訪問図書館ひかり友の会の創設にあたり，廿日出の指示により，大多和が上野の博物館（東京国立博物館）へ赴き規約や事業を調査した（大多和）。

・「ひかり号」は廿日出が着想し企画したことによるが，鈴木武次（1954年当時，館外奉仕係長）が基礎をつくり，大岩が実際の巡回や運営を築きあげた（山崎・日高）。

(2) 積載された図書

・資料費は本館（千葉県立図書館館内）と「ひかり号」とで分かれていた。また，「ひかり号」の図書は，書店で選書され，本館の図書は別管理であった。本館の図書は，「ひかり号」へ貸出してくれなかった（山崎）。

・新刊書は巡回開始時に約50〜60冊積んでいたが，1ステーションで1〜2冊ずつ出していた。その他の新刊書は，「ひかり号」車内に置き，ステーション毎に操作していた（大多和）。

・「ひかり号」図書の分類，目録，装備は，資料課で行われた。また，修理・製本は「ひかり号」担当者で行い，例えば背タイトルはボンドを入れた墨を使い，筆で書くなど工夫していた（山崎）。

(3) 巡回・映画会等

・あらかじめ職員は乗車する「ひかり号」の号車担当を決めていたが，地域に特定の号車が固定することなく，各号車がすべての地域を巡回できるように工夫した。（山崎）。

・「ひかり号」で上映したナトコ映画は，CIE読書室から借りていたという（山崎・大多和）。しかし，実際には千葉県のフィルムライブラリー（1949年1月設置）から借りていた（日高）。

- ナトコ映画について，啓蒙的な映画は評判が良くないため，劇映画を東京の業者から有料で借りていた。評判がよい映画は，「野良犬」「青い山脈」などであった。映画は，できるだけ喜ばれるものを選択した(山崎)。
- 映画会の開催にあたり，電圧が上がらないと開始できないため，地域の電灯を消してもらうように依頼したこともある。遅いときは22時頃開始していた(山崎・大多和)。
- 映画会の主催は地元の青年団であった。青年団が整理券を配布し，利用者からお金を徴収した場合が多かった。広報活動も青年団が行なっていた(山崎・大多和)。
- 「ひかり文化祭」(読書週間) は，千葉 NHK の後援により「のど自慢」で合格した方々を呼び，演芸会が開催された。例えば，鳴海日出男，横森良造(アコーディオン) なども巡回したことがある。こうした行事により，新しい利用者が広がった(山崎・大多和)。

(4) 町村のステーション

- ステーションの利用者数は，ステーションマスターや役場の担当者等，町村の受け入れ態勢によって左右された。各町村では，地域のさまざまな団体への声がけなど，「ひかり号」の広報も行なっていた。1回で300人も集まったステーションがある(山崎)。
- 「ひかり号」担当者の旅費が少額(運転手：2,500円，司書：2,000円) であったため，(旅館にも宿泊したが)[68]図書館員や知り合いの家で宿泊する場合が多かった。青年団役員の家など，各地域で宿泊先を用意された場合もある。こうした中で，農村漁村での日常的な会話，利用者との意見交換等ができたという(山崎・大多和)。
- 大岩は，巡回中に受けた利用者などからの要望に対して，帰館後，その報告と運営方法の改善案等をステーションマスターへハガキで送付し，コミュニケーションを図っていた(山崎)。

(5) 「ひかり号」担当者の活動

- パンクしたタイヤの交換やエンジンの修理など，「ひかり号」の修理は自分たちで行なった(特に1号車)。図書の修理，映画会・文化祭行事の開催，自動車の運転等，あらゆる業務があった(山崎・大多和)。
- 1954年，1955年の全国移動図書館運営協議会等での情報交換をはじめ，運営方法や地域との関わり方などの調査・見学の受け入れにより，埼玉，群馬，

茨城，栃木の移動図書館の各担当者は，お互いを知っていた。また，「ひかり号」巡回中，千葉県の流山で埼玉の移動図書館担当者と情報交換したこともあった(山崎)。

(6) その他：当時の回顧等

・廿日出は「ひかり号」に対して，図書の輸送はあくまで手段であり，地域に分館を運び，文化を届ける(村おこし) という考えだった(日高)。

・図書が入手できない当時の社会状況の中で，地域住民は「ひかり号」という近代的装置とともに，「図書」の存在にも引きつけられた(日高)。

・「ひかり号」の現場は，常に利用者を追い求め，巡回ルートなど現場にかなり任されていた。大岩は「ひかり号」の仕事について，「手探りで積み上げてきた」と指摘していた(大多和)。

6.3 「ひかり号」調査の展望と課題

　これまでのインタビュー調査や「ひかり号」関係資料の整理作業を踏まえ，今後の調査の展望と課題として，次の点をあげることができる。

　第1に，「ひかり号」創設の経緯について明確にすることである。「ひかり号」は他の都道府県に広がり，その影響が大きかったため，「ひかり号」の設計・装備が発案された経緯[69]や「ひかり号」という呼称の応募方法，さらには1937年に予算申請した移動図書館の具体的内容等を調査する必要がある。特に，『ひかり20年史』には「ひかり号」が創設された経緯について，一次資料の典拠が記されていなかったが，「ひかり号」関係資料の中から，『ひかり20年史』に使用した資料が一部存在することがわかった。

　第2に，「ひかり号」のみの視点ではなく，千葉県立図書館の図書館政策(特に館外奉仕活動) を踏まえながら歴史を辿ることである。1948年に分館を設置したことや，館外奉仕係の職員数の多さなど，千葉県立図書館がどのような方針で県内へサービスを拡張したのかを調べる必要がある。

　第3に，農村漁村の人々は，当時の生活環境や社会の変化の中で，地域の活動や自らの生活の中に「ひかり号」をどのように受け入れたのかという点である。「ひかり号」は，図書の貸出以外に，映画会等の文化的行事を実施しており，その意義も明らかにする必要がある。「ひかり号」関係資料には，「ひかりの歌」の公募作品や読書週間の公募作品，各地域のステーション調査などが保存されている。今後はこれらの資料調査とともに，当時の利用者やステーショ

ンマスターの方にインタビューを実施する予定である。

　第4に，図書の選択や補修，さらには自動車の修理まで行なっていた当時の図書館員のパワーの源を明らかにすることである。すなわち，「ひかり号」に携わる図書館員は，地域の住民とともに，どのように豊かなサービスを創造し，移動図書館の限界をどのように克服したのであろうか。今回のインタビューにより，「ひかり号」に携わる図書館員の具体的な仕事内容や巡回先での宿泊の様子が明らかになった。さらに，「ひかり号」関係資料の中には1949年9月14日の第1回目の巡回からの日誌が残されている。今後，日誌の分析を通して巡回の実態をさらに明らかにすることができる。

7．おわりに

　千葉県立図書館「ひかり号」は，図書の入手が難しい戦後の混迷した時代に，図書の貸出をはじめ，映画会や文化祭などを開催し，農村漁村における多くの住民を引きつけ歓迎された。すなわち，「ひかり号」は，地域に文化という「ひかり」を運んだといえる。

　こうした「ひかり号」の活動は，図書の貸出や車の修理，本の選択・修理，映画会や文化行事の運営等を献身的にこなす若い図書館員のエネルギーにより支えられていた。巡回先の宿泊地では，知り合いの家や青年団等の地域の役員の家に宿泊し，その地域の話題や農家の近況などを聞く機会になっていたことから，図書館員は自然と地域の中に溶け込んでいたといえる。さらに「ひかり号」は，こうした図書館員の力だけではなく，各町村のステーションマスターをはじめ，映画会を主催する青年団など地域住民の力によって支えられていた。

　「ひかり号」関係資料の整理やインタビュー調査・分析は始まったばかりである。今後は，当時のステーションマスターや「ひかり号」の利用者，さらには1954年に館外奉仕係長であった鈴木武次氏へのインタビューを行なう予定である。そして，「ひかり号」関係資料の整理をすすめ，1950年代を中心とした「ひかり号」の活動を分析する。

　なお，本章は千葉県立図書館における「ひかり号」の調査報告であるが，それ以外にも取り組むべき課題は多い。例えば，当時館長の廿日出逸暁の図書館思想をはじめ，1940年代後半から1950年代における各地域の移動図書館実践の発掘と分析[70]である。さらには，「移動図書館」が国内でどのような過程を辿って成立し[71]，1950年代の急激な拡大にはどのような社会的背景があったのであ

ろうか。そのためにも，まず「ひかり号」の歴史を丁寧に辿り，分析する必要がある。

注

1）開始当初の名称は「訪問図書館ひかり」であった。しかし1953年頃から「訪問図書館」の呼称は使われなくなったようである。本章では千葉県立図書館の移動図書館を「ひかり号」と記載する。

2）鈴木四郎，石井敦編『ブック・モビルと貸出文庫』日本図書館協会，1967.2，p.14.（図書館員の仕事15）

3）例えば，下記の文献がある。
　　・源信重「県立図書館における移動図書館」『図書館雑誌』64(1)，1970.1，p.15-18.
　　・石塚正成「県立図書館自動車文庫の消長とその問題点」『図書館短期大学紀要』(8)，1974，p.81-97.

4）前掲2）p.16.

5）奥泉和久，山口源治郎「1950年代地域図書館運動の研究(中間報告)」『日本図書館研究会創立50周年記念第38回研究大会予稿集』1996.11，p.39-41.

6）石川敬史，篠原由美子「戦後図書館運動の再検証(着手報告)」『日本図書館研究会第46回研究大会予稿集』2005.2，p.61-68.

7）大岩好昭は，1946年4月千葉県市原実業学校に助教として勤務し，1948年3月に新学制実施による廃校のため退職する。この頃から牛久町読書倶楽部を結成。読書倶楽部結成に助言した廿日出の誘いもあり，1949年5月千葉県立図書館に勤務し，移動図書館担当となる。その後，館外奉仕課長，庶務課長，副館長等を経て，1981年館長に就任する。

8）千葉県立中央図書館編『千葉県移動図書館ひかり二十年史』1970.3，213p.

9）例えば，下記の資料がある。
　　・廿日出逸暁「前進する訪問図書館」『教育と社会』5(1)，1950.1，p.52-55.
　　・廿日出逸暁「訪問図書館光号に寄す」『千葉文化』(40)，1950.3，p.1.
　　・廿日出逸暁「作るための動機：ブックモビールの反省」『図書館雑誌』48(11)，1954.11，p.10-11.
　　・廿日出逸暁「千葉県移動図書館の概要」『図書館活動の拡張とその背景：私の図書館生活50年』八木書店，1981.2，p.257-314.

10）大岩好昭『来し方：移動図書館と共に』里艸，1999.4，82p.

11）鈴木武次『県立図書館のあるべき姿を求めて：日記抄』[鈴木武次]，2005.7，75p.

12）例えば下記の資料がある。

・「訪問図書館ひかり号同乗記」『出版ニュース』(137)，1950.9，p.7-9.

・「真実を山へ海へ：千葉県移動図書館「ひかり号」に同乗して」『新しい教室』8(10)，1953.10，p.9-16.

・「その後の訪問図書館」『出版ニュース』(286)，1954.10，p.1-6.

13) 前掲2)

14) 文部省社会教育局編『動く図書館：自動車文庫の実態』[1961]，111p.

15) 森耕一「市立図書館の自動車文庫」『図書館界』24(4)，1972.11，p.168-176.

16) にしだ・ひろし「自動車文庫の現状と問題点：府県立図書館」『図書館界』24(4)，1972.11，p.177-186.

17) 源信重「県立図書館における移動図書館」『図書館雑誌』64(1)，1970.1，p.15-18.

18) 石塚正成「自動車文庫の全国的傾向分析について」『図書館雑誌』69(12)，1975.12，p.538-546.

19) 鶴見女子大学図書館研究会編『移動図書館』1969，24p.

20) 久留井洋士「移動図書館活動の展開：町村合併のあゆみに即して」『図書館学』29，1976.10，p.23-29.

21) 岩崎巌「自動車文庫事業の一考察：神奈川県の事例を主に」『神奈川県図書館学会誌』(55)，1984，p.1-20.

22) 中山愛理「日本の移動図書館の現状と課題：西日本の図書館への訪問調査から」『情報社会試論』11，2006，p.47-59.

23) 例えば，「特集・移動図書館が走る」(1992.11)，「特集・がんばれ！移動図書館」(1998.4)がある。

24) 例えば，「特集・自動車文庫のゆくえ」(1981.7)，「特集・自動車図書館は走る」(1986.3)，「特集・とびだせ図書館！」(1995.3)，「特集・がんばってます！移動図書館」(2010.10)がある。

25) 埼玉県移動図書館20周年記念会編『埼玉の移動図書館：発足20周年記念』1970.11，108p.

26) 栃木県立図書館，栃木県移動図書館連絡協議会編『あけぼの：栃木県移動図書館三十年記念誌』1981.3，55p.

27) 山梨県立図書館編『移動図書館みどり号30周年誌』1982，28p.

28) 愛知県教育委員会編『40年のあゆみ：愛知県移動図書館記録書』1991.3，67p.

29) 石塚，前掲3)

30) 荻原幸子「都道府県立図書館における移動図書館の変遷」『人文科学年報』30，2000，p.113-117.

31) 石川敬史「移動図書館史研究ノート：1950年代前半における予備的考察」『情報社会試論』5，1999，p.5-30.

32) 玉置弘「大阪府立図書館の貸出文庫・自動車文庫活動史1」『大阪府立図書館紀要』(23)，

1987.3，p. 2-28.

33）高知県図書館編『高知県立図書館100年の歩み』1981，p. 78. しかし，高知県は自動車による図書の配本のみではなく，映画会や読書会，レコードコンサートなども実施されていた。

34）鹿児島県立図書館編『鹿児島県立図書館史』1990，p. 79. 鹿児島県では，1960年に県広報車を改造した移動図書館「すばる号」を開設した。

35）「移動図書館」以外に，「自動車文庫」「ブック・モビル」「巡回図書館」「訪問図書館」などの用語もある。

36）竹内悊「8.10.3移動図書館」『図書館情報学ハンドブック』図書館情報学ハンドブック編集委員会編，丸善，1988.3，p. 816.

37）自動車以外に，例えば，1949年12月に東京都立青梅図書館の久保七郎館長がリヤカーで訪問図書館を開始した事例（都立青梅図書館むらさき号友の会記念誌編集委員会編『むらさき号四十年の軌跡』1989，119p.）や，広島県立図書館による文化船「ひまわり」（1962年4月開始）の事例がある。

38）前掲2），p. 32.

39）前掲31）を一部修正。なお，市町村の事例としては，1950年10月の姫路市（小川定雄「移動図書館を試みる」『兵庫教育月報』（11），1951.3，p. 35-37.）をはじめ，小野田市（1951年4月），長岡市（1952年11月），豊橋市（1953年4月）などがある。

40）日本図書館協会公共図書館部会編『全国移動図書館研究大会報告』日本図書館協会公共図書館部会，1956，105p.

41）例えば，下記のものがある。
・「動く図書館 "ひかり号"：九月から山村漁村も訪問」『朝日新聞』1949.8.9.
・「動く図書館「ひかり号」」『図書館雑誌』43(7・8)，1949，p. 113.
・ "Book-Mobile", *Stars and Stripes Review*, 1949.8.27, p.6.

42）前掲8），p. 30.

43）「昭和13年度移動図書館予算要求書」『ひかり20年史』p. 31所収。なお，この移動図書館費とは別に貸出文庫の費用も計上されていた。

44）大岩好昭「私と図書館とのつながり(1)：移動図書館の生れる頃まで」『ひかり』13(1)，1966，p. 6.

45）前掲8），p. 39.

46）前掲8），p. 39-40.

47）大岩好昭「館外奉仕の曙」『ひかり20年史』p. 132-134.

48）前掲8），p. 53.

49）前掲8），p. 168.

50）［第二回全国移動図書館運営協議会編］『全国移動図書館要覧』1954，1冊．千葉県の移

動図書館調査票を参照。

51）前掲 8 ），p. 36.

52）前掲 8 ），p. 166.

53）前掲 8 ），p. 164-165.

54）文部省社会教育局編『移動図書館の実態』1953. 11，p. 14．数値の合計が異なるが，こ
　　こではそのまま引用した。以下，各章でも同様の扱いとする。

55）濱田多恵子「ひかり号と私」『ひかり』1(1)，1951. 11，p. 4.

56）渡邊よし子「ひかり号の訪れ」『ひかり』2(3)，1952. 11，p. 11.

57）「真実を山へ海へ」，前掲12)

58）前掲50)，千葉県の移動図書館調査票を参照。

59）「"ひかり号" 乗務員新春放談(1)」『ひかり』1(2)，1952. 1，p. 6.

60）「"館外奉仕係員" 新春座談会」『ひかり』5(4)，1956. 2，p. 4-5.

61）「車輪の上の10年(座談会)」『ひかり』10(1)，1960. 4，p. 6-7.

62）大岩好昭「私と図書館とのつながり(2)」『ひかり』14(1)，1966. 11，p. 6-7.

63）鈴木武次「"ひかり" 断片」『ひかり20年史』p. 129-131.

64）前掲50)

65）前掲40)

66）前掲 8 ），p. 53.

67）前掲47)

68）橋本屋旅館(鴨川・江見) が定宿である。

69）千葉県図書館編『千葉県図書館要覧』千葉県図書館，1950. 3，73p.
　　同書には，「わが訪問図書館「光号」はアメリカのブック・モビールの直訳的の模倣では
　　ない」(p. 42) と記載されている。

70）例えば，1948年12月，山口県立荻図書館長の大村武一が，「青空図書館」と称し，大八
　　車に雑誌を積んで街に出た記録も残っている。(大村武一「青空図書館に就いて」『図書館
　　雑誌』43(2)，1949. 2，p. 22.)

71）1935年に小松正一(東京商科大学図書館) は，「吾人は，Book Wagon が最も理想的と思
　　惟し，その実現を提唱し切望して止まぬ者である」と指摘している。(小松正一「アメリ
　　カに於ける Book Wagon 事業に就いて」『図書館雑誌』29(7)，1935. 7，p. 18-21.)

第2章　移動図書館による映画会活動の分析：
1950年代前半までの千葉県立図書館「ひかり号」を中心に

石川　敬史，大岩　桂子

1．はじめに

　1949年9月，千葉県立図書館の移動図書館「ひかり号」（巡回開始当時は「訪問図書館ひかり」）の巡回が開始された。1コースあたり概ね1泊2日の行程で，千葉県内約10か所のステーションを巡回した。自動車はGHQ[1]の払い下げによるトラックの改造車であり，自由に図書を選択できる外向きの書架やスピーカーが装備され，個人への貸出が行われた。さらに，ナトコ（シカゴの映写機製造会社 National Company の略称）と呼ばれる16ミリ映写機も搭載され，夜には校庭などで映画会が開催された。

　こうした「ひかり号」の活動について本研究グループではこれまでに，移動図書館史に関する先行研究をはじめ，元図書館員へのインタビュー調査の概要や，「ひかり号」調査の研究視角を整理した。そして，「ひかり号」に携わった若い図書館員が地域住民とどのように図書館サービスを創造し，どのように移動図書館の限界を克服したのかなどについて報告し，今後の課題と展望を明らかにした[2]。

　さらに本研究グループでは，2011年より千葉県立中央図書館に所蔵する約40箱に及ぶ「ひかり号」に関する未整理資料（以下，「ひかり号」関係資料とする）を継続的に整理した。その結果，「ひかり号」関係資料リストを完成させ，資料の全体像を明らかにすることができた。同時に，2012年6月には鈴木武次氏[3]にインタビューを行ない，貴重な資料もご提示いただいた。

　そこでまず本章では，これまでに整理した「ひかり号」関係資料の全体像を報告する。そして，整理した資料の中にあった「ひかり号」の日誌（1949年9月の巡回当初から保存されている）を用い，国内におけるCIE映画[4]の広が

りなど当時の社会的背景も踏まえながら，各地域で実施された「ひかり号」による映画会の活動を分析する。

「ひかり号」においては，映画会をはじめ，読書週間行事として NHK のど自慢の合格者を招いた「ひかり文化祭」（演芸会），公募した歌詞による「ひかりの歌」の制作，走行する「ひかり号」や貸出風景の写真等の特徴ある表紙が用いられた機関誌『ひかり』の発行など，1950年代前半から視聴覚メディアを活用したさまざまな活動が行われた。これらのうち，映画会は初回の巡回から実施され，数多くの利用者を集めた記録が残されている。

加えて，「ひかり号」は，GHQ から払い下げられたトラックを用いて巡回したこと，ナトコ映写機を搭載し県内各地で CIE 映画が上映されたことなどから，CIE や千葉軍政部の影響を受けたことが推測できる。そこで本章では，さまざまな「ひかり号」の活動の中から CIE 映画などを上映した1950年代前半までの映画会活動を分析することにより，「ひかり号」が地域に果たした役割や意義を検証する。

2. 先行研究

既に占領期の図書館研究については，今まど子により各地域の CIE 図書館に関する実証的な研究が数多くなされている[5]。その中で今は，「我国において，CIE の図書館が設置されたのは，アメリカの国際的な情報政策の大きな流れの一環であった」[6]と指摘している。また，根本彰や三浦太郎は，数多くの政策文書に基づき占領期の図書館政策や図書館担当官らの活動を詳細に明らかにしている[7]。さらに，吉田右子は，第二次世界大戦時におけるアメリカの図書館協会と戦時情報局による図書館政策や戦時情報政策について鋭く分析している[8]。しかし，これらにおいては，CIE 図書館や図書館政策の分析が中心であり，図書館が関わる国内各地域の映画会活動について検証が十分ではない。

他方，CIE 映画の研究についても多くの研究がある。例えば阿部彰[9],[10]は，GHQ や地方軍政部による CIE 映画の政策を分析し，社会教育における基盤や視聴覚教育の展開，良質で国産の文化映画の上映につながったと指摘している。また，土屋由香は，CIE 映画の内容や制作過程を詳細に分析し[11],[12],[13]，「占領軍は CIE 映画を，日本人の心を西側諸国にしっかりとつなぎとめるための『政治教育』と位置づけていた」[14]と指摘している。この他に，斎藤伊都

夫[15]，新海英行[16]，身崎とめこ[17]など多数の研究がある。こうした研究により，CIE 映画の意義や内容，ナトコ映写機の普及などは詳細に分析されているが，図書館や視聴覚ライブラリー，移動図書館との関連による分析は行われていない。

3.「ひかり号」関係資料の全体像

「ひかり号」調査の契機は，千葉県立中央図書館に約40箱に及ぶ「ひかり号」に関する未整理資料の存在が明らかになったことである。本研究グループでは，「ひかり号」関係資料を**表1**に示した種類に区分し，個々の資料について「箱No，タイトル，記述法，出版者，出版年，大きさ，分量，備考」により整理し，資料リストを作成した。

表1　「ひかり号」関係資料の種類

①移動図書館関係資料	⑥ひかり友の会関係資料
②機関誌『ひかり』バックナンバー	⑦移動図書館後援会関係資料
③行事関係資料	⑧県内外図書館関係資料
④日誌	⑨移動図書館・館外奉仕関係資料
⑤ステーション関係資料	⑩個人ファイル（館外奉仕計画等）

資料整理の結果，こうした「ひかり号」関係資料の多くは1960〜1970年代の資料であり，1940年代後半から1950年代の資料は一部に限定されていた。しかし，初回の巡回から記録されている日誌(1949年〜)，移動図書館車名の懸賞関係の資料(1949年)，読書週間作品懸賞募集当選作(1951年)，各ステーションの調査資料(1953年) など，『千葉県移動図書館ひかり二十年史』(以下，『ひかり20年史』とする)[18]に掲載されていない貴重な資料の存在も明らかになった。今後はこれらの資料の分析をさらに進めるが，本章では日誌と「ひかり号」巡回開始に関する文書を用いた。

4．CIE 映画の上映と「ひかり号」の開始

「ひかり号」による映画会活動を分析する前に，まずは映画会活動の背景となった CIE 映画の広がりを先行研究等から概観し，「ひかり号」開始の背景を分析する。

4.1　CIE 映画と視聴覚ライブラリーの設置

戦後，CIE は400本以上の短編の教育映画(CIE 映画) を日本で上映するため，ナトコ映写機を約1,300台提供した。先行研究によると，1951年7月まで

に延べ約9億人がCIE映画を視聴したとされ，国民1人当たり10本程度視聴したことになるという[19]。最も初期に上映されたCIE映画は1946年1月に封切された9本であり，これらは戦時情報局（Office of War Information；OWI）による対外情報宣伝政策に起源を持っていた[20]。しかし，ナトコ映写機運搬の遅れや映写機の技術者養成の未整備等の影響もあり[21]，1948年になってナトコ映写機の講習会である「視聴教育指導者講習会」が4月21日から6月10日まで11の都市で開催され，以後，修了者が各地で講習会を開催した[22]。

　その後，CIE映画上映の細部にわたる明確な運営方針が，文部次官通牒・発社103号「連合軍総司令部貸与の十六粍発声映写機および映画の受入について」（1948年10月26日）[23]によって示された。これによると，①都道府県の社会教育課に視聴覚教育係を設置する，②視聴覚教育係は地区民事部の監督を受ける，③都道府県立図書館内に視聴覚ライブラリーを設置する，④視聴覚教育係長は上映月次報告を行う，⑤巡回映画の実施などが記載され[24]，厳しい規制のもとにCIE映画が上映された。

　CIE映画にはアメリカ製と日本製とが存在した。アメリカ製のCIE映画は総じて合理的・近代的なアメリカの白人家庭や生活習慣等を伝える映画が多く，他方，日本製のCIE映画は主にCIEの指示により日本の映画会社が制作し，教育，医療，労働等の国内の実情に沿った教育映画が多かった[25]。

4.2　巡回映画の奨励

　発社103号では，巡回映画班を組織した巡回映画（移動映画）を強く奨励していたため，徒歩や自転車などでナトコ映写機やCIE映画フィルムが運搬され，各地で映画会が開催された。1950年の巡回映画の視聴者数は延べ116,188,502人という記録が残っており[26]，巡回映画がナトコ映写活動の中心であったことが伺える。例えば，奈良県では「戦前・戦時下に作られた巡回教育映画の組織網がそのまま利用され」[27]，1951年には巡回映画用の自動車「光号」が備えられた[28]ほか，静岡県[29]，新潟県[30]などの事例もある。しかし，各地域の巡回網や映画会活動，そして図書館がどのように関わったのかは，十分に明らかにされていない。

4.3　千葉県内公民館等による映画の上映

　千葉県では，1948年にナトコ映写機25台が貸与され，社会教育課（3台），視

聴覚ライブラリー（4台）の他に，各郡の出張所（14台）などに配置された[31]。1949年1月から12月までの千葉県内における映画会回数と視聴者数は，4,927回，延べ3,455,710人（1回あたり約700人）[32]という記録がある。

　当時の社会教育課長・隆高鑑は，「強烈な軍政部の干渉指導の時代だった」[33]と千葉県の社会教育を振り返っている[34]。実際の映画会について，例えば，公民館においては，「巡回映画会」（山武郡豊成村公民館）や「ナトコ光号映画会」（夷隅郡長者町公民館）などのように年間事業計画に組み込まれている地域があり，上映方法には「娯楽映写型」以外に，事前に指導案を作成し，映写後には討論を行なう「討論映写型」もあった[35]。とりわけ，「大衆が望むからといっていつまでも「娯楽」物を上映するのではあまりにも指導性がなさ過ぎる」[36]とあるように，視聴覚教育の方法として討論映写型が重視されていた。

　その後，視聴覚教育を担当する部署が社会教育課，指導課，図書館に分かれていたことを見直し，1955年に視聴覚教育運営室を設置した。

4.4　「ひかり号」巡回開始の一側面

　「ひかり号」の巡回が開始される前年度（1948年度）に，千葉県立図書館は移動図書館の予算を申請した。事業概要には，フィルムライブラリーの充実や蔵書目録の編集などとともに，下記の項目があった[37]。

　7．移動図書館の設置　昭和10年来の懸案たる，移動図書館の設置を企図し新図書館法の実施を目前に控へ之が実現を切に努力し図書館の目的を充分発揮したい。同時にフィルムライブラリイに関する，フィルムの運搬及映画機の運搬に併用出来る。

　予算が認められ，翌1949年に自動車を取得するための申請の中で，理由や運営方法を次のようにしている[38]。

　自動車配布を必要とする理由（略）
　　この際休眠せる図書を県内隅々まで特に文化の恵み薄き農山漁村までも進出させ，併せてナトコ十六粍映画会を開催して以って自ら図書館の地域の向上と県民への文化奉仕に努力しようとするものであります。（略）

運営方法の概略

　　県下各地に定期停車場を設置し該地方の役場，学校，団体等と密接な連絡をとり読書会の育成に努め，フィルムライブラリと総合利用をなさしめ，併せて地方軍政部の宣伝情報機関への協力，県政の施策にも協力し，只管県民の生活の向上，教養の高揚，増産技術の向上，正しき世界の情報に接する機会を与えることに寄与する。

　「ひかり号」の巡回に先立ち，1949年8月8日の開設祝賀会では，CIE図書館担当官・フェアウェザー（Jane Fairweather），千葉民事部長・ショウ（James E. Shaw），千葉民事部情報課長・リンドバーグ（Walter E. Lindberg），日本図書館協会事務局長・有山崧，東京都立日比谷図書館長・中田邦造らの同席のもと，4本の映画を上映している[39]。
　さらに，千葉県立中央図書館は，「ひかり号」の巡回開始後の1951年9月に米軍払下小型ジープを申請している[40]。

　　現在中央図書館を根幹として県下五ケ所に分館を保有し館外活動には移動図書館二台を充当し，更に視聴覚ライブラリーに於ける映画フィルムに依る視聴覚教育を併せた県下全般にわたる図書館活動を更に積極的に推進させるため之が相互連絡及び運搬に効率よき小型車を緊要としている。

　このように，「ひかり号」巡回以前の申請過程や巡回初期において，ナトコ映写機の運搬とCIE映画の上映を視野に入れていたことがわかる。すなわち，「ひかり号」の巡回にあたっては，CIEの情報宣伝政策の影響を受けていたと推測できる。

5．映画会を中心とした日誌の分析

　千葉県における移動図書館「ひかり号」は，概ね1泊2日で県内を巡回した。夜間には宿泊地において，ナトコ映写機による映画の上映会を開催した。運行記録として書かれた日誌の中に，上映した映画のタイトルをはじめ，上映会場，観客数などの詳細が書き残されている。そこで本項では，「ひかり号」による図書の運搬や貸出し以外に，映画会の活動について当時の日誌から分析する。
　今回の分析は，「ひかり号」の巡回が開始した1949年9月から1952年度末ま

での約3年半に調査期間を限定した[41]。この間に上映された映画は244種類，延べ1,031回，観客総数は153,056人に及ぶ。

5.1　上映映画の内容分析

「ひかり号」により上映された映画は大きく CIE 映画と劇場映画とに分かれる。そして，CIE 映画の内容は，既に先行研究によってテーマごとに17項目（A から Q）に分類されている[42]。そこで，日誌に記載されている上映映画タイトル名を分類別に整理し，年度ごとの上映回数を整理したのが**図1**である。これによると，各地域で評判を聞き，「映画は，できるだけ喜ばれるものを選択した」[43]という元図書館員のインタビューを裏付けるように，A.日本製 CIE 映画（187回）が最も多く，次いで劇場映画（143回），B.アメリカ合衆国（文化・地理）（101回），M.レクリエーション・スポーツ（68回）の順に多いことがわかる。さらに年度別にみると，1951年度や1952年度には劇場映画と A.日本製 CIE 映画の上映が多くを占めていることもわかる。

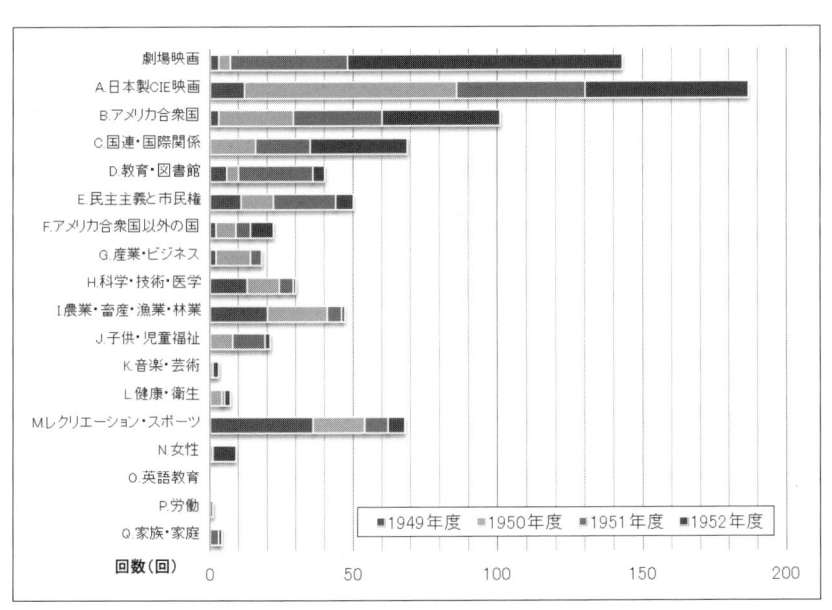

図1　内容別上映回数の推移

　こうした映画上映の目的のひとつに，地域住民への「ひかり号」の周知があげられる。例えば日誌には，以下のような記述が残されている。

- ・利用者普及大会をあわせて行う。質疑応答（1949年11月 2 日）[44]
- ・館長出席，終了後座談会（1949年11月30日）[45]
- ・終了後 1 時間，館長を囲み座談会。11時まで（1950年 4 月28日）[46]
- ・ひかり号認識啓蒙に大いに効果あり（1952年 7 月20日）[47]

　これらの記述から，映画上映の後に座談会などを行い，「ひかり号」の普及活動に力を入れていたことがわかる。

　さらに，図書を運ぶ「ひかり号」のもう一つの大きな役割は「文化を運ぶ」ことにもあった。図書館や映画館が存立する都市部から離れた各郡の町村において[48]，図書と同様に映像というものがどれだけ地域住民に喜びをあたえていたかは想像に難くない。1951年からは，NHK のど自慢の合格者を招いた「ひかり文化祭」（演芸会）が始まり，同年10月29日から NHK 歌手数名とアコーディオン奏者が「ひかり号」に同乗したことが日誌に記載されるようになった。この「ひかり文化祭」は NHK が後援し，夜間の映画上映の前後に公演が行われたようである。さらに，各ステーションでも図書の貸出時に演奏されていたことも記載されている。1952年12月 1 日の日誌には，「慰問によりその後の貸し出し効果があった」[49]との記述もあり，こうした活動が「ひかり号」の利用増大にも寄与していることが分かる。

5.2　上映回数と視聴者数の推移

　年度ごとの月平均上映回数[50]は，図 2 のように整理できる。これによると，上映回数は年々減少傾向にあることがわかる。1949年度は月平均17.7回の上映であったものが，1952年度は月平均10.1回になっている。しかし，この月平均10.1回という上映回数は決して少ない回数ではないといえる。

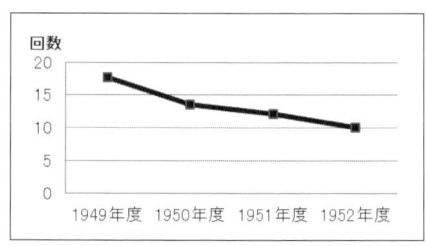

図 2　月平均上映回数

それは，映画会1回あたりの視聴者数が増加しているからである。**図3**は月平均の映画会視聴者数を年度別に表したものである。これによると，**図2**に反比例するように，年度ごとに月平均の視聴者数は増加していることがわかる。その背景として，①人気のある劇場映画の上映が多くなること，②1951年度からの「ひかり文化祭」や「ひかりの歌」の制作などの行事が増えたことが考えられる。

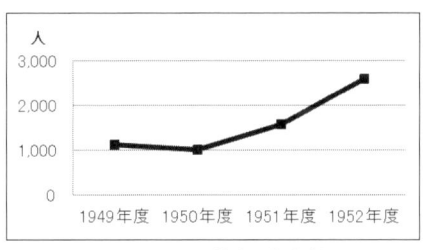

図3　月平均視聴者数

さらに，映画会1回あたりの集客数を**表2**に整理した。これによると，400人までの集客数が最も多いことが分かる。しかし，1952年になると800人を超えることも少なくなく，同年8月には1回に約2,500人が集まったという日があり，現代の我々の想像をはるかに超える集客人数であった。このことから，戦後間もない農山漁村における住民の教養・文化への欲求を垣間見ることができる。

表2　映画会1回あたりの集客数（回数）

集客数（人）	1949年	1950年	1951年	1952年
0～400	14	54	54	50
401～600	7	11	16	40
601～800	0	0	6	26
801～1,000	0	1	6	9
1,001～1,500	0	0	2	12
1,501～2,000	0	0	1	2
2,001～2,500	0	0	0	1
不明	8	4	1	4

映画会の集客人数の増減は，天候に左右されたこと以外に，「農繁期のため観客者少」（1950年9月24日），「お盆のためか大盛況」（1951年8月13日），「祭礼のため盛況」（1952年8月26日）などの日誌の記述から，農繁期や祭礼など各地域のさまざまな行事の影響を受けたことがうかがえる。

5.3　映画会の会場

表3では，映画会の上映会場を年度別に示した。日誌には，記載漏れや地名のみの記載もあったため，詳細が不明な場合もあるものの，宿泊地の近くの小・中学校が圧倒的に多いことが分かる。上映場所として校

表3　映画会の会場（回数）

会場	1949年	1950年	1951年	1952年
学校	21	22	20	45
公民館	2	6	13	14
図書館	0	3	2	1
役場・農協など	2	4	3	8
不明（地名のみ）	3	28	53	72
その他	1	8	0	4

庭や講堂と詳しく書かれている場合もあるが，学校名のみの場合が多く，屋内外の区別の割合を示すことはできない。しかし，先述した多数の観客を収容できる施設は限られているため，各地域の学校施設を多く利用したものと考えられる。

5.4　映画会の設営と実施

　日誌の記述欄をさらに分析すると，映画会の設営や上映にあたり，次のような図書館員の苦労をうかがい知ることができる。

(1)　深夜にわたる上映

　「上映時間8時半から11時」（1951年4月30日），「終了時間12時半」（1951年6月25日）などの記述から，映画会の終了時間が深夜になっていたことがわかる。

(2)　電圧の影響

　1949年9月14日，17日，21日，11月30日には「電圧低く，発声悪し」，同年11月には「停電のため会場移転。終了時間11時近くなる」などの記述から，映画会は各地域における電圧事情の影響を受けていたことがわかる。

(3)　天候による影響

　屋外での上映も多かったため，天候による影響が大きかった。「雨天のため希望により中止す」（1949年10月22日，11月9日），「途中で雨，中止す」（1950年10月2日），「小雨ばらついたが，上映に支障なし」（1951年5月17日），「小雨のため観覧者少ない」（1951年9月17日，18日）などとあり，環境の悪い中での上映の様子を垣間見ることができる。

　このように，多くの映画会が業務時間外の夜間の上映であった。そして，現代のように映像機器類を日常的に使用する時代ではなく，電圧が低いことや野外における上映などの悪条件を考慮すると，実際に映画の上映が容易ではなかったことがうかがえる。

6．おわりに

　「ひかり号」の予算申請や自動車の申請過程の段階から，ナトコ映写機の運搬やCIE映画の上映，視聴覚ライブラリーとの協力などを視野に入れていたことがわかった。このことにより「ひかり号」の開始がCIEによる情報宣伝

政策の影響を受けていたといえよう。当時，全国的にみても CIE 映画の上映回数，視聴者数は膨大な数に及んでいたが，同時に「ひかり号」による映画会の回数や視聴者数もかなりの数に及んでいた。このようにみると，CIE が貸与したナトコ映写機による CIE 映画の普及に「ひかり号」は一定の役割を担っていたと解釈できるかもしれない。

　しかしながら，当時の日誌に基づいて各地域を巡回した「ひかり号」の映画会活動をみると，上映にはナトコ映写機が使用されたものの，CIE 映画よりもしだいに劇場映画が上映される傾向にあった。日誌などの記録からは，文化施設に恵まれない農山漁村における地域住民の感動，感嘆は計り知れないものがうかがえる。実際に上映するフィルムの選択についても，千葉民事部による強い指導はみられず，各地域の利用者が喜ぶ映画を図書館員が選択していた[51]。

　上映の方法も，社会教育において求められていた指導案の作成や上映後の討論を行なう方法ではなく，娯楽映写型の方式であった。「ひかり号」は移動図書館であり，したがって，「ブックモービルの視聴覚活動は常に図書との関連を失わないように留意」[52]していたことから，映画会は住民を「ひかり号」に引きつけ，利用へつなぐための一つの手段であったといえよう。

　「ひかり号」は，当初は CIE による情報宣伝活動の性格をもたされながら，しかし，限られた条件下にも関わらず，若い図書館員の力によって地域住民が集まる「場」をつくり，農山漁村における「文化の灯」としての期待を背負いながら，一人ひとりの地域住民と図書館とを着実につないだ。

　本章では，「ひかり号」のさまざまな活動の中から映画会に焦点を当てた。しかしながら，本章での分析は日本側の資料に留まり，CIE や千葉民事部による資料の分析が欠けている。さらに，社会教育課や公民館との連携をはじめ，「ひかり号」による映画会利用者の反応や，地域に果たした役割をさらに検討する必要がある。今後は，「ひかり号」関係資料のさらなる分析とともに，「ひかり号」に携わった元図書館員や利用者へのインタビューを継続し，戦後図書館活動における「ひかり号」の意義と位置を検討する。

　なお本章では，5項を大岩が執筆し，それ以外の項の執筆と全体調整を石川が行なった。

注

1 ）連合国最高司令官総司令部（GHQ/SCAP）。

2 ）石川敬史，大岩桂子「戦後移動図書館活動の検証：千葉県立図書館「ひかり号」調査の概要報告」『図書館界』64（2），2012.7，p. 154-163.

3 ）1949年 4 月より千葉県立図書館に勤務。整理部主任の後，1950年 4 月から1954年12月まで「ひかり号」を担当（館外奉仕係長）。以後，総務課長，教育庁庶務課長，教育庁文化課長，千葉県立中央図書館長などを歴任。

4 ）ナトコ映写機で上映されるため「ナトコ映画」とも言われた。本稿では「CIE 映画」を用いる（CIE：Civil Information and Education Section：民間情報教育局）。なお「CIE 映画」は，占領の終結に伴い U. S. Information Service（USIS）の管轄下となり，以後「USIS 映画」の一部となった。

5 ）数多くの研究があるが，例えば下記の研究がある。
- 今まど子「CIE インフォメーション・センターの図書館サービスについて：デポジット編」『図書館学会年報』42（1），1996.3，p. 15-31.
- 今まど子「SCAP/CIE インフォメーション・センター：横浜」『中央大学文学部紀要』（243），2012.3，p. 11-26.

6 ）今まど子「アメリカの情報交流と図書館：CIE 図書館との係わりにおいて」『中央大学文学部紀要』（156），1994.6，p. 29-42. 引用は p.39.

7 ）根本による科学研究費補助金の各報告書（『占領期図書館研究』東京大学大学院教育学研究科図書館情報学研究室，第 1 集（1993.3），第 2 集（2001.3），第 3 集（2005.3））など数多くの研究があるが，その他に例えば下記の研究がある。
- 根本彰ほか「政策文書に見る GHQ/SCAP 民間情報教育局の図書館政策」『東京大学大学院教育学研究科紀要』39，2000.3，p. 453-478.
- 三浦太郎「占領下日本における CIE 第 2 代図書館担当官バーネットの活動」『東京大学大学院教育学研究科紀要』45，2006.3，p. 267-277.
- 三浦太郎「CIE 情報課長ドン・ブラウンと図書館：図書館員養成との関わりを軸に」『明治大学図書館情報学研究会紀要』（2），2011.3，p. 28-37.

8 ）吉田右子「アメリカ図書館協会と戦時情報局の戦時図書館政策」『戦後アメリカの国際的情報文化政策の形成』（占領期図書館研究第 2 集）根本彰編，東京大学大学院教育学研究科図書館情報学研究室，2001.3.
〈http://panflute.p.u-tokyo.ac.jp/~anemoto/text/senryoki/report01/yoshida.pdf〉［参照日：2013-04-20］

9 ）阿部彰「『ナトコ』による啓蒙政策の展開」『戦後地方教育制度成立過程の研究』風間書房，1983.2，p. 685-742.

10) 阿部彰「対日占領における民間情報政策：『ナトコ』による啓蒙活動の実態と背景」『大阪大学人間科学部紀要』9，1983.3，p.239-265.

11) 土屋由香「アメリカ対日占領軍『CIE 映画』：教育とプロパガンダの境界(1) アメリカ対外文化戦略としての教育映画」『愛媛法学会雑誌』31(1・2)，2004，p.109-142.

12) 土屋由香「アメリカ対日占領軍『CIE 映画』：教育とプロパガンダの境界(2・完) 日本人による受容と解釈」『愛媛大学法文学部論集』(19)，2005，p.27-54.

13) 土屋由香「『パブリック・ディプロマシー』の出発点としてのアメリカ占領軍・CIE 映画」『Intelligence』(7)，2006.7，p.60-70.

14) 土屋由香「占領期の CIE 映画(ナトコ映画)」『踏み越えるドキュメンタリー』岩波書店，2010.12，p.155-181.（日本映画は生きている，7）引用は p.157.

15) 斎藤伊都夫「ナトコ映写事業の経緯：連合軍総司令部貸与の一六ミリ発声映写機および映画の運営について」『放送メディアと教育革新』日本放送教育学会編，日本放送出版協会，1972.10，p.345-367.

16) 新海英行「占領下社会教育と『ナトコ映写機・CIE 映画』」『香川大学教育学部附属教育工学センター研究報告』4，1976，p.57-65.

17) 身崎とめこ「GHQ/CIE 教育映画とその影響：戦後民主主義とダイニング・キッチン」『Image & Gender』7，2007.3，p.64-83.

18) 千葉県立中央図書館編『千葉県移動図書館ひかり二十年史』1970.3，213p.

19) 土屋，前掲14)．参照は p.156.

20) 土屋，前掲11)．参照は p.112-118.

21) 阿部，前掲10)．参照は p.247.

22) 阿部慎一「研究集会から見た映画教育の動向」『映画教育』3(3)，1949.3，p.13-17．参照は p.16-17.

23) 宮永次雄編『視聴覚教育要覧：1953年版』日本映画教育協会，1952.10，583p．参照は p.482-485．その他に前掲9），15），16）を参照した．

24) 1949年12月22日付の改正通達(「昭和二三年一〇月二六日付発社第一〇三号通達改正について」) により，内容の大きな変化はないが，例えば下記の用語の違いがあった(前掲15)から引用)．本稿では主に改正通達の用語を用いた．

・視覚教育→視聴覚教育

・フィルムライブラリー→視聴覚ライブラリー

・府県軍政部→地区民事部

25) 土屋，前掲12)．

26) 「CIE 教育映画を見た人数(年別)」前掲23)，宮永，p.227.

27) 島岡哉「近代日本の巡回幻燈・巡回映画に関する文化社会学的考察：奈良県吉野郡の農山村を事例として」『旅の文化研究所研究報告』(13)，2004.12，p.157-173．引用は p.170.

28）奈良県教育委員会編『奈良県教育百年史』1974.2，590p．参照は p. 295.

29）古山高麗雄「伊豆海岸を巡る：ルポルタージュナトコを追って」『映画教室』3(6)，1949.6，p. 20–23.

30）加藤勘「フィルム・ライブラリーの運営：新潟県の場合」『映画教室』3(7)，1949.7，p. 13–14.

31）千葉県教育委員会事務局調査課長編『千葉県教育要覧：昭和24年度版』千葉県教育委員会，1950.3，223p．参照は p. 157.

32）同上.

33）隆高鑑「社会教育啓蒙期の苦悩と進路」『社会教育十年のあゆみ』千葉県教育委員会編，1958.3，p. 6–12．引用は p. 6.

34）千葉民事部報道課長リンドバーグ（Walter E. Lindberg）による公民館建設，運動への指導の記録が残されている。この中で，公民館設置による民主主義の徹底を強調している。（千葉県公民館連絡協議会創立三五周年記念事業実行委員会編『千葉県公民館史』1985.3，664p．参照は p. 127–131.）

35）千葉県教育庁社会教育課編『公民館運営のてびき』1952.9，79p．参照は p. 41–50.

36）千葉県教育委員会編『社会教育十年のあゆみ』1958.3，320p．引用は p. 257.

37）「千図第一号　昭和二四年度歳入歳出予算概算書提出の件」1949年1月5日（千葉県立中央図書館所蔵「ひかり号」関係資料）.

38）「千図第四〇号　移動図書館用自動車配布申請書」1949年4月22日（千葉県立中央図書館所蔵「ひかり号」関係資料）.

39）前掲18）．p. 44．なお，上映された映画は「アメリカ国会図書館」（CIE 番号10），「アメリカトピックス」（CIE 番号125），「すべての人に自由な読書を」（CIE 番号313？），「書物と人民」（CIE 番号？）であった。

40）「千図第六一号　米軍払下小型ヂープ払下の件」1951年9月15日（千葉県立中央図書館所蔵「ひかり号」関係資料）．しかし，本申請は認められなかった（『ひかり20年史』p. 56）．

41）「ひかり号」による映画の上映は1953年度以降も継続するが，今回は「ひかり号」の運行開始直後の占領期に限定し，1952年度までとした。

42）土屋，前掲11）．A から Q の分類は，土屋が1953年版の『USIS フィルム・カタログ』（USIS Film Catalog for Japan 1953）におけるテーマ別インデックス（100以上）をもとに，前掲9）や自身の研究をさらに踏まえ，下記の17項目に整理されたものである。

A：日本製 CIE 映画，B：アメリカ合衆国（文化・地理など），C：国連・国際関係，D：教育・図書館，E：民主主義と市民権，F：アメリカ合衆国以外の国，G：産業・ビジネス，H：科学・技術・医学，I：農業・畜産・漁業・林業，J：子供・児童福祉，K：音楽・芸術，L：健康・衛生，M：レクリエーション・スポーツ，N：女性，O：英語教育，P：労働，Q：家族・家庭

43）石川，大岩，前掲2）．引用は p. 160.

44）『昭和24年度日誌』（千葉県立中央図書館所蔵「ひかり号」関係資料）.

45）同上.

46）『昭和25年度日誌』（千葉県立中央図書館所蔵「ひかり号」関係資料）.

47）『昭和27年度日誌』（千葉県立中央図書館所蔵「ひかり号」関係資料）.

48）1951年の千葉県内の映画館数は74であった．その内訳は，都市部の千葉市が7館，船橋市が6館などであった．しかし，町村では郡内に1～8館程度の設置数であった．（「243. 種類別諸興行場数」『千葉県統計年鑑：昭和27年度版』千葉県総務部統計課編，1953. 3, p. 430. ）

49）前掲47）．以下本文における日誌の引用については，該当年度の日誌を引用し，注記を略した.

50）「ひかり号」の台数は，1949年度は1台，1950年度は年度途中から1台増えて2台の運行となり，1951年度は2台，1952年度は3台で巡回している．それぞれ延べ月数は1949年度が6.5月，1950年度は20.5月，1951年度は24月，1952年度は34月で，平均値を算出する場合にはこの月数を使用した.

51）石川，大岩，前掲2）．参照は p. 160. これ以外に，実際のインタビュー記録も参照した（山崎宏氏：2011年8月28日，大多和誠氏：2011年9月11日）.

52）「ブックモービルによる視聴覚教育活動（千葉県）」『視聴覚教育の在り方』関東視聴覚ライブラリー委員会編，1952. 2, p. 143-145. 引用は p. 144.

第3章 千葉県立図書館「ひかり号」利用者の分析：
1940〜1950年代を中心に

石川　敬史，大岩　桂子

1．はじめに

1.1　これまでの研究活動

　1949年9月に千葉県立図書館が巡回を開始した移動図書館「ひかり号」[1]は千葉県内各地に大きな影響を与え，その運営方法は他の都道府県立図書館に広がった。

　これまでにオーラルヒストリー研究グループ(以下，本研究グループとする)では，2011年度から千葉県立図書館「ひかり号」の調査を少しずつ積み重ねてきた。2011年度は「ひかり号」に携わった元図書館員3名[2]へのインタビュー調査を実施した。そして，20〜30歳代の若い図書館員が地域住民とともにどのように図書館の活動を創造し，どのように移動図書館の限界を克服したのか，などの研究視角を整理したうえで，今後の研究課題と展望を明らかにした[3]。同時に，千葉県立中央図書館に所蔵されている約40箱に及ぶ「ひかり号」創設時からの関係資料(以下，「ひかり号」関係資料とする)の整理に着手した。

　2012年度は，戦後日本における CIE 映画の広がりを踏まえながら，「ひかり号」による映画会活動を分析した。具体的には，「ひかり号」の予算申請過程をはじめ，実際の映画会で上映された CIE 映画のタイトルや会場，集客数等を分析した。その結果，「ひかり号」は，CIE が貸与したナトコ映写機による CIE 映画の普及に一定の役割を担っていたものの，各地域では住民が希望する劇場映画が上映される傾向にあった。こうした「ひかり号」の映画会活動は，地域住民と図書館とを着実につなぎ，地域住民が集う場をつくっていたことが明らかになった[4]。

1.2　本研究の目的

　こうした研究を踏まえながら，2013年度は，「ひかり号」関係資料の整理を続け，約550点に及ぶ資料リストを完成させることができた。「ひかり号」関係資料の全体像が明らかになったことにより，現在，本研究グループでは，地域と利用者に焦点を当て，地域住民が地域の活動や日々の生活の中で「ひかり号」をどのように受け入れ，各地域においてどのように浸透したのかを分析している。具体的には，1940年代後半から1950年代前半に活動した牛久町読書倶楽部（旧市原郡牛久町：現市原市）のメンバーへの聞き取り調査に着手した[5]。同時に，「ひかり号」関係資料の中から，地域の中に設置されたステーションや「ひかり号」利用者に関する資料を分析している。

　そこで本章では，今後，本研究グループが「ひかり号」利用者への聞き取り調査を継続して実施することを視野に入れ，「ひかり号」関係資料を用いて，利用者（年齢，職業，性別等），各地のステーションの傾向（利用状況，地域の協力団体等）をはじめ，「ひかり号」に対する地域住民の期待を分析し，今後の利用者へのインタビュー調査に向けた視角と課題を明らかにした。

2.　「ひかり号」利用者の特徴

　「ひかり号」の利用者に関するデータは，既に『千葉県立中央図書館三十年略史』[6]や『千葉県移動図書館ひかり二十年史』[7]に掲載されている。これらの資料などから，千葉県内各地を巡回した「ひかり号」と千葉市に位置した千葉県立図書館について，利用者層と分類別利用冊数の違いを整理した。

2.1　利用者層

　表1は1951年度の「ひかり号」職業別登録者数，表2は千葉県立図書館の職業別閲覧人数である。これらによると「ひかり号」では農水産（37.6％）が最も多く，次いで教育（20.5％），官公吏（19.8％）と続くのに対して，千葉県立図書館は学生・生徒が半数以上（59.7％）を占めていることがわかる。千葉県立図書館の職業別男女比は不明であるが，閲覧者全体で男性が67.6％という記録があり[8]，「ひかり号」の男女比（男性66.5％）とほぼ等しいことがわかる。しかしながら実数をみると，「ひかり号」における女性の農水産，公務員の利用者数は，千葉県立図書館の同職業の数よりも多いことがわかる。

2.2　分類別利用冊数

　表3は1950年度における「ひかり号」の分類別貸出冊数と千葉県立図書館の分類別閲覧冊数を整理したものである。これによると、「ひかり号」では文学が約70%を占め[9]、次いで社会科学(7.1%)、産業(6.3%)であるのに対し、千葉県立図書館では文学が26.9%、次いで社会科学(18.2%)、歴史・地誌(14.5%)であった。貸出冊数と閲覧冊数の違いはあるものの、文学の割合や、文学に次ぐ各主題(社会科学、歴史・地誌)の割合が大きく異なっていることがわかる。なお、児童図書と雑誌については、千葉県立図書館のみ数値が存在した。

表1　「ひかり号」職業別登録者数(1951年度)（人）

	農水産業	工鉱業	商交通	官公吏	教育	学生	その他	無職	計
男	4,689	403	696	2,173	2,141	377	174	475	11,133
女	1,615	77	163	1,145	1,293	326	142	859	5,615
計	6,304	480	859	3,318	3,434	703	316	1,334	16,748
％	37.6	2.8	5.1	19.8	20.5	4.2	1.8	7.9	100

出典：文部省社会教育局編『移動図書館の実態』1953.11、72p。参照は p.14。

表2　千葉県立図書館職業別閲覧人数(1951年度)（人）

	農業水産業	鉱業工業	商業交通業	公務員	雑誌記者・教育新聞・宗教家	学生生徒	其の他	無業	児童	計
人数	176	84	886	473	808	39,735	3,205	2,886	18,348	66,601
％	0.3	0.1	1.3	0.7	1.2	59.7	4.8	4.3	27.5	100

出典：前掲『千葉県立中央図書館三十年略史』参照は p.89。

表3　分類別利用冊数(1950年度)（上段：人、下段：%）

	総記	宗教哲学	歴史地誌	社会科学	自然科学	工学	産業	芸術	語学	文学	児童図書	雑誌	合計
ひかり号	812	2,190	2,934	5,031	2,065	1,783	4,480	1,530	423	49,739	*	*	70,987
	1.1	3.1	4.1	7.1	2.9	2.5	6.3	2.2	0.6	70.1	*	*	100
図書館	6,124	4,927	13,772	17,273	8,183	4,494	4,286	3,138		25,491	496	1,886	94,662
	6.4	5.2	14.5	18.2	8.6	4.7	4.5	3.3		26.9	0.5	2.0	100

出典：①『年度別移動図書館利用冊数』「千葉県立移動図書館ひかり二十年史」前掲。p.164〜165。②前掲『千葉県立中央図書館三十年略史』参照は p.90〜91。

2.3　「ひかり号」利用者分析の意義

　利用者層と分類別利用冊数については，もちろん「ひかり号」と千葉県立図書館との蔵書構成の違いがあろう。例えば，1949年3月末の統計をみると，千葉県立図書館の蔵書数は約7万冊で，このうち文学の割合は16%にすぎなかった[10]。これに対して「ひかり号」の蔵書冊数は約2万冊（1950年）[11]であり，元図書館員へのインタビューから，小説等の文学が多かったことが推測できる。

　この他にも，年齢の制限[12]，貸出冊数と閲覧冊数との違い[13]，図書館が立地する地域[14]など，わずか約600冊を積載し各地を巡回した「ひかり号」と，千葉市に建物として存在した千葉県立図書館には異なる条件があるため，単純に利用者層を比較することは難しい。しかし，ここに示した利用データの実数をみると，図書館に集う利用者層が異なり，利用された図書も異なっていたことがわかる。

　戦後の移動図書館の特徴として，図書館側の視点で考えるならば，書架を地域に開放したことや，機動性やPR性などがあげられる[15]。その一方で，地域で生活する住民の視点でみるならば，戦後，図書館が個々の地域の中へ「移動」することは，どのような意味を持っていたと考えることができるであろうか。建物としての図書館と利用者層が異なっていたことを踏まえると，「ひかり号」の利用者の分析をすることにより，「移動」する図書館の意義の検証につなぐことができると考える。

3．「ひかり号」のステーション

　「ひかり号」は1949年9月14日に巡回を開始し，1コースあたり概ね1泊2日で県内約10ヶ所のステーションを巡回していた。1ステーションの停車時間は約30〜50分であった。千葉県内に設置された各地のステーションに対するアンケート調査などは，これまでの元図書館員の聞き取り調査から，十分に行われていなかったことがわかっている[16]。しかし，「ひかり号」関係資料の中に『昭和二八年度「ひかり」運営研究集会調査表』（以下，「調査表」とする）[17]が保存されていた。この「調査表」には，下記のような設問があり，千葉県内72のステーションの担当者が詳しく回答している。

・産業構成（農村型，漁村型，都市型）
・産業，教育，文化上の特色

- 地域の特産物
- 各種団体の状況(青年団，婦人会，**PTA**，農事研究会，読書会，その他)
- 地域住民の読書意欲
- 訪問図書館運営委員会
- 巡回日時はよく周知しているかどうか？その方法は
- 駐車の地点は適当かどうか
- 図書の回収はうまくいっているか
- 貸出図書の交換を行っているか
- 閲覧券の発行はどうなっているか
- ひかり号に対する住民の周知度はどうか
- 参考意見と希望

　1953年当時，「ひかり号」は3台の自動車で305ステーションを巡回していたため，「調査表」は当時の全ステーションの回答ではないことがわかる。さらに，一部の設問に回答していないステーションや，回答者の個人的な意見も存在する。しかし，「調査表」の集計から，「ひかり号」が巡回した各地のステーションの傾向や特徴をうかがうことができる。

3.1　訪問図書館運営委員会の開催と各種団体の協力

　「調査表」には，訪問図書館運営委員会の開催頻度と各種団体との協力に関する設問があった。この訪問図書館運営委員会(以下，委員会とする)とは，正式には「千葉県訪問図書館町村運営委員会」であり，各町村における「ひかり号」ステーションの受入れ組織である。千葉県立図書館が例示している規約案[18]によると，役場や教育委員会，小中学校，各種団体の代表などが委員となり，ステーションマスターの選任のほか，映画会，講演会など「ひかり号」の活動に対する協議内容が定められ，開催頻度は「必要に応じ，会長がこれを招集する」とされている。「調査表」において委員会に関する設問を集計すると，次のように整理できる[19]。

訪問図書館運営委員会
　　A．毎月会合する　　　　　　　　　　　　　　　　　　　　6(8.8%)
　　　　年一回以上会合する　　　　　　　　　　　　　　　　40(58.8%)

	会合したことがない	22(32.3%)
B.	各種団体がよく協力している	11(16.7%)
	普通	46(69.7%)
	協力していない	9(13.6%)

　集計によると，委員会を毎月開催しているステーションよりも，「会合したことがない」ステーションが多いことがわかる。一方で，各種団体の協力については「普通」が最も多かった。ここでの各種団体とは青年団や婦人会などの地域を基盤とする組織であると推測できる。

　これらの回答をさらに分析すると，「各種団体がよく協力している」11のステーションのうち，委員会について「会合したことがない」と回答したステーションは存在しなかった[20]。他方で，各種団体が「協力していない」9のステーションをみると，ほぼ全てのステーションが「会合したことがない」傾向にあった[21]。

3.2　巡回日時の周知方法

　「ひかり号」の巡回日時を地域内で周知する方法を問う設問は，自由記述式であった。この回答をみると，多くのステーションが掲示板，回覧をはじめ，青年団などの地域の組織を用いた方法であった。その一方で，個人宛に通知しているステーションも存在し，「ひかり号」の登録者へ個別に通知していたと推測できる。その他に特徴的な方法として，小中学校の児童・生徒を通した周知(川間村，千倉町)，町内放送(小金町)，村内ラジオ(松丘村)などがあった。

・個人宛に通知を出す(昭和町)
・中学校生徒の伝達(川間村)
・村内に回覧板を回す，又ステーションに掲示する，各団体に通知を出す
　(西崎村)
・利用者が青年 C であるので，学級開講日等に周知させる(豊和村)[22]
・町内放送にて前知さす(小金町)
・青年団が回覧式に周知方法を取る(北三原村)

3.3 ひかり号の周知度

「調査表」には,「ひかり号に対する住民の周知度はどうか」という設問があった。これを集計すると次のように整理できる。

ひかり号に対する住民の周知度はどうか

皆よく知っている	20(27.8%)
知っている者が多い	43(59.7%)
あまり知られていない	9(12.5%)

これによると,「ひかり号」は地域住民に周知されている傾向にあることがわかる。しかし,「調査表」の回答者はステーションの代表者や各地域の役職者と考えられるため,周知度が高い傾向になったと推測できる。これらの回答のうち,「あまり知られていない」9のステーションを抽出すると,先述した各種団体が「協力していない」傾向にあった[23]。他方で,「皆よく知っている」20のステーションを抽出すると,比較的「各種団体がよく協力している」傾向にあった[24]。

さらに,「ひかり号」について「皆よく知っている」と回答し,委員会を「毎月会合する」,さらには「各種団体がよく協力している」と回答したステーションを抽出すると,南郷村[25]と府馬町が該当した。これら地域の住民の読書意欲は,「意欲旺盛」(南郷村),「①青年層,②壮年層,③老年層」(府馬町)の順に意欲があり,「ひかり号」巡回日時の周知方法としては,「巡回前に通知発送」(南郷村),「青年団支部長,各種団体長に通知,読者は巡回日時を良く知る」(府馬町)とあった。

3.4 参考意見と希望

「調査表」の最後に「参考意見と希望」とする設問があった。ここには総じて,図書の内容,新刊書や希望図書への対応,ステーションの増設と停車時間の増加,巡回ルートへの再考に関する記述が多かった。

- ステーションを二カ所にしてほしい,大衆的な本をより多く欲しい,ナトコ映画フィルムを貸りたい(鳴浜村)
- 各種団体等の協力の少ないのは,訪問時間の問題が相当関係している(大

東村）
- ・町村図書運営委員会に対し指導助言を与えて欲しい（養老村）
- ・新刊物が少なくないという声があるので，新刊物が欲しい（須賀村）
- ・図書増加，図書消毒の実備，目録について当面新刊本購入目録の実施，機
  関紙発展拡充，友の会講演会促進（中村）

　「調査表」の集計から，ステーションにより活動状況に差があったものの，各地のステーションの傾向や要望をうかがい知ることができた。地域で「ひかり号」を受け入れ，活発なステーション運営を行った背景には，ステーションマスターの熱意や，地域の代表者が集まる委員会の組織化のみならず，青年団をはじめとした多くの地域団体の協力関係が存在し，地域全体で「ひかり号」ステーションが創られたことがわかる。

4．各ステーションにおける利用者の特徴

　各地域において，どのような住民が「ひかり号」を利用し，図書を貸出していたのであろうか。「ひかり号」関係資料の中に，これらを明らかにすることができる資料として，『移動図書館利用申込書綴』（以下，「申込書」とする）[26]があった。残されていた資料は1955年度の１冊のみであるため，ごく限られた時期・地点のデータではあるが，「申込書」を分析することにより，「ひかり号」の巡回初期における利用者の実態を垣間見ることができると考える。

4.1　「申込書」の背景

　1955年度には，４台の「ひかり号」で千葉県のほぼ全域を巡回していた。機関誌『ひかり』に記載されている巡回日程表から，当時のルートと巡回地域とを確認すると，「申込書」はその一部の地域のデータであった。したがって，同年度においても他に同様の申込書が存在する可能性がある。また，前後の年度の申込書が存在していないことから，「申込書」に記載されている利用者が，今回初めて申込みをしたのか，毎年同様の申込みをしているのか，などの検証が現段階では難しい。しかし，このような不確定な事項を考慮しても，この「申込書」は，ステーション毎の申込者が詳細に記録されていることから，当時の残された少ない資料であることを踏まえると分析の意義があるといえる。

4.2 「申込書」の記載内容

　「申込書」の記述をみると，ステーション毎に利用者個々が記入している場合と，とりまとめて記入している場合があった。「申込書」の冒頭には，市町村名，団体名，代表者名を記入する欄とともに，「貴館利用規則を守りますから閲覧券を交付されるよう申込みます」[27]との記述が印刷されていた。利用者個々の記載項目については下記があった。

- ・登録番号
- ・氏名
- ・職業
- ・勤務先
- ・年齢
- ・住所
- ・印
- ・備考

　これらの多くは丁寧に書かれているが，一部省略されている記述もあり，特に年齢や職業が不明な場合が多い。

　データの集計にあたり，男女の区別は無いため，氏名から推測して分類した。職業については，勤務先の記載を踏まえ6つに分類した。農水林酪業には，第一次産業として酪農や林業，漁業なども含めた。公務員には，教員や役場職員のほか，農協職員，郵便局員などの記述を含めた。その他の職業として，無職や職業が記載されていないもの，医師，看護婦，僧侶などを含めた。

4.3 「申込書」データの分析

　「申込書」を集計した結果が**表4**である。10歳代から70歳代の3,841人の申込みを確認することができた。男女の内訳は男性2,404人（62.6％），女性1,437人（37.4％）であった。**表4**には職業別に男女・年齢別の利用者数を整理した。

　これによると，圧倒的に第一次産業に従事する男性（1,236人）の利用が多いことが分かる。男性は次いで公務員（620人）が多く，学校や農協などの施設でまとめて申込みしていることが多い。一方で女性については，男性の約半分ほどの人数ではあるが，第一次産業（563人）が最も多く，次いでその他（365人），

表4　年齢別・職業別「ひかり号」利用者（1955年度）（人）

		10代	20代	30代	40代	50代	60代	70代	不明	計	％
農水林酪業	男	64	607	184	125	87	38	7	124	1,236	46.8
（第一次産業）	女	130	215	75	52	24	10	2	55	563	
学　生	男	139	8	1	0	0	0	0	15	163	6.6
	女	73	6	0	0	0	0	0	11	90	
公務員	男	16	170	143	108	53	11	0	119	620	24.9
	女	41	172	40	27	5	0	0	50	335	
会社員	男	3	12	17	23	3	2	0	27	87	3.1
	女	2	10	4	0	0	0	0	15	31	
商　業	男	4	30	22	7	5	1	1	10	80	3.5
	女	1	16	12	12	0	0	0	11	53	
その他	男	11	38	38	18	20	8	3	82	218	15.2
（不明含む）	女	43	115	58	42	7	9	2	89	365	
計	計	527	1,399	594	414	204	80	15	608	3,841	100
	％	13.7	36.4	15.5	10.8	5.3	2.1	0.4	15.8	100	

公務員（335人）の順であった。

　年齢別の数値に注目すると，どの職業をみても20歳代の利用者が目立ち，1,399人（36.4％）で最も多く，次いで30歳代594人（15.5％）であった。年齢不明者として608人（15.8％）を占めているが，この数値を除いた10〜30歳代の利用者の割合をみると全体の77.9％（2,520人）を占めていた。さらに年齢別のデータを詳しくみると，20歳代の第一次産業（822人）と公務員（342人），そして10歳代の学生（212人）が多いことがわかる。とりわけ第一次産業の10歳代女性の利用（130人）が男性（64人）よりも多いことや，10〜20歳代の利用者のうち42.8％（824人）が女性の利用であったことは特筆される。

　職業別の項目をみると，商業や会社員が非常に少ないことが分かる。これは，当時の千葉県の職業別就労状況[28]を踏まえなければならないが，先述した通り「申込書」は限定的な資料であり，千葉県全域を網羅していない。「申込書」に記載された地域の多くはいわゆる農山村が中心であり，「申込書」にない地域には商業施設や工場などが県内でも割合として高いことが考えられることから，県内全ての利用者データが揃うと，商業や会社員の割合が多くなることも考えられる。さらに，利用者の職業については，「ひかり号」のステーションの場所（学校，役場等）や停車時間帯にも影響していると推測できる。

　しかしながら，農業など第一次産業に従事する1,799人もの住民が「ひかり

号」を利用していたことは，近くに図書館がなく，図書を容易に入手できなかった農村地域における文化教養への欲求が大きいことをうかがい知ることができる。

5. 「ひかり号」呼称の公募からみる利用者の期待

　これまでに分析した「調査表」や「申込書」の数的なデータ以外に，「ひかり号」に対する利用者の期待や想いを分析できる資料として，「ひかり号」関係資料の中から例えば下記のものがある。

　①巡回開始にさきがけて1949年 7 月に移動図書館の呼称を公募した資料群
　②1951年の読書週間に募集した読書感想文の資料群
　③1953年 9 月に完成した「ひかりの歌」の歌詞
　④機関誌『ひかり』に掲載された利用者の声

　このうち本項では，これまでに十分明らかにされていなかった①を用いて移動図書館に対する利用者の期待や想いを分析する。

5.1　呼称の公募

　千葉県立図書館は，1949年 7 月 7 日付文書にて，「移動図書館を広く県下に知らせるため，自動車の名前を懸賞募集」[29]した。その詳細や審査員は下記の通りである[30]。

　　募集地域　　県下
　　応募締切　　昭和二四年七月三十日
　　到達先　　中央図書館
　　賞規定　　当選者一名　佳作二名
　　　　　　　　賞品は，賞状及記念品
　　当選発表　　昭和二四年八月八日
　　審査員及日時
　　　　昭和二四年八月　　日
　　　　石橋副知事，教育長，社会教育課長，千葉市教育長，教育委員長，道路監理事務所長，新聞社二名(毎日，時事)，図書館長，土屋図書館主事
　　　　書記　岩村図書館主事

審査員は県や市，新聞社など図書館外の関係者が含まれていた。審査の日にちは空欄であったが，具体的には，7月25日付の廿日出逸暁による依頼文書にて，「応募名者中より移動図書館自動車にふさわしい名を決定したいと思います。」[31]として，次の通り審査が行われた[32]。

一，昭和二十四年八月一日　午后一時
一，県立図書館々長室

具体的にどのような方法で公募を周知し，どのような基準で審査が行われたのかは不明であるが，1等「ひかり」（山賀藤吉），2等「訪問文庫」（深堀正辰），3等「あかつき」（浜野虎雄）が入選した[33]。そして，「"ひかり" と "訪問文庫" の文句をさらに本館で若干修正し，スマートに連ねて訪問図書館 "ひかり" 号」[34]としたとされている。

この1949年には，6月16日から自動車本体の改造に着手し[35]，6月22日にラジオ等の放送設備の入札[36]が行われるなど，移動図書館車の製作が慌ただしく行われる中，約1か月間で呼称の公募と審査が行われたことになる。同年8月8日には，「ひかり号」の命名式・開設祝賀会が開催され，上記の3名が表彰された。

5.2　応募名の分析

「ひかり号」関係資料には161件の呼称名が一覧に整理されている資料[37]があり，呼称への応募総数が161件であったと推測できる。これらひとつひとつの呼称名には，移動図書館に対する地域住民のイメージや印象，想いが端的に表現されている。そこで，161件の呼称名を下記のように6つに分類し，その名称の一部を記載した。

(1) 季節，自然，色
　　あけぼの，オアシス，そよ風号，レインボー，サンライト号，流星，青空号，白雪，千葉風，湖，陽光，みどりのくるま
(2) 動物，植物
　　県立ハヤブサ号，若葉，みつばち，ツバメ号，ほたる，双葉，鳩，青い鳥，鳩の家

（3）図書館，読書

　　　ブックフレンド，リーディング・カー，**My Book**，千葉ムーブライブ
　　ラリー，ムービングパラダイス，リーダーズモーター，読書自動車，自動
　　式図書車，書閲バス，交読車，千葉移動文庫，弘読車，千葉巡回文庫，動
　　く図書の家，ニコニコつばめ図書館，千葉ライブラリーカー

（4）教養，知識，指導

　　　千葉蛍雪，千葉指導者号，千葉博文車，もの知り自動車，千葉県移動教
　　養車，哲学車，視学車，勤学車，弘学車，建学車

（5）カタカナ表記

　　　ダイヤモンド，ハッピー千葉，オリエンタル号，ラッキー，ラッキーナ
　　ンバワン，インフォメーションサークルカー，ユニオン，ホープ，ニュー
　　ライフ，ラッキ千葉，エンゼル，ファンサービス自動車，ライト

（6）その他（文化，希望など）

　　　ほほえみ，白線号，知彗車，移動文化車，ファンサービス自動車，のぞ
　　み，心糧車，龍宮自動車，愉快号，かいたく号，ゆたか，文化車，文化の
　　泉，ミネルビア号，千葉希望の光号

　この当時の自動車台数は極めて少なく，半数は県内の市部（千葉市，船橋市
等）を占めていたこと[38]，さらには当時，移動図書館は製作中であり，実際に
は巡回されていなかったため，応募要項の「移動図書館」という言葉から，地
域住民が具体的にイメージすることは難しかったといえよう。同時に，応募さ
れた呼称名の傾向については，当時流行した図書や商品名など，文化的な背景
も踏まえなければならない。

　しかし，地域住民から応募されたこうした呼称の一覧を概観すると，自動車
という近代的装置のイメージから，「風」のように地域を走り去る言葉のみな
らず，図書館や図書から連想される教養，知識，読書を踏まえ，文化や学びを
地域に運ぶシンボルとして移動図書館を言語化した表現がみられた。啓蒙的な
用語も一部含まれていたが，占領下の影響からか，特にカタカナの表記に代表
されるように，地域住民に希望を与え，明るく前向きで積極的に未来を拓くと
いった表現も多数存在した。

　呼称名の一覧から，「図書館」が地域に届くことに対して地域住民が期待す
る姿や，移動図書館の可能性，地域に果たす役割が端的に表現されていたこと

がわかる。

6．おわりに

　本章では，本研究グループが「ひかり号」利用者への聞き取り調査を継続して実施することを視野に入れ，これまでに整理した「ひかり号」関係資料の中から，「ひかり号」のステーションや利用者を分析した。

　「ひかり号」が巡回する各地のステーションは，ステーションマスターの熱意や運営委員会の組織化のみならず，青年団など地域のさまざまな団体の協力により支えられていた。すなわち，地域の中に「ひかり号」のステーションが位置していたことは，「ひかり号」が地域とともに歩み成り立つことを意味していた。こうした「ひかり号」のステーションに集う利用者は，建物としての千葉県立図書館の利用者層とは異なり，同時に利用する図書も異なっていた。「申込書」は限られた時期・地域の利用者データではあったが，10歳代から30歳代の第一次産業に従事する若者が「ひかり号」の利用者の中心であり，とりわけ若い女性の利用も目立っていた。移動図書館車呼称の公募名からは，地域住民による移動図書館への想いや希望とともに，移動図書館が地域に果たす期待やあるべき姿が端的に表現されていた。

　当時，「ひかり号」と同様に地域住民による想いや期待を背景に，建物としての図書館が地域の中に位置され，地域とともに歩むことができたであろうか。むしろ，移動図書館の活動や存在自体に，建物としての図書館とは異なる何らかのシンボルやメッセージ性が包含されていたのではないだろうか。

　既に牛久町読書倶楽部に関わった方々へのインタビューから，牛久町（現・市原市牛久）に「ひかり号」が巡回する以前からの青年団や青年文化連盟の活動[39]，農業改善の活動，さらには千葉県立図書館長の廿日出逸暁との対話・指導，貸出文庫の利用など，さまざまな地域活動の中から，「ひかり号」巡回以前との連続性をうかがい知ることができる。

　これらのことを踏まえ，「ひかり号」利用者へのインタビュー調査に向けた視角と課題は下記のように整理できる。

　　①「ひかり号」のステーション設置以前における地域のさまざまな団体による活動（青年団，婦人会，PTA，4Hクラブ等）と千葉県文化振興会の活動

　　②地域全体での「ひかり号」の受け入れ体制（運営委員会の開催，周知方法，

　　映画会の運営等）

　③「ひかり号」の巡回による地域活動への広がり，つながり（読書会，農業改
　　善，町村図書館の設置，公民館活動等）

　④ステーション毎の利用状況・利用者層の特徴（女性の利用等），地域住民の
　　「ひかり号」への期待

　⑤貸出文庫の利用，建物の図書館の利用と「ひかり号」の利用との違い

　蔵書冊数，職員数，駐車時間，巡回周期など，限られた環境下で地域を巡回
した「ひかり号」ではあったが，図書の入手が困難であった地域に何をもたら
し，地域や住民をどのように変えたのであろうか。地域全体で支えられ，地域
住民が集う場をつくり広げる「ひかり号」の魅力は何であったのであろうか。
「ひかり号」が巡回した地域や利用者を分析することにより，戦後移動図書館
活動の検証につなぐことができる。

　なお，本章では 4 項を大岩が執筆し，それ以外の項の執筆と全体調整を石川
が担当した。

注

1 ）巡回開始当初は「訪問図書館ひかり」であったが，本章では「ひかり号」と統一して記
　　載する。

2 ）2011年度は山崎宏氏（ 8 月28日， 9 月11日），大多和誠氏（ 9 月11日），日高八郎氏（11月
　　27日）にインタビューした。このうち， 9 月11日の大多和氏，山崎氏へのインタビュー記
　　録の一部は，下記の文献を参照のこと。なお，2012年度には鈴木武次氏（ 6 月 3 日）にも
　　インタビューしている。

　・石川敬史，大岩桂子「戦後移動図書館実践記：千葉県立図書館「ひかり号」担当者の山
　　崎宏氏，大多和誠氏へのインタビュー記録をもとに」『十文字学園女子大学人間生活学
　　部紀要』11，2013，p. 191-201.

3 ）石川敬史，大岩桂子「戦後移動図書館活動の検証：千葉県立図書館「ひかり号」調査の
　　概要報告」『図書館界』64(2)，2012.7，p. 154-163.

4 ）石川敬史，大岩桂子「移動図書館による映画会活動の分析：1950年代前半までの千葉県
　　立図書館「ひかり号」を中心に」『図書館界』65(2)，2013.7，p. 126-134.

5 ）2013年 8 月 3 日に市原市牛久にて，牛久町読書倶楽部の関係者 6 名に聞き取り調査を行
　　なった。

6）千葉県立中央図書館創立三十周年記念事業実施委員会編『千葉県立中央図書館三十年略史：大正13年－昭和30年』1956.3，128p.

7）千葉県立中央図書館編『千葉県移動図書館ひかり二十年史』千葉県立中央図書館，1970.3，212p.

8）前掲6），参照はp.88.

9）「訪問図書館ひかり友の会」の機関誌『ひかり』（1951年11月創刊）には，新刊紹介のほかに，「最も読まれた新刊書」として，例えば下記のタイトルがあった（『ひかり』1(1)，1951.11，p.3参照）。

　　　『新平家物語』（吉川英治，朝日新聞社），『幼年期』（波多野勤子，光文社），『太閤記』（吉川英治，六興出版社），『少年期』（波多野勤子，光文社），『鞍馬天狗』（大佛次郎，中央公論社），『武蔵野夫人』（大岡昇平，講談社），『源頼朝』（吉川英治，六興出版社），『ノンちゃん雲に乗る』（石井桃子，光文社），『山びこ学校』（無著成恭，河童書房）

10）千葉県立図書館編『千葉県図書館要覧：創立二十五周年記念』1950.3，73p.　参照はp.35.

11）前掲7），参照はp.163.　具体的に蔵書構成を示すデータは不明である。なお，「ひかり号」1号車の積載冊数は約600冊であった。

12）「ひかり号」の貸出には15歳以上の制限があった。（文部省社会教育局編『移動図書館の実態』1953.11，72p.　参照はp.13.）

13）千葉県立図書館の館外貸出は，1945年から中断され（前掲10），参照はp.37.），1957年4月から「本館1階に貸出室を設け，かんたんな手続きで図書を貸し出すことになった」という。（千葉県教育行政十年史編集委員会編『千葉県教育行政十年史』千葉県教育委員会，1959.11，527p.　参照はp.476.）

14）1952年の千葉県立図書館の調査によると，閲覧者の57％が千葉市在住であったという。（前掲6），参照はp.92.）

15）鈴木四郎，石井敦編『ブック・モビルと貸出文庫』日本図書館協会，1967.2，251p.　（図書館員の仕事，15）参照はp.14-16.

16）大多和誠氏，山崎誠氏の聞き取り調査より（2011年8月28日，9月11日）。

17）『昭和二八年度「ひかり」運営研究集会調査表』1953（千葉県立中央図書館所蔵「ひかり号」関係資料）。なお，この研究集会は1953年8月1～2日に小湊町で開催された（前掲7），p.137参照）。

18）前掲7），参照はp.60-62.

19）設問の表記は「調査表」より引用した。数値の表記は本研究にて集計した値である。以下，本章では同様の記述方法を用いた。

20）「各種団体がよく協力している」と回答した11のステーションの内訳は，「毎月会合する」4，「年1回以上会合する」7であった。

21）「協力していない」と回答した9のステーションの内訳は，委員会を「年1回以上会合

する」1，「会合したことがない」8であった。

22)「C」とは，サークルの略と推測する。

23)「あまり知られていない」と回答した9のステーションの内訳は，各種団体が「協力して
いない」4，委員会を「会合したことがない」5であった。

24)「皆よく知っている」と回答した20のステーションの内訳は，「各種団体がよく協力して
いる」4，委員会を「毎月会合する」2であった。

25) 南郷村は，第2回訪問図書館ひかり友の会大会(1953年3月15日) において，優良ステー
ションとして表彰された(「表彰されて：山武郡南郷村運営委員会」『ひかり』3(1)，1953.4，
p.4参照)。

26)［千葉県立図書館］館外奉仕係『昭和三十年度移動図書館利用申込書綴』[1955]（千葉
県立中央図書館所蔵「ひかり号」関係資料)

27) 同上．

28) 1950年の千葉県の産業別就業人口は下記の通りであった(千葉県統計課編『統計からみ
た房総のすがた』1959.3．参照は p.3.)。第一次産業：63.2%(「農業」は59.2%)，第二次
産業：12.0%，第三次産業：24.7%(「公務」は2.7%)。

29)［千葉県立図書館］「移動図書館自動車名懸賞募集について」1949.7.7(千葉県立中央図
書館所蔵「ひかり号」関係資料)

30) 同上．

31) 廿日出逸暁「移動図書館応募自動車名審査依頼の件」1949.7.25(千葉県立中央図書館所
蔵「ひかり号」関係資料)

32) 同上．

33)［千葉県立図書館］「千葉県移動図書館命名式［開設祝賀会］」[1949.7]（千葉県立中央
図書館所蔵「ひかり号」関係資料)

34) 前掲7)，参照は p.41．

35) 前掲7)，参照は p.40．

36) 廿日出逸暁「［千葉県移動図書館(自動車) に取付ける交直両用電気蓄音機ラヂオ製作取
付けについて]」1949.6.22(千葉県立中央図書館所蔵「ひかり号」関係資料)

37) 前掲31)．

38)「10. 管内自動車台数」『千葉県統計年鑑昭和28年第三期報』千葉県総務部統計課編，
1954.1，p.19．

39) 1945年頃，千葉県内の文化団体数は100団体近く存在したと指摘されている。1946年2
月には，千葉県立図書館に千葉県文化振興会が発足し，会長は図書館長の廿日出であった
(千葉県図書館史編纂委員会編『千葉県図書館史』千葉県立中央図書館，1968.9，516p.
参照は p.123-128)。

第4章　「ひかり号」の活動と視聴覚メディア

大岩　桂子，中山　愛理

1.　はじめに

　オーラルヒストリー研究グループでは，これまでに千葉県立図書館「ひかり号」[1]について元図書館員・関係者へインタビュー調査を行ってきた。また千葉県立中央図書館に所蔵されている約40箱に及ぶ「ひかり号」の関係資料（以後，「ひかり号」関係資料とする）の整理を進めた結果，主に文書から構成される約550点の資料リストを完成させ，資料の全体像を明らかにすることができた。これらの資料の整理を踏まえ，これまでに1940～1950年代を中心とした「ひかり号」関係資料の分析を行い，当時の日誌や元図書館員へのインタビューから，「ひかり号」が果たした役割の報告[2]，「ひかり号」の映画会で上映された CIE 映画のタイトルや会場・集客数等を分析し，限られた条件下にもかかわらず，「ひかり号」の映画会活動が地域住民と図書館とを着実につなぎ，地域住民が集う場をつくっていたことの報告[3]，「ひかり号」関係資料や利用者へのインタビューの分析から「ひかり号」のステーションや利用者の状況の報告[4]を行ってきた。

　2014年度は「ひかり号」の利用者へのインタビュー調査を実施するとともに，整理済みの「ひかり号」関係資料とは別に，「ひかり号」に関わる写真資料が千葉県立中央図書館及び元図書館員の遺族のもとに保管されていることが新たに判明し，これらの写真資料の整理をした。写真資料は全部で約800枚に及ぶものであり，図書館における視聴覚メディアを蓄積し，整理していく有用性と課題を確認した。

　写真資料を分析・検討するなかで，新たな視点で「ひかり号」の活動や利用者像を捉えなおすことができた。具体的には，ステーションの光景，利用者が図書を選ぶ様子などの写真から，当時どのような図書が積まれ，利用者のもと

へ届けられていたのかなど，これまで報告してきた日誌やインタビューの内容を裏付ける史料として，写真資料が活用できることが確認された。

　このような写真を通して過去の一図書館の活動を体系的に伝えようとする事例は，これまでにも存在した。アメリカ合衆国での例であるが，アルカディア出版の Image of America シリーズとして刊行された *Boston public library*[5]や *Gadsden Public library: 100 years of service*[6]は図書館活動の歴史的状況について写真を活用しまとめたものである。収録された各写真には，年代とともに説明文が付けられており，写真を通して当時の図書館活動を把握できるようになっている。

　これらの写真資料の整理と活用に関する研究については，大橋賢太郎による写真保存についての実務と整理方法についての研究があり，「撮影時の意図はともかく，被写体もしくは写った事物に何らかの意味があり，結果として歴史上貴重な記録となることもある」[7]と指摘されている。また，高木秀彰は，「写真は，種々の地域資料のなかでも，人びとの目に訴えかけるという意味で，きわめて利用価値の高い資料である」[8]と写真資料の意義を指摘し，さらには，写真資料の保存や活用方法について詳細にまとめている。

　そこで本章では，「ひかり号」関連の写真資料の概要とひかり友の会機関誌『ひかり』[9]や『千葉県移動図書館ひかり二十年史』（以下，『ひかり20年史』）[10]などへの掲載等の活用状況を踏まえつつ，日誌やインタビューの内容について写真を通して検証し，「ひかり号」の活動という1つの視点で捉えなおすことで，文書と写真という切り離された資料間に存在した結びつきを再現することを試みた。そのうえで「ひかり号」関連の写真資料の保存意義と今後の課題について明らかにした。

2.「ひかり号」関係写真資料の概要

　千葉県立中央図書館所蔵の「ひかり号」関係写真資料は，1箱分で547枚の写真が残されていた。その内訳は，県外の移動図書館活動に関する写真51枚，20周年記念号41枚，ネガ1本，その他53枚，読書コンクールの写真17枚，ネガ6本，千葉県立図書館移転当時の写真86枚，1980年代後半の県内の図書館の様子145枚，イベントなど183枚，『ひかり20年史』の編纂に使われた写真一式であった。

　また，図書館側が所蔵していた以外にも元図書館員が残した「ひかり号」関

表1　元図書館員の残した写真資料内訳（枚）

	利用風景 ステーション	車両 （走行風景）	演芸会	その他	計
1949年 (S24)	1	3	0	0	4
1950年 (S25)	0	6	0	6	12
1951年 (S26)	2	5	5	0	12
1952年 (S27)	0	13	1	0	14
1953年 (S28)	0	1	1	0	2
1954年 (S29)	0	3	0	4	7
1955年 (S30)	3	4	0	5	12
1956年 (S31)	1	5	0	19	25
1957年 (S32)	0	0	1	9	10
1958年 (S33)	0	0	0	6	6
1959年 (S34)	0	0	0	4	4
1960年 (S35)	0	0	0	5	5
不明	38	36	0	43	117
合計	45	76	8	101	230

係写真資料は，アルバムで230枚存在していた。写真資料の年代別内訳（**表1**）は以下のようになった。写真資料の内容は，利用風景，車両（走行風景），演芸会を主としていたものであった。その中でも，ひかり号の利用風景，ひかり号製作，走行風景の写真が多く残されていた。内訳中の「その他」とは，読書週間記念コンクール関係，学校内の読書風景，ひかり号の命名者と賞状を写した写真資料などで，101枚と枚数的にも多く残されている。

3．千葉県立図書館における写真資料の蓄積と活用

　「ひかり号」関係写真資料が，なぜ大量に残されていたのか，その一因としては，千葉県立図書館が実施していた写真コンクールがあり，そのコンクール

へ応募するために利用者から写真資料が図書館へ送られてきたことが考えられる。

　1954（昭和29）年千葉県移動図書館五周年記念事業の一環として，「移動図書館写真コンクール」が開催された。募集テーマは「移動図書館ひかり号の活動を明快に表現するもの」とし，移動図書館後援会，訪問図書館中央運営委員会，千葉県立中央図書館から構成された記念事業実行委員会が審査にあたった。募集記事が，「ひかり」友の会機関誌にも掲載された[11]。応募写真から選ばれた移動図書館写真コンクール入選者4名が，翌年2月の「ひかり」友の会機関誌に掲載されるとともに，後援会長賞の成東町南郷ステーションのサービス風景を写した「夕陽を浴びて」は同号の表紙を飾った[12]。翌号には，図書館前に停車する2号車を撮影した，佳作「出発前のひかり号」が表紙に使用された[13]。

　ほかの要因としては，映画会の開催，「ひかり号」歌の作成，ひかり友の会機関誌『ひかり』での写真活用から，視聴覚メディアを重視し，その集客や広報などへの活用に理解があったことが考えられる。しかし，今回確認された「ひかり号」関連の写真資料は，ひかり友の会機関誌『ひかり』[14]，『ひかり20年史』などの限られた活用にとどまっている。

4．写真資料で検証する「ひかり号」の活動

　残されていた写真資料は，これまで文字資料やインタビュー等で知り得た情報を，当時のそのままの姿でその事実を証明する存在である。また，詳細に見ていくことで，文字資料で残されていない事実も新たに確認することができる。本節ではこれまで報告してきたひかり号の活動を写真に基づき検証した。

(1)「ひかり号」の車両

　移動図書館「ひかり号」の車体を1号車（図1）から2号車（図2），3号車（図3）と並べて見ていくことで，1号車については入手過程の苦労や当時の時代背景を知る手がかりとなり，2号車以降との比較で確認できる点もあった。

　1号車は当時の廿日出逸暁館長の努力で，**GHQ**から払い下げのジープを入手した。ジープの車体を開架式の書庫を備えたものに改造したわけであるが，設計段階から日本で初めてのことであり大変苦労をしたようである。1949（昭和24）年当時，数少ない特殊ボディーの製作をしていた池袋の近藤自動車に依頼し，1949年8月8日に完成披露を行った。1号車の車体は鶯色と小豆色の

図1　ひかり号（1号車）

図2　ひかり号（2号車）

ツートンカラーであった。

　走行中に音楽を流し，マイクで呼びか
けをすることを目的として，アンプ装置
を備えていた。車体上部には拡声器を設
置しているが，拡声器設置をできるとこ
ろを探すことにも苦労したようで，千葉
の富士電機に依頼したということが分
かっている。

図3　ひかり号（3号車）

　車体の形態変化をみると，1，2号車
はボンネットタイプであるが，3号車以降は箱型に変化した。3号車の車種は
1943年のトヨタであった。2号車が1950年のトヨタであるにも関わらず古い車
体を改造したのは，一気に本の積載量を増大させる目的があったと考えられる。
積載量をみると，1号車は600冊，2号車は1,000冊，3号車は3,000冊であっ
た。

（2）「ひかり号」の運行状況

　1949（昭和24）年から1950（昭和25）年当時の日誌には，道路状況の悪さやそれ
に伴う車体の破損のことが多く記載されている。

①　昭和25年5月26日　茂原町にてパンク。茂原自動車にて修理す

　　　　　　8月20日　橋工事中につき不通のため迂回。止むおえず貸し出し
　　　　　　　　　　　不能となる

　　　　　10月5日　タイヤ破損

図 4　　大多喜七曲　1949（昭和24）年　　　　図 5　　勝浦を走るひかり号
　　　　　（＊矢印は，筆者）　　　　　　　　　　　　　　　（＊矢印は，筆者）

　　　　　10月12日　久留里　老川
　　　　　　　　連日の降雨に道路軟弱にて運転に危険個所多い

　図 4 は房総半島中央部の山間地域を走るひかり号である。
　図 5 は房総半島南部の太平洋に面した勝浦漁港近くを走るひかり号の写真である。手前の漁船にひかり号の運ぶ本を待つ人々の暮らしが見える。

（3）　ステーションにおける利用風景

①　ひかり号を利用するには利用申込をする必要があり，その申込書が残されていたことから，利用者の性別や年齢，職業などの情報を確認できた。2013年度に「移動図書館利用申込書の分析」[15]として報告した内容の実際を，**図 6** から**図 8** で検証することができた。

　利用者の46.8％を占めていた農水林酪業関係者と見られる農作業の前後を思わせる服装や背負いかごや鎌などを伴う姿を写真で確認することができた。

　漁港近くでは漁師と思われる人々の姿を確認できる。このように生活圏内に入り込んでの，移動図書館特有の図書の貸出の対応を切り取った写真からは，生活感の滲み出た様子が確認できた。

　また，2013年度の分析で，利用を申し込んだ男女の内訳を男性62.6％，女性

図6　利用風景

図7　勝浦漁港でのサービス

図8　利用風景

図9　貸出の状況

37.4％と明らかにした。申込者の4割近くが女性であったことは，ひかり号に対して，女性からも一定の期待が寄せられていたことを示していた。写真からは，女性の利用者の様子も確認することができた。

　日誌には各ステーションでの利用者の数が記載されていた。多い時は1ステーションあたり，50〜60人が利用していることが記載されていた。図9の写真ではひかり号の書架で図書を選ぶ人々や貸出手続きをする沢山の人たちの姿がみられ，多くの人々の利用の実際が確認できた。

②　2014年8月には，「ひかり号」の利用者であった市原市在住の中島ひとみ

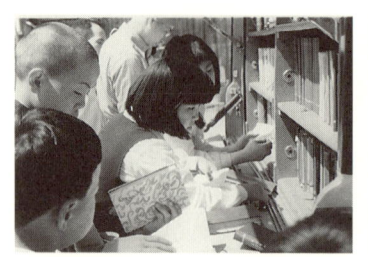

図10　子どもの利用

図11　若宮ステーション公民館前
1975（昭和50）年

図12　貸出の利用

図13　成木ステーション

氏にインタビューを行った[16]。彼女は昭和40年代に，市原市南岩崎に住む小学生であった。毎月小学校の校庭に巡って来る「ひかり号」がとても楽しみであったという。昭和40年代，50年代になっても市町村の図書館未整備地域ではひかり号の利用が続いていたことが，**図9**及び**図11**から確認できた。

③　各ステーションでの貸出方法の詳細が文字資料として残されていない中，ステーションマスターが用意した机を使い，貸出業務をする実際の様子を見ることができる**図12**からは，貸出カードボックスなどを用いていたことが確認できた。

　また，ステーションには**図13**のようにステーションであることを示すために目印になる看板などを立てていたことも確認できた。

(4) ステーションでの演芸会や映画会

①　移動図書館「ひかり号」の県民への大きな貢献の一つに，夜間の映画会やアコーディオン奏者と歌手などによる演芸会があった。図書だけではなく文化や娯楽を運ぶという役割を戦後一時期担い，多くの利用者を獲得するとともに，人々に喜びを運んでいたひかり号のもう一つの姿を，そこに集まる人々の人数の多さから確認できた。

　図14は房総半島の東京湾側中央部に位置する馬来田でおこなわれた慰問会である。中央の歌手とその右側で演奏するアコーディオン奏者の周りに，沢山の人々が集まっている様子が確認できた。

②　映画会は暗くなる夜間に行われていたため，インタビューや文字資料から確認することのできた運動場や体育館などの屋内に白布を張っての映画会の様子は写真として残されていない。図16は中学校の生徒向けに教室か講堂に白布を張り，上映する様子から，他の映画会の実施方法を推定する手がかりに活用できると考えられる。

③　映画会などは青年団や婦人会などが主催し，図書館と協力していた場合もあったことが日誌に記されていた。図17は旗に記載されているクラブ名とアルバムに記載されていたキャプションから，地元の青年たちが納涼映画会に協力していたということを窺い知ることができた。

図14　馬来田　秋の慰問会
　　　　1951（昭和26）年

図15　文化祭　1953（昭和28）年

図16　房南中学での映画会

(5)「ひかり号」運行の裏側

①　旅館での宿泊の様子

　ひかり号は概ね1泊2日での巡回貸出業務を行っていたが，業務時間外の図書館員の様子を垣間見ることができる写真が**図18**である。

図17　納涼映画会主催の人々
市原市山田橋　1952（昭和27）年

　浴衣に丹前を着た姿で，机の上には千葉県の地図が広げられている。廿日出館長と二人の図書館員は，次の日の運行について語っているのだろうか。夜に映画会を催した日は，宿舎に戻るのは深夜になることもあったことが日誌に記載されていた。

・昭和26年4月30日　　上映時間8時
　　　　　　　　　　　半から11時
　　　　6月25日　　映画会終了時
　　　　　　　　　　　間12時半

図18　上野村　吉本旅館

　図18の写真には上野村吉本旅館とキャプションが付けられていた。旅館のない地域に宿泊する場合には，地元の有力者の自宅を借りていたことはインタビューから明らかになっている。

(6)　「ひかり号」に関連したイベント

①　金森徳次郎の講演会

　図19は，移動図書館利用者及び"ひかり"友の会大会の写真である。移動図書館20周年の資料『20年のわだち』の年表に記載された同大会の記述を裏付ける写真といえる。

　この写真(**図19**)はアルバムで保管されていたものではなく，箱に未整理状態に残されていたものに紛れていた1枚であった。写真の裏に記載などもなく情報量の少ないものと考えられた。しかし，拡大して檀上

図19　第1回移動図書館利用者及"ひかり"友の会大会　1952(昭和27)年

の壁に貼られた式次第や演題を確認してみると，文字資料として残された情報と合致した。**図19**は，国立国会図書館館長の金森氏の講演の後に，アトラクションとしてのど自慢が行われていた，そののど自慢の様子を撮影したものであることが確認された。写真に見られる鐘などから NHK によるのど自慢と考えられる。講演会とのど自慢がタイアップして開催されていたことは文字資料からは確認できない点である。1枚の写真から過去の事実をさらに検証する手がかりを得ることができた一例である。

②　ひかり号命名者　山賀藤吉氏

　2013年度，移動図書館の「呼称の募集」[17]について報告した。**図20**は1等の賞状を持つ男性の写真である。ひかり号命名の応募者に

図20　山賀藤吉氏

対する表彰が行われていたことを裏付けるものである。スーツで身なりを整えた山賀氏の姿は，千葉県立図書館及び千葉県民にとって，移動図書館の命名が重要なことがらであったことを示している。

5．おわりに

　本稿では，新たに確認された「ひかり号」関連の写真資料の概要や活用状況を踏まえつつ，日誌やインタビューの内容について写真を通して検証した。それらの検証から，「ひかり号」関連の写真資料の保存意義と今後の課題についてみていく。

　これまでの文書を中心とする「ひかり号」関係資料とは別に，「ひかり号」関係写真資料が発見された背景には"写真"という形態のみが着目され，その作成，蓄積された状況と切り離されて管理されてきたことがあった。今回，「ひかり号」の活動という1つの視点で捉えなおすことで，文書と写真という切り離された資料間に存在した結びつきを再現することを試みた。

　その結果「ひかり号」関連の写真資料を用いて検証することで，車両の変化，利用者の性別・年齢層・職業の状況，貸出を含めた図書館員による利用者への対応状況，「ひかり号」を活用したイベントの状況に関する「ひかり号」関係資料の日誌やインタビューで示された事実を裏付けることができた。また，文書記録だけでは確認できないステーションにおける利用者の様子を検証することができた。

　しかしながら，今回用いることができた「ひかり号」関連の写真資料は，年代や場所が特定できた一部の写真に限られており，年代や場所などが特定できない写真も多数存在する。この点に関しては，今後の研究のなかで，引き続き日誌や，文献，新聞記事などの記述と照らし合わせながら同定，特定していく予定である。

　それに並行して「ひかり号」が活動した当時はどのような空間であったのかも探っていく必要がある。「ひかり号」の活動について，写真資料を活用することで，廿日出館長の「これまでの図書館サーヴィスにつきまとつていた堅苦しい，お役所的な陰影を取り去つて，図書，映画，レコード，展示物等立体的な奉仕活動」という「新しい図書館の象徴」[18]，すなわち視聴覚メディアを取り入れたひかり号の活動を検証することが可能になる。「ひかり号」と視聴覚メディアの活用について，1952年10月29日から11月16日までの「ひかり号文化祭」では，「NHK演芸団の歌曲が伴奏のアコーディオンに乗って流れて行く。(略)夜は更に天然色の教育映画や漫画」[19]や安房郡丸山町(現南房総市)の「教育委員会事務局は，毎月のひかり号の巡回日程については有線放送を通じて4，5

日前より数回にわたって放送をいたしております」[20]などのようなひかり号に関わる視聴覚メディアの活用状況を文書資料や写真資料，「格子なき図書館」[21]などの映像資料に照らして，その活動の全容を検証していく方針である。

　また，「ひかり号」関係資料は，茶封筒や段ボール箱などに雑然と収納された状態で発見された。今回取り上げた「ひかり号」写真資料が，2015年1月に『朝日新聞』ちば首都圏版の「ひかり号」の活動を紹介する記事で協力の要請に応じ提供したことで使用された[22]。今後，より広く活用されることを視野に入れていくためには『写真の手入れ，取り扱い，保存』[23]で提唱されているような方法による長期的な保存のための処置とともに，先例[24]を参照した適切な項目や内容を盛り込んだ目録の作成，既に海外でもみられるような移動図書館に関わる写真資料のデジタル化[25]や国内でみられるような画像データベース化[26]の可能性を検討などの課題が存在することも申し添えておく。

注

1）巡回開始当初は「訪問図書館ひかり」であったが，本稿では「ひかり号」と記載する。

2）石川敬史，大岩桂子「戦後移動図書館活動の検証：千葉県立図書館『ひかり号』調査の概要報告」『図書館界』64(2)，2012.7，p.154-163.

3）石川敬史，大岩桂子「移動図書館による映画会活動の分析：1950年代前半までの千葉県立図書館『ひかり号』を中心に」『図書館界』65(2)，2013.7，p.126-134.

4）石川敬史，大岩桂子「千葉県立図書館『ひかり号』利用者の分析：1940-1950年代を中心に」『図書館界』66(2)，2014.7，p.156-164.

5）Catherine J. Willis. *Boston public library* (Images of America). Arcadia, c2011, 128p.

6）Library History Committee. *Gadsden Public library: 100 years of service*. (Images of America). Arcadia, c2008, 128p.

7）大林賢太郎『写真保存の実務』（岩田書院ブックレット；14）岩田書院，2010.1，p.7.

8）高木秀彰「小平市の郷土資料収集事業と写真」『寒川町史研究』(14)，2001.3，p.15.

9）今回の発表では，1951年11月から1960年4月までのひかり友の会機関誌を対象とした。

10）千葉県立中央図書館『千葉県移動図書館ひかり二十年史』1970.3，213p.

11）「移動図書館写真コンクール」『ひかり』4(2)，1954.9，p.7.（千葉県立中央図書館所蔵「ひかり号」関係資料）

12）「五周年写真コンクール入選者」『ひかり』5(1)，1955.2，p.3.（千葉県立中央図書館所蔵「ひかり号」関係資料）

13）日暮晃治「出発前のひかり号」『ひかり』5(2)，1955.8，p.1.（千葉県立中央図書館所

蔵「ひかり号」関係資料)

14)　今回発見された「ひかり」関係写真資料に含まれるひかり友の会機関誌『ひかり』に掲載された写真には，勝浦漁港でのサービス風景を写した3巻2号の表紙写真のほか，1952年新年号，p.3.，2巻3号の表紙写真，6巻2号の表紙写真，7巻1号の表紙写真，19巻1号，p.6.などで使われたものがあった。

15)　石川敬史，大岩桂子，前掲4)，p.164.の表4年齢別・職業別「ひかり号」利用者(1955年度)(人)

16)　中島ひとみ氏からの聞き取り調査より　於)　現千葉県市原市馬立(2014年6月8日)

17)　[千葉県立図書館]「移動図書館自動車名懸賞募集について」1949.7.7(千葉県立中央図書館所蔵「ひかり号」関係資料)

　　　廿日出逸暁「移動図書館応募自動車名審査依頼の件」1949.7.25(千葉県立中央図書館所蔵「ひかり号」関係資料)

　　　[千葉県立図書館]「千葉県移動図書館命名式[開設祝賀会]」[1949.7](千葉県立中央図書館所蔵「ひかり号」関係資料)

18)　廿日出逸暁「ひかり3号の誕生に際して」『ひかり』2(2)，1952.5，p.2(千葉県立中央図書館所蔵「ひかり号」関係資料)

19)　「爛漫と咲き誇った文化祭」『ひかり』1(2)，1952.1，p.3.（千葉県立中央図書館所蔵「ひかり号」関係資料)

20)　尾形房吉「生活に読書を：その体験と技術2」『ひかり』8(1)，1958.4，p.4.（千葉県立中央図書館所蔵「ひかり号」関係資料)

21)　『映像でみる戦後日本図書館のあゆみ』製作チーム編『映像でみる戦後日本図書館のあゆみ：『格子なき図書館』と『図書館とこどもたち』』日本図書館協会，2014.10

22)　波絵理子「全国に広がった移動図書館」（千葉のチカラ：戦後70年：6)『朝日新聞』（朝刊)，2015.1.8，p.29.

23)　マーク・ルーサ著；アンドリュー・ロブ改訂；国立国会図書館訳『写真の手入れ，取り扱い，保存：国際図書館連盟資料保存コア活動2003年』日本図書館協会，2006.4，40p.

24)　例えば，以下の写真資料目録の項目が参考になる。

　　　北海道立文書館編集『北海道関係写真資料目録』(北海道立文書館所蔵資料目録，21)，北海道立文書館，2010.3，114p.

25)　Western Maryland's Historical Library. "The First Bookmobile: Washington County Free Library". Whilbr.(online), available from 〈http://www.whilbr.org/bookmobile/index.aspx〉.[accessed: 2015-01-20]

26)　西村豪「尼崎市立地域研究史料館所蔵絵はがきの整理・公開に向けて：画像情報とリンクしたデータベースの構築」『地域史研究：尼崎市立地域研究史料館紀要』(112)，2012.9，p.126-141.

第5章 転換期における千葉県立図書館「ひかり号」の検証：
病院ボックスを中心に

石川　敬史，大岩　桂子，関　　和美

1．はじめに

1.1 移動図書館「ひかり号」研究の積み重ね

　千葉県立図書館による移動図書館「ひかり号」[1]は，1949年9月に巡回を開始し，図書の入手が困難な時代に千葉県内の農山漁村へ文化という「ひかり」を運んだ。同時に，開架書架やスピーカーを装備した自動車の巡回，個人への貸出，ステーション主任や町村運営委員会の設置などの運営方法は，他の都道府県立図書館に広がった。

　オーラルヒストリー研究グループ(以下，本研究グループとする)による「ひかり号」研究の契機は，2011年に千葉県立中央図書館において約40箱に及ぶ「ひかり号」に関する未整理資料(以下，「ひかり号」関係資料とする) の存在が明らかになったことである。以後，本研究グループでは整理作業を進めつつ，「ひかり号」関係資料をもとに，以下の研究成果を積み重ねた。

　①「ひかり号」関係資料の整理を進め，約550点に及ぶ資料リストを完成させるとともに，「ひかり号」関係資料の全体像(年代，主題等) や貴重資料の存在を明らかにした。

　②1950年代を中心に，「ひかり号」に携わった元図書館員へのインタビュー調査を実施し[2]，地域に浸透する「ひかり号」の研究視角や今後の研究課題を明らかにした[3]。

　③CIE 映画をはじめとした「ひかり号」による映画会活動(タイトル，集客数等) を分析し，限られた条件下にもかかわらず，「ひかり号」は地域住民が集う場をつくっていたことを明らかにした[4]。

　④1950年代における「ひかり号」利用者(年齢，性別等) やステーションの

傾向(利用団体等)，呼称の公募など「ひかり号」に対する地域住民の期待を分析し，建物の図書館とは異なる「ひかり号」のメッセージ性を考察した[5]。

⑤これまでに本研究グループが分析した「ひかり号」の活動状況，日誌やインタビューの内容について，1950年代の「ひかり号」の写真資料を通して再検証し，「ひかり号」における視聴覚メディアの活用を展望した[6]。

1.2　研究の視角・目的

このように本研究グループでは，「ひかり号」関係資料をもとに，「ひかり号」が地域社会に大きな影響を及ぼした1940〜1950年代前半を中心に研究をすすめた。その一方で，1997年度まで巡回していた「ひかり号」は，社会環境の変化や市町村立図書館の設置を背景に，活動の見直しが複数回存在した[7]。例えば，1970年3月に刊行された『千葉県移動図書館ひかり二十年史』[8]（以下，『ひかり20年史』）には，時代区分が次のように整理されている。

　　・第1期成長期　（1949年8月8日〜1959年3月）
　　　　・前期：誕生・急成長期
　　　　　（1949年8月8日〜1955年3月）
　　　　・後期：安定成長期
　　　　　（1955年4月〜1959年5月）
　　・第2期収束期　（1959年6月〜1969年12月）
　　　　・前期：合理化期
　　　　　（1959年6月〜1965年3月）
　　　　・後期：収束期
　　　　　（1965年4月〜1969年12月）

　1959年6月から「収束期」，「合理化期」とされている背景には，廿日出逸暁館長の退職(1959年5月)とともに，後任の館長のもとで「ひかり号」の見直しが本格化することがある。しかし，『ひかり20年史』においては，1955年4月からの「安定成長期」に「黄信号下の移動図書館」とした節が存在することから，「ひかり号」の再検討はすでに1955年前後から進められていたことが示唆される。すなわち，こうした時期は「ひかり号」の転換期といえ，戦後初期

に青年団をはじめ地域住民に支えられ，映画会や演芸会などの文化を運んだ「ひかり号」の理念や役割が，転換期を通してどのように変容したのかを検証することは，後に続く都道府県立図書館による全域サービスのあり方や，市町村立図書館における移動図書館の役割の考察にもつなぐことができよう。

そこで本章では，「ひかり号」の転換期において実施された見直し策の概要と特徴を整理するとともに，その過程の中で「ひかり号」の新しい取り組みとして開始された入院患者を対象とする「動く本棚」病院ボックス（以後，病院ボックスとする）の活動を分析し，「ひかり号」の変容を考察する。

2．1960年代の移動図書館概要

戦後日本の移動図書館車の台数を1960年代前半まで概観すると図1[9]のように整理できる。これによると，1950年代は都道府県立図書館による移動図書館車が中心でありつつも，市町村立の台数もゆるやかに増加してい

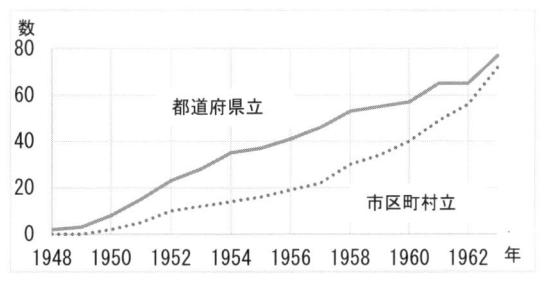

図1　移動図書館車数の推移

る。この当時の移動図書館への批判や見直しに関する指摘については，例えば，佐藤眞が人員や経費など図書館全体とのバランスについて指摘し[10]，中村光雄も図書館サービス計画の必要性を説いている[11]。また K 生[12]や沓掛伊佐吉[13]は，効果や費用，努力の限界を指摘する。特に沓掛は，図書館費総額に対する移動図書館費が20％を超える都道府県を批判している。

一方で1960年代以降，市町村立の移動図書館が急激に増加していく。とりわけ1965年9月の日野市立図書館による「ひまわり号」の与えた影響が大きく，都道府県立による移動図書館は批判的に論じられるようになった。例えば，源信重は移動図書館が集団読書を中心とする読書普及運動の推進者となり，全く異質で過大な負荷がかかってしまっていると指摘している[14]。また，にしだひろしは，都道府県立図書館の役割に重ねて都道府県立による移動図書館の問題点を指摘し[15]，森耕一も市立図書館による移動図書館への評価とともに読書普及ではなく図書館普及としての活動を指摘している[16]。

このように，1950年代は移動図書館の資源（人，物，金）の限界性や活動の計画性が指摘され，その後は個人ではなく団体への貸出，さらには読書グループを中心とする読書普及運動への関わりについて批判的に指摘されるようになった。

3．曲がり角をむかえる「ひかり号」

3.1　活動の推移

（1）運行台数の変化

「ひかり号」の運行台数の推移について**表1**に整理した[17]。1949年に1号車が巡回を開始した後，1952年に3号車が完成して千葉県内全域を巡回することができるようになった。以後，自動車を随時更新しながら，1960年代後半頃までは，ほぼ3台の「ひかり号」が県内各地を巡回していた。このうち，7号車は配本車（ライトバン）であり，県内に設置された配本所へ図書の運搬や市町村等への連絡用に使用された。

表1　ひかり号台数の推移

	完成年	廃車年
1号車	1949	1955
2号車	1950	1960
3号車	1952	1960
4号車	1955	1964
5号車	1960	1971
6号車	1962	1975？
7号車	1964	1979？
8号車	1968	1980
9号車	1971	1986？
10号車	1974	1986
11号車	1980	1991？
12号車	1990	1997

（2）ステーション数と貸出冊数の変化

1号車が千葉県内を1台で巡回した当時（1949年）は，房総半島の南半分のみを巡回範囲としていたが，続く2号車の巡回開始により千葉県北部にも範囲が広がりステーション数が増加した。さらに1950年代後半から事業所にステーションが設置されるようになった。東京湾岸に京葉工業地帯が形成されたことで多くの工場や事業所が建設され，そこにニーズが生まれたことが背景にある。1969年までのステーション数の推移（**図2**）をみると1949年は71ヶ所，そして1956年には315ヶ所に及ぶが，以後減少し，1960年代中頃以降は200ヶ所程度となった。その要因は高度経済成長とともに公共施設の充実などにあるといえる。他方，貸出冊数の推移をみると1953年の約13万冊をピークとしつつも1960年代中頃まで10万冊前後を維持するが，以後，貸出冊数は急激に減少していく。

こうした数的な活動状況の推移からも，戦後，千葉県内各地に図書を運び，映画会や演芸会などの文化をも運んだ「ひかり号」が複数回の曲がり角をむかえていたことがうかがえる。

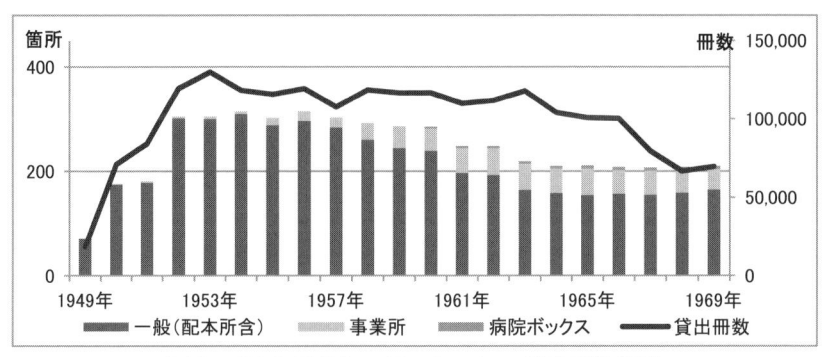

図2　「ひかり号」ステーション，貸出冊数推移

3.2　「ひかり号」の見直し策
(1)　町村運営委員会の再編成

　千葉県訪問図書館町村運営委員会(以下，町村運営委員会) とは各町村の受入組織であり，1949年8月に実施した「ひかり号」の試験巡回において各地で組織されたことに始まる。町村運営委員会は，「ひかり号」が停車するステーションに地域住民の意志を反映するために組織され[18]，発足当時の規約には，委員を役場，教育委員会，公民館等の代表12名以上で構成することや，ステーションマスターの決定や映画会等の開催を協議するとされた。しかし，1953年の町村合併促進法によって，1950年に81町・225村存在した町村数が，1955年には68町・43村となり，千葉県内の町村合併が急速に進んだ[19]。このため，委員の欠員や名目上の委員も存在し，「町村運営委員会は，自然解消の形となり，その機能は大方停止の現状」[20]となった。教育委員会や町村運営委員会との関係も十分に調整されていなかった。

　そこで，1955年8月6〜7日に開催された第2回移動図書館運営研究集会にて，町村合併後における「ひかり号」の運営のあり方が検討され[21]，1955年11月には再編を求める依頼文書[22]が各市町村教育委員会へ発送された。この文書において，①個々のステーションに運営委員会(ステーション運営委員会) を組織すること，②複数のステーション運営委員会を束ね，各市町村で運営協議会(市町村運営協議会) を組織することなどが求められた。この他にも同時期の資料[23]には，「車内放送の強化」，「巡回告知用紙の活用」，「放送施設のある町村へ放送文の依頼」[24]，「駅札の明示」なども記載され，「ひかり号」の周知

強化を図ったことがわかる。

(2) 職場ステーションの設置

①設置の背景と経緯

　千葉県内臨海部へ工場が相次いで進出するなど県内の産業構造の急激な変化により，農村部の若者が都市部へ流出し，「ひかり号」の若い利用者が減少した[25]。こうした中で団体貸出としての職場ステーション[26]の設置が進められた。

　職場ステーション開始の経緯は，千葉県市川労政事務所長・源田善蔵の要望によるものであった。源田は，労使双方の進歩や向上を図るため，中小企業の事業所へ図書をどのように備え付けるべきかを模索していたところ，千葉県地方労働委員会事務局長・山田万平が「ひかり号」の利用を示唆し，源田が廿日出へ要望したという[27]。

②ステーションの申請

　「ひかり号」による事業所を対象としたステーションは，既に1951年から3事業所に対して随意的に設置していた[28]。このうち，日本天然ガスは労組文化部の活動として，かねてから関ステーション（長生郡白子町）を利用していたが，社内ステーション設置を要望し，1953年9月に設置された[29]。

　源田は1955年2月に「従業員の文化教養を高め，公正な労使関係の確立に寄与することを目的」[30]として，市川労政事務所管内（市川市，船橋市）における次の5つのステーションの申請書をまとめて廿日出に提出した[31]。

　　社会保険船橋病院（従業員80名），日本建鉄株式会社船橋工場（850名），鴨川化工株式会社船橋工場（140名），化学療法研究所（100名），日本パイプ製造株式会社（120名）

　これら事業所の申請書を詳細にみると，例えば，日本パイプ製造株式会社は代表取締役会長がステーションマスターとなり，連絡先は社内の図書室であった[32]。また，鴨川化工株式会社は工場長がステーションマスターとなり，連絡先は工場内労働組合本部であった[33]。

　その後，北越製紙株式会社市川工場[34]，東京精鍛工所[35]，日本発酵化学株式会社の申請が続き，これら8事業所の巡回が1955年5月に開始された[36]。千葉県立図書館は1958年，1959年，1961年に職場ステーション設置案内を県内の事業所に送付し，**図2**にみられるように，以後，事業所へのステーションが拡大

することとなる。

③活動状況

ステーション申請の目的には，「組合員の厚生」（東京通商産業局千葉アルコール工場），「従業員の文化向上に資する為」（日産スプリング株式会社），「職場で働くものに読書の機会をより多く与え文化活動を助成するため」（富士ディーゼル株式会社内文化・体育会）などがみられた[37]。

こうした職場ステーションは「ひかり号」の定期的な巡回ルートの一つとして位置されていた。「ひかり号」の書架から自由に図書を選択し，必要な冊数を選択することができたが，団体貸出としての扱いだったため，貸出された図書の具体的な運用方法は各事業所に委ねられていた[38]。

・文庫をタイムレコーダーと並べて備えつけ，守衛さんが図書係を引き受けている（北越製紙）
・患者さんには読ませないことを前提とし，消毒にも配慮されている（化学療法研究所，社会保険船橋病院）
・組合事務所の書架に並べられ，昼休みや終業後など自由に貸出できる（日本パイプ製造）

この他，活動の詳細は不明であるが，印旛少年院（1950年8月開設）や八街少年院（1958年7月開設）へも巡回していた。

(3)　ステーションの再編と配本所の設置

館長の廿日出は1959年5月で退職し，国立国会図書館へ転出した。続く松井重男館長（1959年6月〜1960年7月），上里美須丸館長（1960年7月〜1968年3月）によって，「ひかり号」の見直しが一層推進された。特に上里は，①利用者の固定化，②時限的な移動する図書館の性格，③ステーションマスターの位置づけ，④積載冊数の限界，⑤時間と労力の問題を指摘した[39]。

具体的な「ひかり号」の見直しについて，先述した1950年代半ばの町村運営委員会の再編成は一部の地域を除き成功しなかったため，1960年になると利用が不振なステーションに対して，実態調査，改善策，存続の可否の検討が行われた[40]。1960年12月17日の千葉県移動図書館後援会理事会・千葉県訪問図書館中央運営委員会ではステーション再編を議論し[41]，翌1961年4月28日においても同会の議事に，配本所の設置，分館と移動図書館サービスの調整をはじめ，

「C 移動図書館の改善について」とした次のような記録が残されている[42]。

> 移動図書館経営が長期に渡ってきた結果，ステーションの老化現象が起り運営が沈滞して利用の減少が目立ってきたステーションがあるので，これが若返りを策し利用効率を高めると共に対外活動を総合的に推進する方向附けをする。

　具体的なステーションの見直しについては，1960年頃の資料とみられる「移動図書館ステーション整理案」[43]に詳しい。これによると，ステーション整理の趣旨として「従来の総花的移動図書館運営に再検討を加え」ること，「整理勧告ステーション数」として78の数値をあげ，その基準として，「A．利用度が平均以下である。B．ステーション管理が悪い。C．運営の改善を望めないもの。D．サービスを分館で肩代わりできる処」とある。この見直しにより，40〜50のステーションを整理し，82日の出動減，42日の宿泊減になるという計画を立てていた。

　こうした検討を踏まえ，1961年5月1日に「移動図書館ひかりステーション運営について伺い」[44]が各市町村教育長に発信された。この文書は，各ステーションの「A．位置の変更を試みる　B．ステーションマスターの適正な人事を考える　C．利用者を組織化する」など，ステーションの改善策や閉鎖の可否の回答を求めるものであった。各地からの回答書には，広報活動やステーションマスターの交代，読書クラブの結成などによる継続が多く，市立，町立図書館や県立図書館の分館の充実による閉鎖希望もあった。同様の文書は，1963年と1964年に続けて発送され[45]，ステーションの再編がさらに進められた。

　他方で，県内に配本所の設置も進められた。1961年7月に2ヶ所，1962年度に5ヶ所が公民館等に設置された。配本所とは市町村立図書館設置を促進することを目的とし，貸出文庫方式にてひかり号の巡回ルートにて配本されるものであったが，県立図書館の書庫が一杯になったという背景もあったという[46]。この配本所から市町村立図書館が数館設置され，県立図書館の間接サービス（協力車の巡回）へと移行することとなる。

4．患者を対象とした「ひかり号」の活動

　こうした「ひかり号」の転換期において，職場ステーションと同様に「ひか

り号」の利用者層と数の拡大を図る活動として病院ボックスの開始があった。1960年6月に開始した病院ボックスは，「ひかり号」によって患者用の図書を貸出文庫の方式で一定期間病院へ貸出する活動の総称である。そこでまず，日本の公共図書館における病院患者サービスの歴史を概観したうえで，「ひかり号」による病院ボックスの活動を検討する。

4.1　日本の病院患者サービスの概要・歴史

　戦後，公共図書館による病院患者サービスは大きく2つの時期に整理できる[47]。

(1)　第1期：1950年代から1980年代

　第1期は癒しとしての読書に重点が置かれ，一般図書の提供が中心であった。1954年の全国図書館大会公共図書館部会において，入院患者へのサービスが討議された。1960年には国際図書館連盟（**IFLA**）年次大会において患者サービス促進への意見が出された。1962年には名古屋市立大学病院「愛の図書室」にてボランティアによる患者図書サービスが開始，1966年には大阪赤十字病院にてボランティアによるブックワゴンを用いた「愛の移動図書」（病院巡回貸出）が実施された。また，1969年には京都南病院で司書による入院患者へのサービスが開始された。

　1970年代に入ると，ボランティアによるサービスが相次いで開始された。1974年に日本病院図書館研究会が設立され，同年に，昭島市民図書館が昭島市内の総合病院3ヶ所を対象にサービスを開始した。この頃より，公共図書館によって，来館できない人々のためのハンディキャップサービスの一環として入院患者サービスが定着したとされている。

(2)　第2期：1990年代以降

　第2期は，一般図書に加え医療健康情報の提供に力を入れる機関が増加した。1990年代に入ると，病院図書室担当者や医師等の医療スタッフ，ボランティアによる患者図書室が相次いで設置された。先の京都南病院では，1997年に患者に対して専門書や医学雑誌の提供を開始している。

　このような背景には，1997年の第3次医療法改正，インフォームド・コンセントの概念の普及があるとされる。また同年より開始された病院機能評価にも，「患者と診療情報を共有し，医療への患者の参加を促進している」，「地域への医療に関する，教育・啓蒙活動を行っている」ことや，従来の一般書の提供を

含むであろう「療養環境を整備している」という項目もある。この頃の公共図書館では，ハンディキャップサービスの一環という考え方が強く，病院で行われていた医療健康情報の提供はあまり行われていなかった。しかし2004年には，日本医学図書館協会に健康情報研究委員会が発足し，鳥取県立図書館等で医療健康情報を提供するサービスが始まった。そして，この頃から医療健康情報の提供においても医学系図書館と公共図書館の連携が図られるようになった。

4.2　病院ボックスの萌芽

「ひかり号」による病院への活動について，先述した職場ステーションとして，以下の病院に勤務する者を対象とした巡回がすでに行われていた[48]。

> 社会保険船橋病院(1955年開始)，化学療法研究所(1955)，中山病院(1956)，日本赤十字成田病院(1958)，千葉県立療養所鶴舞病院(1959)，初石病院(1959)，国立下総療養所(1959)，荻原病院(1960)，東京歯科大学市川病院(1960)

その後開始されることとなる入院患者を対象とした病院ボックスの活動は，廿日出による着想・発案とされている[49]。とりわけ，1956年8月26日から12月31日まで，廿日出がミュンヘンで開催された国際図書館会議[50]や欧米の図書館へ視察に出かけた後には，公共図書館による病院への活動に関する指摘がみられる[51]。その一方で，病院ボックスの開始以前においても，「ひかり号」と千葉県内の病院関係者との関係性を多方面にうかがい知ることができる。

①1951年10月29日から11月16日までの読書週間にあわせて開催された「ひかり文化祭」の読書週間作品懸賞において，2等が「ひかり号を見ぬの記」と題した国立療養所千城園の入院患者による応募作品であった[52]。
②館山病院副院長で千葉県医師会会長でもあった川名正義とのつながりである。1952年度末，千葉県知事・柴田等による「ひかり号」廃止の発言に対して，千葉県移動図書館後援会会長・布施六郎(千葉三郎代議士の実弟)が川名とのつながりにより，「ひかり号」の存続を県に対して交渉したという[53]。
③1953年に日本赤十字社千葉県支部が社員増強と募金運動に関して，「ひか

り号」の巡回中における放送を依頼した[54]。

④1959年１月16日，日本赤十字成田病院・渡辺進院長より「ひかり号」の利用に関する申請書と入院中の患者一同による嘆願書の提出があった[55]。

　この他，例えば安房地域の資料においても，病院との関わりをみることができる。館山病院の２代目院長・穂坂與明に関する『穂坂与明伝』[56]によると，「ひかり号」が２〜３ヶ月おきに巡回していたことや，穂坂が設立したユネスコ保育園の園児募集の幕を「ひかり号」の車体に張り，マイクで呼びかけながら町内を走ってもらったこと，夜は「ひかり号」の図書館員に対し寝具を用意し，園舎に宿泊させた記録が残されている[57]。

4.3　病院ボックスの概要・巡回先

(1)　開始・申請

　当初，廿日出は「ひかり号」10周年記念事業として，入院患者を対象に病院巡回専門の移動図書館を企図していた[58]。また，「ひかり号」関係資料には191の病院名が記された『千葉県病院名簿』（1958年）があり，これは1959年２月３日に各病院へステーション設置の希望調査文書[59]を発送した準備資料とされる。この調査に対して，13病院[60]から設置希望の回答があり，希望した病院を対象として1960年９月10日に説明会を開催する文書も存在する[61]。

　病院ボックスは13病院の中から選定され，1960年６月より日本赤十字成田病院，さらに国立療養所下志津病院，館山病院，大原病院にて実施された。1963年からは東京歯科大学市川病院，1965年からは佐原病院においても実施された。この６病院のうち職場ステーションと病院ボックスが共に存在した病院は，日本赤十字成田病院と東京歯科大学市川病院であった。

(2)　運用方法

①巡回方法

　病院ボックスの巡回方法は，「A. 貸出文庫方式（青少年巡回文庫の箱を転用），B. 図書約200冊を専用として15箱に編成，C. 貸出．１病院２ヶ〜３ヶを４週間貸出，D. 搬送．移動図書館のコースに編成して受渡しする」[62]としている。消毒については，病院に消毒設備のあるものは原則として予備消毒をさせたあと回収し，さらに回収した図書を本館に持ち帰り，ホルマリン消毒するとされた。

　具体的には，全21箱（1960年度）を３箱ずつ７グループに編成し，例えば９

月は大原病院が1グループを貸出，館山病院が2グループを，10月は大原病院が5グループ，館山病院が1グループという方法で巡回していた[63]。1961年度には全27箱が9グループに，1963年度には全57箱の図書目録が存在するが，年度途中において各箱の廃止や欠番などが相次いだ[64]。

②蔵書構成

病院ボックス開始当初（1960年度）の全21箱の蔵書構成をみると（**表2**），9類の文学が最も多いことがわかる[65]。他方で3番，6番，9番の箱のように9類以外の図書が多い箱もあるが，これは3つの箱を1グループとして巡回していたためと推測できる。

実際に配本していた図書タイトルについて，**表2**の1～3番の箱を事例に**表3**に整理した[66]。選書の方針は定かではないが，日本文学以外にも西洋文学や全集類，当時の新刊書等が選書されていたことがわかる。

③利用状況

病院ボックスの貸出冊数について，例えば東京歯科大学市川病院の場合，1962年10月から12月までの貸出冊数は，**表4**のように整理できる[67]。限られた期間ではあるが，文学の冊数が多く，さらに病院ボックスよりも職場ステーションの冊数が多いことがわかる。但し，病院ボックスの図書の運用方法（閲覧・貸出方法等）は各病院に任せられていたため[68]，病院内での具体的な利用方法は十分に明らかになっていない。なお，「ひかり号」関係資料にみられる「動く本棚」の呼称がブックトラックを指すという指摘もあるが，詳細は不明である。

表2　病院ボックス蔵書構成（冊）

分類	箱　番　号　（1960年度）																				
	1	2	3	4	5	6	7	8	9	10	11	12	13	14	15	16	17	18	19	20	21
0						1						1			2						
1			1												1			1			1
2						2	1														1
3			1			1			1			4			2						2
4						1			4			1						1			3
5			3												4			1			
6			2															1			
7			2			2									1						3
8									1												
9	8	11	1	9	8	1	8	5	8	5	8	5	10	8	2	8	7	6	8	7	

表3　図書タイトル一覧

箱番号1	分類	箱番号2	分類	箱番号3	分類
暖簾	9	火の魚	9	家庭の法律	32
敦煌	9	眞紅の瞳	9	アサヒ家庭の百科	59
続々新三等重役	9	復活	9	調理の疑問	59
恋愛家族	9	人間の条件1	9	毛糸模様編500種	59
花恋い獅子	9	人間の条件2	9	花づくり12ヵ月	62
顔	9	人間の条件3	9	草花と庭木	62
ロマンローラン（世界文学大系47）	9	人間の条件4	9	演劇脚本集	77
〃　　　（世界文学大系48）	9	人間の条件5	9	碁の打ち方	79
		人間の条件6	9	人生に関する72章	11
		江戸の小ネズミたち	9	明解歳時記	91
		偉人物語文庫23	9		

表4　東京歯科大学市川病院貸出冊数（冊）

	病院ボックス			職場ステーション		
	文学以外	文学	合計	文学以外	文学	合計
1962年10月	13	32	45	20	62	85
1962年11月	11	23	34	15	95	110
1962年12月	8	46	54	12	57	69

（3）病院ボックスの活動時期

　「ひかり号」による病院ボックスの巡回がいつ頃まで実施されていたのか定かではない。1972年2月には，成田赤十字病院・吉岡稔が千葉県立中央図書館館外奉仕課宛へ「御依頼のあった病院図書実施のための県内施設」[69]として33病院を報告している。その後，千葉県立中央図書館内にて，病院ボックスの受入調査実施の起案が行われた資料[70]も残されている。

　しかし，『千葉県立中央図書館年報』を辿ると，1971年度には5ヶ所（大原病院，館山病院，東京歯科，赤十字，下志津），1972年度には2ヶ所（大原病院，赤十字）[71]の記載があるが，それ以降病院ボックスの記載はなく，この頃に活動が終了したと推測できる。

5．おわりに

　1950年代後半以降の「ひかり号」の見直し策をみると，1950年代前半に地域住民とともに歩んだ「ひかり号」が転換期をむかえることによって，その主体

が大きく変容したことがわかる。千葉県立図書館の文書類に記載された「合理化」，「効率」，「整理」，「老化現象」などの言葉からうかがえるように，従来の地域住民と同じ目線ではなく，県立図書館主導による施策へと転じた。地域に文化を運んだ「ひかり号」は，転換期以降，県内各地に図書館設置を醸成するための一つの手段へと変容した。

　その一方で，「ひかり号」利用者の裾野を広げた職場ステーション（工場，労働者，労働組合等）や病院ボックス（病院患者等）の活動には，当初の「ひかり号」の使命がそのまま包含されていた。とりわけ，病院ボックスの活動を国内の病院患者サービスの歴史と重ね合わせると，病院内でボランティアによる患者サービスが始まった時期にあたる。日本の公共図書館における病院サービスの先駆けは，1974年の昭島市民図書館によるサービスとされているが，1959年前後に企図された「ひかり号」の活動は早い時期に開始されたことがわかる。

　だが，「ひかり号」による病院ボックスの活動は，単に廿日出の着想のみでは実現できなかった。千葉県内の病院・医師会関係者とのつながりや，職場ステーションにおける病院関係者への貸出などから，「ひかり号」の活動を受け入れられる環境が少しずつ広がっていた。さらに，県内各地に廿日出や「ひかり号」のエピソードが残されていることから，病院関係者以外にも，地域の団体，組織，住民によって「ひかり号」の活動が支えられていたこともわかる。

　廿日出や「ひかり号」に携わる図書館員は，「館」の外に出て，地域社会を肌で感じ，千葉県内の各地に数多くの人脈をつくっていた。「ひかり号」の持続的な巡回，利用者層の拡大，ステーションの見直し策などは，各地での確かな積み重ねが存在したからこそ，社会の変化に対して柔軟に応じることができたといえよう。

注

1）巡回開始当初は「訪問図書館ひかり」であったが，本稿では「ひかり号」と記載する。
2）石川敬史，大岩桂子「戦後移動図書館実践史：千葉県立図書館『ひかり号』担当者の山崎宏氏，大多和誠氏へのインタビュー記録をもとに」『十文字学園女子大学人間生活学部紀要』11，2013，p.191-201.
3）石川敬史，大岩桂子「戦後移動図書館活動の検証：千葉県立図書館『ひかり号』調査の概要報告」『図書館界』64(2)，2012.7，p.154-163.

4）石川敬史，大岩桂子「移動図書館による映画会活動の分析：1950年代前半までの千葉県立図書館『ひかり号』を中心に」『図書館界』65(2)，2013. 7，p. 126-134.

5）石川敬史，大岩桂子「千葉県立図書館『ひかり号』利用者の分析：1940-1950年代を中心に」『図書館界』66(2)，2014. 7，p. 156-164.

6）大岩桂子，中山愛理「『ひかり号』の活動と視聴覚メディア」『図書館界』67(2)，2015. 7，p. 116-124.

7）「ひかり号の歴史」『千葉文化』(234)，2003. 11，p. 6-7.

8）千葉県立中央図書館編『千葉県移動図書館ひかり二十年史』1970. 3，212p.

9）日本図書館協会公共図書館部会移動図書館分科会，埼玉県立図書館編『全国移動図書館基礎調集計表(昭和39年2月1日現在)』1964. 11，14p. 参照は p. 3.

10）佐藤眞「ブック・モビル」『図書館雑誌』47(8)，1953. 8，p. 2-4.

11）中村光雄「灯を消すまい」『図書館雑誌』48(10)，1954. 10，p. 2-4.

12）K生「真剣な検討を更に…：ブックモービルの反省」『図書館雑誌』48(11)，1954. 11，p. 12-13.

13）沓掛伊佐吉「Book mobile について：ブック・モービルの反省」『図書館雑誌』48(11)，1954. 11，p. 4-9.

14）源信重「県立図書館における移動図書館」『図書館雑誌』64(1)，1970. 1，p. 15-18.

15）にしだひろし「自動車文庫の現状と問題点：府県立図書館」『図書館界』24(4)，1972. 11，p. 177-186.

16）森耕一「市立図書館の自動車文庫」『図書館界』24(4)，1972. 11，p. 168-176.

17）車体の完成や廃止が12月の場合もあるため，巡回開始年が異なる場合がある。なお，廃止年が定かではない号車も多い。

18）前掲8），参照は p. 49. こうした運営委員会については，「本館が苦心して案出した独特の受入組織」と記述している。

19）千葉県総務部市町村課編『千葉県市町村合併史：平成の市町村合併の記録』2010. 11，p. 18「県内市町村数の変遷」を参照.

20）「訪問図書館町村運営委員会再編成について」[1955]（千葉県立中央図書館所蔵「ひかり号」関係資料）

21）前掲8），p. 76参照.

22）「移動図書館ひかり市町村運営委員会再編成依頼の件」1955. 11. 8（千葉県立中央図書館所蔵「ひかり号」関係資料）

23）館外奉仕係「移動図書館利用徹底のための実施要項」[1955]（千葉県立中央図書館所蔵「ひかり号」関係資料）

24）「移動図書館ひかり号についての放送依頼の件」1955. 11. 15（千葉県立中央図書館所蔵「ひかり号」関係資料）ここには「啓蒙宣伝のための放送文」と「巡回告知についての放

送文」の2つの文案が示されている。

25）大多和誠氏インタビューより（2011年9月11日）

26）1958年頃からは「事業所ステーション」と称していたが，本章では統一して「職場ステーション」を使用した。

27）源田善蔵「職場にも文化の光を」『ひかり』6(1)，1956.5，p. 2．同様の内容は，前掲25）からもうかがえる。

28）大多喜天然ガス（1951.10：茂原市），日本天然ガス（1953.9：長生白子），夷隅福祉事務所（1951. ？：夷隅大多喜）の3機関。このうち日本天然ガスのみ団体貸出であった（前掲8），p. 80参照.）。

29）金坂四郎治「日天労組とひかり号のつながり」『ひかり』6(1)，1956.5，p. 3．

30）千葉県市川労政事務所長「千葉県移動図書館設置申請について」1955.2.21（千葉県立中央図書館所蔵「ひかり号」関係資料）

31）同上．

32）日本パイプ製造株式会社「千葉県訪問図書館町村運営委員会関係書類用紙」[1955.2]（千葉県立中央図書館所蔵「ひかり号」関係資料）

33）鴨川化工株式会社船橋工場「移動図書館設置申請書」1955.2.9（千葉県立中央図書館所蔵「ひかり号」関係資料）

34）北越製紙株式会社市川工場「移動図書館設置申請書」[1955.3]（千葉県立中央図書館所蔵「ひかり号」関係資料）

35）東京精鍛工所「移動図書館設置申請書」1955.3.30（千葉県立中央図書館所蔵「ひかり号」関係資料）

36）「ひかり号巡回日程表」をみると，これら職場ステーションへの巡回日は1日にまとめて巡回している（「ひかり号巡回日程表」『ひかり』5(2)，1955.8，p. 8.）。

37）各年度の「千葉県移動図書館ひかりステーション設置申込書」（千葉県立中央図書館所蔵「ひかり号」関係資料）を参照した。なお，負担金は年額3,000円としていた。

38）「職場ステーション座談会」『ひかり』6(1)，1956.5，p. 5．

39）上里美須丸「移動図書館の問題点」『ひかり』11(2)，1961.9，p. 2．

40）具体的な日にちは不明であるが，1960年の以下の資料が残されていたことから，この時期にステーションの再編を検討していたことがわかる。松井重男「移動図書館ひかりステーション運営に関し伺い」1960；上里美須丸「移動図書館ひかりステーション運営に関し伺い」1960（千葉県立中央図書館所蔵「ひかり号」関係資料）

41）「移動図書館後援会並び中央運営委員会議事録」1960.12.17（千葉県立中央図書館所蔵「ひかり号」関係資料）

42）「千葉県移動図書館後援会理事会・千葉県訪問図書館中央運営委員会要項」1961.4.28（千葉県立中央図書館所蔵「ひかり号」関係資料）

43) 「移動図書館ステーション整理案」[1960？]（千葉県立中央図書館所蔵「ひかり号」関係資料）

44) 上里美須丸「移動図書館ひかりステーション運営について伺い」1961.5.1（千葉県立中央図書館所蔵「ひかり号」関係資料）

45) 上里美須丸「移動図書館ひかりステーション運営について伺い」1963.3.18, 1964.3.？.（千葉県立中央図書館所蔵「ひかり号」関係資料）

46) 前掲25).

47) 次の文献を参考にした。有田由美子「第14章　患者図書サービス」『病院図書室デスクマニュアル』日本病院ライブラリー協会, 2008, p. 189-191；全国患者図書サービス連絡会編『患者さんへの図書サービスハンドブック』大活字, 2001；柚木聖「第2章　医療・健康情報と図書館」『やってみよう図書館での医療・健康情報サービス』改訂版, 日本医学図書館協会, 2013, p. 65-94.

48) 前掲8),「移動図書館ステーション一覧」p. 169-198参照.

49) 廿日出逸暁「十周年を迎える移動図書館」『ひかり』8(2), 1959.2, p. 1.

50) 国際図書館連盟（IFLA）と推測できるが,『ひかり』など各資料の記述に沿った。

51) 廿日出によるものとして, 次の2つの記事がある。廿日出逸暁「欧米だより」『千葉文化』11, 1956.10, p. 1；廿日出逸暁「欧米図書館を視察して」『ひかり』6(3), 1957.1, p. 2-3. 病院サービスについては, 欧米視察以前にも廿日出執筆と推測できる記事がある。「図書館物語【4】」『千葉文化』(41), 1950.4, p. 2.

52) 杉浦福三「ひかり号を見ぬの記」『読書週間作品懸賞当選作』[1951]（千葉県立中央図書館所蔵「ひかり号」関係資料）

53) 前掲25). 大多和によると, 布施と川名が県へ電話で交渉したという。

54) 川口為之助「放送依頼について」1953.4.24（千葉県立中央図書館所蔵「ひかり号」関係資料）

55) 前掲8), p. 87参照. この嘆願書の現物は現在のところ不明である。

56) 本多定喜『穂坂与明伝』館山ユネスコ協会, 1970.

57) 本多定喜「ユネスコという名の保育園」『穂坂与明伝』1970, p. 185-187.

58) 前掲49).

59) 「病院巡回図書館（患者用）の実施に伴ふステーション設置希望の調査について」1959.2.3（千葉県立中央図書館所蔵「ひかり号」関係資料）　負担金年額3,000円も設置条件として記載されている。

60) 13病院は次の通りである（当時の名称）。千葉県立療養所鶴舞病院, 萩原病院, 白井国保病院, 大原病院, 成田赤十字病院, 東京歯科大学市川病院, 加茂村国民健康保険直営加茂中央病院, 組合立長生病院, 伊藤病院, 館山病院, 小田病院, 片倉外科病院, 国立療養所下津病院。

61）「患者用図書貸出に伴う説明会の開催について」1960.8.18（千葉県立中央図書館所蔵「ひかり号」関係資料）

62）「病院入院患者専用図書貸出計画書」［1960］（千葉県立中央図書館所蔵「ひかり号」関係資料）

63）「"動く本棚" 35年」［1960］（千葉県立中央図書館所蔵「ひかり号」関係資料）

64）「"動く本棚" 36年度」［1961］；「昭和38年以降動く本棚 No. 別，分類別集計表」［1963？］；「昭和38年動く本棚目録」［1963？］（千葉県立中央図書館所蔵「ひかり号」関係資料）

65）前掲63）に基づき作成。

66）同上。なお，図書タイトルと分類の記述については資料をそのまま引用した。

67）「職場ステーション動く本棚分類別利用報告書」1962.11.12（千葉県立中央図書館所蔵「ひかり号」関係資料）

68）「患者用図書の病院貸出について」1960.7.9（千葉県立中央図書館所蔵「ひかり号」関係資料）

69）吉岡稔「［病院図書実施のための県内施設について］」1972.2.7（千葉県立中央図書館所蔵「ひかり号」関係資料）

70）「"動く本棚" 病院ボックス受入希望調査について」1972.2.21（千葉県立中央図書館所蔵「ひかり号」関係資料）

71）千葉県立中央図書館編『千葉県立中央図書館年報（昭和46年度）』1972.9；千葉県立中央図書館編『千葉県立中央図書館年報（昭和47年度）』1973.9.

第6章 千葉県安房地域における 地域医療と図書館

関　和美

1. はじめに

　オーラルヒストリー研究グループでは今まで，千葉県立中央図書館側から見た「ひかり号」の視点からの研究を行ってきた。本章では，地域では「ひかり号」そして千葉県立図書館(以下，県立図書館) の分館の役割がどうとらえられていたのかを，地域資料を利用し考察する。

　本章で取り上げる地域は，千葉県の最南端部の安房地域にある，館山市および鴨川市とその周辺地域である。安房地域は，館山市・鴨川市・南房総市・鋸南町の三市一町で構成されている。三方を海に囲まれ，温暖な気候と豊かな自然に恵まれた地域である。花の生産が盛んで，春の旅番組では，安房地域の花畑が取り上げられることも多い。農業だけではなく，漁業や畜産業も盛んな地域である。気候がよいため，都心からの移住者も多い。それは，現代だけの話ではない。昔から結核などの転地療養の地として，安房の地を多くの人々が訪れている。転地療養のため訪れた人の中には，『海辺の村（白壁の家)』を描いた画家の中村彝(1887~1924)，少女雑誌『少女の友』『ひまわり』の表紙などを描いた画家・イラストレーターの中原淳一(1913~1983) などの文化人も含まれている[1]。

　近代医学に移行する以前，安房地域では医療者たちはどうとらえられていたのだろうか。薬や医療技術を持っているだけの存在ではなく「医者どん(医者殿)」と呼ばれて頼りにされ，尊敬されていた。「医者どん」たちは，村の政治や地域の教育にかかわりを持っていた。また，転地療養として訪れる人との交流もあり，文化人としても地域をリードする存在であった[2]。明治期にはいり，近代的な病院が開かれていく。そして，医院が多くある「まち医者通り」と呼

ばれる場所もあった。

　安房地域の一角である館山市から千葉市までの距離は約100km，公共交通機関を使うと2時間程度かかる距離にある。現在においても，千葉県立中央図書館のある千葉市から近いとは言い難い場所に位置する。そのような地域でありながら，鴨川町（現鴨川市）には1949年，館山市には1954年，県立中央図書館の分館が併設されている。同じ地域で県立図書館の分館が2か所設置されたのは安房地域だけであり，これも今回安房地域を取り上げてみたいと考えた一つの理由である。館山市と鴨川町の図書館の変遷は**表1**のとおりである。

表1　千葉県館山市および鴨川町の図書館の変遷

年	館山市・川名正義	鴨川町・原進一
1930		原進一　原内科医院分院　開業
1935	川名正義　館山病院副院長	
1941	館山文化協力会　発足 川名正義　理事	鴨川文化協会　発足 原進一　会長
	太平洋戦争始まる	
1943	館山市立図書館　開館	
1944	川名正義　安房医師会会長（～1947）	
1945	戦争終結	
1946		鴨川文化協会　復活
1947		鴨川町立図書館　開館
1948		県立図書館　安房（鴨川）分館　開館 ※鴨川町立図書館へ併設
		原進一　安房医師会会長（～1949）
1952	県立図書館「ひかり号」　巡回開始	県立図書館「ひかり号」　巡回開始
1954	県立図書館　安房館山分館　開館 ※館山市立図書館に併設	
1957	川名正義　館山市立図書館長 （～1984）	
1960	県立図書館「ひかり号」病院ボックス館山病院へ巡回開始	
1963		原進一　鴨川町立図書館長（～1967）

2．戦前・戦中における安房地域の文化風土

　安房地方は，戦前は漁業が盛んで，温暖な気候にも恵まれ，転地療養の地として知られていた。館山市や鴨川町には顕著な図書館活動は見られなかったが（館山市には図書館があったものの戦時中ということもあって活動は停滞して

いた），地道な文化活動がつづけられていた。

2.1　転地療養の拠点，館山病院

　1891年，館山病院は館山町（現館山市）有志の要請によりに開院した。初代院長は，転地療養の研究をしていた川名博夫（1864～1947）である[3]。川名は汐入村（現南房総市富浦町豊岡）に生まれ，1889年に東京帝国大学医学部（現東京大学）を卒業している。1923年9月の関東大震災で，館山病院では病棟などの建物が倒壊，死傷者も出している。翌年7月には，新病棟を再建した。

　この時に支援をしたのが，川名博夫の妻とりの父親福原有信（1848～1924）である。福原は，漢方医の孫として松岡村（現館山市竜岡）に生まれ，自らも西洋医学を学んだ。資生堂薬局（現資生堂）の創始者である。福原はのちに帝国生命保険会社を設立する。松岡村のすぐ近く漁村として栄えていた布良（現館山市富崎）では，漁師の遭難が相次いでいた。生命保険会社を設立したのは，遭難者家族の救済のためであったといわれている。1933年8月，川名は，院長を引退，2代目院長に穂坂與明（1888～1978，穂坂与明と表記することもある）が就任している。穂坂は，1913年に東京帝国大学医学部を卒業，1923年に川名の娘露子と結婚している。1923年に行われた安房郡医師会の講演会において「肺結核の外気療法」という講演をしている。この年渋沢栄一（1840～1931）が渡米した際には，侍医として随行している。渋沢の次男武之助は，福原の四女美枝と結婚している。渋沢は川名や穂坂と姻戚関係にあたる[4]。

　1937年頃には，穂坂は館山病院内の庭園を整備し，結核療養病棟（サナトリウム）を建設した。また，銀座資生堂に診療所と案内所を置き，東京方面の転地療養患者の誘致をおこなっていた。戦後1947年から1948年まで安房医師会長を，1979年には，館山市名誉市民となっている。

2.2　館山，文化の拠点から軍事拠点へ

　1941年，館山市文化協力会が発足，館山病院2代目院長の穂坂與明が会長となった。理事には，館山病院3代目川名正義や画家の寺崎武男（1883～1967）なども名を連ねている。事務所は館山病院内におかれ，乳幼児の健康診断やBCG接種，講演会や無料法律相談，読書会などがおこなわれていた[5]。

　川名正義（1903～1983）は，館山病院初代院長の川名博夫の甥で，1930年に千葉医科大学（現千葉大学）を卒業している。1935年3月には副院長に就任，

戦中から戦後にあたる1944年から1947年まで安房医師会の会長（支部長），1979年には，館山市名誉市民となっている。

館山市には，1930年に館山海軍航空隊が開隊している。東京への玄関口でもある東京湾の入り口に位置していることもあり，戦争が始まると次々に軍事施設がつくられていく。1943年，館山駅近くに，市立図書館が開館しているが，「館山海軍航空隊の兵隊さんのために設置した」という[6]。

1944年川名正義は，東部軍司令部より安房地方兵站病院長が命ぜられた。安房地域が戦場となった場合に備え，軍と協力し臨時野戦病院を開設するための準備が行われた。館山病院では，中庭に地下手術室がつくられ，病院の近くにある城山の裏山に重要物資を疎開させるためのトンネル壕がつくられた。安房高等女学校（旧千葉県立安房南高等学校，現千葉県立安房高等学校）の生徒たちは，血を見ても驚かずに働けるような訓練を受けるために，館山病院へ実習に来ていたという[7]。転地療養や文化の拠点であった館山市が，戦争により軍事拠点となっていったのである。

川名は，1975年に3代目院長となっている。戦後の1957年より1984年まで，館山市立図書館の館長（非常勤）をしていた[8]。

2.3　鴨川地域にできた文化協会

館山市が安房地方の西，東京湾に面し，内房と呼ばれるのに対し，鴨川は安房地方の東にあって太平洋に面しており，外房とよばれている。

1940年頃の東条村文化協会結成の日に，廿日出逸暁が記念講演会をしたときのことを回想した記録が次のとおりである[9]。

> 要するに読書会のお話をしてくれました。初めて聴く私どもには読書会とは誰かが小説でも読んで聴かせてくれるのか？又大衆で大声で読書をするものかさっぱりその趣旨が分からなかったのであります。そのころと，日進月歩の今日とは読書会の歩み方も違って来ているのかも知れませんが，その時廿日出先生は読書会の在り方として五人か六人位のグループを作って各自が種別の冊子を一週間か十日位のあいだに順廻して読んだその中から，珍らしい事，おもしろかった事，何でも感動した事をお互いに発表し合ってこれを研究資料として取り上げて発展させるものだと云うような事をお話してくださったように記憶しております。

　1937年頃廿日出逸暁は，読書奨励講演会と称した町村行脚をおこなっており，その時期と一致している[10]。

　1941年，鴨川文化協会が発足した[11]。これは館山市に文化協力会ができたのと同じ年である。鴨川文化協会にあった図書館建設期成部では，町民へ読書をすすめるための読書会をおこなっていた[12]。

　この鴨川文化協会の初代会長をしていたのが，原進一（1891～1967）である。長狭町大幡（現鴨川市吉尾）で生まれ，館山市にあった千葉県立安房中学（現千葉県立安房高等学校）を卒業後，1916年に東京帝国大学医学部を卒業，1930年に鴨川町前原地区に原内科医院分院臨海荘を開設している。戦後ではあるが，1948年から1949年まで安房医師会長をしている。

　南条村（現館山市）で，村会議員や千葉県議員，衆議院議員を歴任した小原金治（1859～1939）の遺した文書に，1922年10月に先述の川名博夫を創立委員長とした「財団法人安房育英会寄附行為書」がある。安房育英会は，東京に出た安房地域の若者を支援するために設立された会のようである。この文書には「原医学士ニ衛生保健ニ付細心ノ注意ヲ与ヘサル」とある。また，育英会の目的の中に「青年ノ為ニ図書館ヲ建設」とある[13]。

　小原金治の遺した文書に「大正九年三月　安房郡在京者氏名録」（以下，「氏名録」とする）がある。ここには，原進一の他に館山病院の節で触れた福原有信の名前もある[14]。同じ小原家史料であることや時期，そして，安房育英会の寄附者名と「氏名録」の名前に重複があることから，この「氏名録」を元に，若者を支援するために，安房地域に縁のある人々に寄附を募った可能性がある。

　大正時代に東京に出ていく若者への支援の一つとして「図書館の建設」が挙げられているというのは，安房地域の人々の文化度が高かったからといってもよいのではないだろうか。

3．戦後における館山地域の図書館・文化活動

　戦時中，軍事拠点となった館山市[15]は，戦後の早い時期より，文化活動が復活していった。県の移動図書館車「ひかり号」が図書館のない地域に走り出し，県立図書館の分館が併設されていく中で，分館誘致に尽力した医師川名正義が館長になると，館山市立図書館も復活していった。転地療養の拠点である館山病院は，「ひかり号」の病院ボックスのステーションとなった。

3.1　再び文化の拠点となった館山病院

1945年，当時館山病院の副院長であり，安房医師会長であった川名正義は米軍司令部に市民代表として呼ばれ，准将や軍医長，法務官などにあって話をしたという記録が残されている[16]。

1945年10月，館山病院内で米兵による英会話教室が開かれた。戦後になり，館山病院は再び文化活動の拠点となっていったのである。県立図書館での実用英会話講座がはじめて開かれたのは1946年である。館山病院でおこなわれた講座の方が早かった。

1948年には，千葉県初のユネスコである館山ユネスコ協力会が設立された。館山病院2代目院長である穂坂與明が会長となり，各種文化運動をおこなっている。

3.2　館山市と「ひかり号」

1949年より運用を開始した「ひかり号」は，館山市では，1952年に巡回を開始している。この年設置されたステーションが豊房村・西岬村・神戸村・富崎村・館野村・九重村の6か所である[17]。ステーションの設置された6か所は，1953年の町村合併促進法以降，旧館山市に合併した村々と重なっている。1943年，館山市立図書館が開館しているが，「ひかり号」巡回開始時点ではまだこの6か所は館山市ではなかったのである。このことから，図書館のない地域を補完するように「ひかり号」のステーションが置かれていたことがわかる。

同年，穂坂與明は館山ユネスコ保育園を設立し，園長となっている。この館山ユネスコ保育園と「ひかり号」のエピソードがのこされている[18]。

> その頃千葉県立中央図書館「ひかり号」が二・三カ月おきに館山にきていた。この自動車に園児募集の幕を張り，マイクで呼びかけながら町を走ってもらったこともあった。係りの人が多少困惑の面持ちでこの申出を承諾して下さったことも忘れられない。夜は園舎に泊ってもらい，寝具は穂坂先生が病院の小使さんを使って，自宅から借して下さった。

館山市へ「ひかり号」巡回が開始したちょうどその頃，千葉県知事柴田等による「ひかり号」廃止発言があった。それに対し，千葉県移動図書館後援会会長であった布施六郎と川名正義が「ひかり号」存続を県と交渉したという証言

がある[19]。川名は1947年より日本医師会の千葉県選出代議員という要職に就いており，県と交渉できる立場にあったのではないだろうか。そして，もともと「ひかり号」や図書館の有用性を感じていたからこそ交渉役を担ったのではないか。また，布施六郎との関係についてであるが，川名の遺した蔵書の中に，「千葉県郷土資料刊行会　会長布施六郎」という押印入りの『房総研究文献総覧』（1972年）がある。この本が発行された頃，川名は館山市立図書館長であったのにも関わらず，図書館の蔵書ではなく，川名の自宅から発見されたのである。「ひかり号」存続の一件以降も布施六郎と親交があり，文化人・郷土史研究家という顔を持つ川名へ個人的に贈られた可能性がある。

　「ひかり号」廃止宣言交渉後の1956年の館山市広報には，「訪問図書館「ひかり号」」という記事が掲載されており，ステーションとステーションマスターの名前が記されている。1962年の広報には「無料になった移動図書館」として，友の会の会費が廃止となり，登録をすれば無料で利用できるようになったこと，登録規定などについての記載がある。市の広報といえば，市民にとって身近な存在の読み物である。その広報で，「ひかり号」が取り上げられているのである。

　これらのことから，「ひかり号」という中央からきた文化の「ひかり」が，農山漁村地域で受け入れられ，地方で溶け込んでいったことがわかる。

3.3　千葉県立中央図書館安房館山分館

　なぜ，県立図書館の廿日出逸暁は分館を設置しようとしたのだろうか[20]。

　　廿日出県立図書館長は一郡に一ヵ所，その地方の比較的大きな町で，その地方の中心となるべき地点に，県立図書館の分館をおき，一つはその地元図書館の活動を援助すると共に，進んで周辺町村に図書を利用させるという構想を持っていたのである。

　1947年11月，安房郡鴨川町が県知事あてに分館設置の申請を出した。翌年，安房鴨川分館（以下，鴨川分館）が設置された。鴨川分館設置に関し，当時，千葉県立安房南高等学校（現在，千葉県立安房高等学校に統合）の日本文学兼図書室担当をしていた高橋浩とのやりとりを，当時学生であり，後に鴨川の図書館職員となる川名俊子が回想した内容が残されている[21],[22]。

　　図書館（県分館）誘致の件は，当時館山か鴨川かと両方の候補地が上っていたという。普通であったらまず館山に落ち着くはずだと，誰れもが考えていたことで，それが予想に反して鴨川が選ばれたのであるから〈持っていかれた〉という表現になったのであろう。先生はこうしたいきさつを説明されて，「誰れか有力に（誘致）運動した人があったのであろう」と結んだ。

つまり鴨川町だけでなく，館山市も，戦後の早い段階で分館設置を希望していたことがわかる。また，次のような記載も残されている。

　　ただ非常に残念そうだった先生の面差が，〈図書館が欲しい〉ことを如実に示していて胸を衝かれるおもいがしたのである。町の中に公共図書館がなくてはならないのだということを，私はその時ロジカルでない身を持って教えられたのであった。

　館山市は安房地域において大きな市であり，戦前・戦中より文化活動も盛んであり，図書館の重要性を理解している人も多かった。このことは，廿日出逸暁の考えていた県立図書館の分館設置構想の要件に当てはまっている。前出のように，戦争中，館山市は重要な軍事拠点であった。戦争が激しくなる中で，ほかの市町村立図書館がそうであったように，1943年に開館している館山市立図書館もまた，休館状態となっていた[23]。そして，もともと文化度の高かった地域であるため，何とかして市立図書館を復活させたいと考え，県の援助を求めて分館設置の申請をしたのではないだろうか。
　1948年の設置とはいかなかったものの，1954年に県立図書館の安房館山分館（以下，館山分館）が設置された。

　　分館誘致については元県教育委員川名正義氏の尽力によるものである。
　　分館員は当初，主として館山市図書館の機能の充実，あるいは図書の整備に当たっていたが，分館本来の目的である地方文化の発祥地たらしむべく，県立中央図書館の事業目的に沿い郡内にその手を延べつつある。

　川名正義は，館山市立図書館長となる以前から，分館を誘致するなど図書館

の重要性を感じていた人物であったことがわかる[24]。

3.4　館山病院と「ひかり号」病院ボックス

　県立図書館の廿日出逸暁は，「ひかり号」10周年記念事業として，入院患者を対象とした病院専門の移動図書館を企図していた。1959年，日本赤十字社成田病院（現成田赤十字病院）の渡辺進院長より「ひかり号」利用に関する申請書及び入院中の患者一同による歎願書が提出された。これらのことが契機となり，1960年，病院入院患者を利用対象とした「ひかり号」病院ボックス（動く本棚）のサービスが開始した[25]。

　1960年5月より，館山病院への「ひかり号」病院ボックスが巡回を開始している[26]。その前年，川名正義が千葉県図書館協議会委員に就いていることも，館山病院が病院ボックスの巡回先となった要因の一つではないか。

　1962年，館山病院敷地内に，組合立館山伝染病隔離病舎が設置された。病院ボックスの運用方法の中に，返却時図書を消毒するようにという記載がある[27]。1972年成田赤十字病院の吉岡稔が県立中央図書館館外奉仕課へ宛てた「御依頼のあった病院図書実施のための県内施設」によると，一般病棟は入院から退院までの期間が短いため，管理の点で問題があるのではないかと考え，TB（結核）病棟のある病院を拾い上げたという記載がある[28]。伝染病隔離病舎ができた時期と病院ボックスのサービス時期が重なっていることから，館山病院においても，伝染病隔離病舎に入院している患者へ向けてもサービスが行われていた可能性がある。

　「ひかり号」に関し，館山市立図書館ではどのようにとらえられていたのだろうか[29]。

　　　現在貸出を受けているものに館山病院，千葉県農村中堅青年養成所，富士
　　　ジーゼル等があるが，これは市図書館とは関係がない。

　このことから，病院ボックスや職場ステーションは，各事業所に運用が任されていたことが読み取れる。

3.5　館山市立図書館および文化活動の復活

　前出のとおり，1957年より1984年まで，川名正義が館山市立図書館の館長を

していた。県立図書館の分館誘致成功を経て，「館山市立図書館史」の書かれた1968年頃完全復活を遂げたようである。

　　　今日の図書館（建物も含めて）となるまでには，現館長川名正義氏の尽力によるものは勿論であるが，元市長田村利男氏の理解のたまものであり，又当時の中央図書館長の廿日出逸暁先生，並に副館長土屋栄亮先生の熱意と援助あっての図書館であろう。なお，民間人として，現在図書館と直接の関係は無くなったとはいえ，映画館経営の木川重毅氏（この原稿を書いたあと，再び館山市図書館協議会委員に任命された），それに文化堂主人星野均氏にひとかたならぬご援助をいただいたことを付記したい。
　　　又図書館運営面では，現教育長押本禧逸氏及び財政課長長谷川広治氏の寛大なる処置並びに理解ある援助があったことを加筆したい。

　このことから，さまざまな分野の人々の手で，館山市全体で図書館を盛り上げていこうとしていた様子が読みとれる[30]。そして，廿日出逸暁とも交流があったことが読みとれる。図書館の話とは離れるが，ここで名前のあがっている川名正義，田村利男，長谷川広治，そして館山病院2代目院長の穂坂與明の名前が，ほかのところでも登場している。それは，1962年4月に館山市に建立された「海の幸」記念碑の発起人名簿である。
　青木繁（1882〜1911）というのは明治期の画家であり，代表作『海の幸』（1904年，重要文化財）は，館山市布良（現富崎地区）で制作された。「海の幸」記念碑とは，1961年の青木繁没後50年を記念して建てられたものである。発起人には他にも，青木繁と一緒に館山市布良を訪れた坂本繁二郎など著名な美術家とともに，館山市の医師，野原肇や小谷庸という名前もある[31]。ちなみに先述の元市長田村利男も医師である。このことから，館山市の文化度が高かったこと，図書館に限らず，館山市の文化活動には，地域に根ざした医師たちが関係していたことがわかる。

4．戦後における鴨川地域の図書館・文化活動

　一方の鴨川町（現鴨川市）[32]もまた，戦争終結の翌年に鴨川文化協会が再始動するなど文化活動が復活していく。その後，鴨川町立図書館が開館，館山市より先に県立図書館の分館が併設された。「ひかり号」が巡回しだすと，住民た

ちに受け入れられていった。分館設置に尽力した医師原進一が館長になると，読書会や巡回文庫，図書館主催のイベントの実施など，鴨川町立図書館の活動も活発となっていった。

4.1　戦後の鴨川文化協会

1946年に復活した「鴨川文化協会趣旨」の一部を紹介する[33]。

> 我が鴨川文化協会は過去の行きがかりを捨て，旧套を脱して，各界各層の参加を得て新文化運動の礎石たらんと類する次第であります。

この趣旨から，鴨川町では，戦後早い段階から新たな文化活動が必要であると感じ，文化協会を再建したのではないか。実践要綱の中には「文化施設の建設」という項目がある。そして，行う事業として「読書会」などが，事業を行うための部門として「読書」や「図書」といった部門が挙げられていることから，文化施設に図書館が含まれていた可能性が高い。また，実施要綱に「保健衛生の促進」という項目がある。

1946年8月，千葉県立中央図書館に置かれた千葉県文化振興会と鴨川文化協会が共催で，鴨川町において自由大学夏期講座を開催している。また，千葉県文化振興会の活動の足跡をみると，「鴨川地方での文化活動が多かった」との記載がある[34]。

鴨川夏季大学の紹介記事は次のとおりである[35]。

> 鴨川の町を訪ねた知性の人たちは異口同音に言う「鴨川の文化は高い」と。鴨川の人々はかくて文化の創造的な先駆者として，ものを見る眼と文化に対する創造力と，それをわが身につける勇気とをもっていられると思われる。真の教育は，家庭教育と社会教育と学校教育とが協力してなされる時によき成果があるということを私たちは鴨川から知ることができる。知識深き南国の町，実に鴨川は文化の高い町である。

これらのことから，館山同様に鴨川もまた文化度が高く，そのことは，千葉県内，特に千葉市など中央の人々に広く知られていた。

4.2　鴨川町立図書館と千葉県立中央図書館安房鴨川分館

鴨川町立図書館および安房鴨川分館設置に関し，次のような記載がある[36]。

> 昭和21年初夏，県立中央図書館長廿日出逸暁先生（現実践女子大学教授）より「県で分館を設置するのだが鴨川ではどうか」という相談を受けた。当時原進一は県の社会教育委員であり，昭和16年に結成した鴨川文化協会長でもあったが，戦後の文化活動，特に社会教育に図書館の必要性を痛切に感じて，廿日出先生と話し合ったことがあった為であろう。県がこれらの要望に応えて県立図書館の分館を，各地に設置する計画を立てたことは，まことに喜ばしいことであった。
>
> 　県が分館設置をする条件の一つに，鴨川町立図書館が既設されていなければならず，直ちに当時の浦部新吉氏と相談の結果，取りあえずの役場の2階を町立図書館とし，青年団図書館も併設して一応の体裁を整え，分館設置に乗り出したのである。

市町村立図書館の既設が，県立図書館の分館設置の条件であった。つまり，分館の設置は，地方の市町村立図書館機能を充実させることが目的だったということになる。そして，鴨川町の医師原進一もまた，川名正義同様に廿日出逸暁と交流があったことがわかる。

4.3　鴨川町と「ひかり号」

館山市と同じ1952年，現在の鴨川市エリアに「ひかり号」巡回が開始している。この年設置されたステーションは，田原村・西条村・東条村（以上3か所当時鴨川町）・大山村・主基村・吉尾村（以上3か所当時長狭町）・天津村・小湊村（以上2か所当時天津小湊町）・江見町・曽呂村・太海村（以上2か所当時江見町）の11か所である[37]。

前出の東条村文化協会での廿日出逸暁講演の回想のあとに，次のような文章が続いている[32]。

> その後県立図書館より巡廻図書館，ひかり号を毎月派遣して地方ステーションで貸出，読書をさせて下さった時代もあります。

　鴨川町立図書館と「ひかり号」の関係性がわかるエピソードも残されている。

> 　表紙の題字「鴨川風土記」のご揮毫いただいた大岩好昭先生（千葉県議会
> 図書室長）である。当館がまだ鴨川小学校校庭の片隅にあったころ，移動
> 図書館ひかり一号車に乗られて訪問してくださった方である[38]。
> 　特に監修の先生方（千葉）には，原稿やゲラを小包にして郵送したり，「ひ
> かり号」に積荷して往復しました[39]。

　これらのことから，鴨川町民や鴨川町立図書館という地方にとって，「ひか
り号」は身近な存在となっていたことがわかる。

4.4　鴨川町立図書館と医療の関係性

　鴨川分館を誘致した原進一は，1950年に医学博士という肩書で「鴨川通信」
を寄稿。鴨川文化協会や鴨川夏期大学といった鴨川町の情報だけでなく，安房
地域で行われた文化活動全般について書いている[40],[41]。翌年には，第1期千
葉県立中央図書館協議会委員に任命されている[42]。

　1963年4月1日，鴨川町立図書館長になっている。同年，千葉県図書館史編
纂委員を委嘱されている[43]。

　館長となった原進一は，鴨川読書会を発足，巡回文庫に力をいれた。また，
図書館主催の植物・鉱物採集，鴨川町立図書館報『鴨川』の発行，科学ハイキ
ング，古文書調査など多岐にわたる図書館活動を行っていた。『写真集　明治大
正昭和　鴨川・天津小湊』に紹介されている1965年頃の鴨川町立図書館の写真
には，建物は古く図書館としての施設も不十分という説明が書かれている。し
かしその後に，運営はユニークで住民の読書の一助に地道な活動がつづけられ
ているという言葉が添えられている[44]。

　鴨川町に「ひかり号」が巡回を開始した1956年より，鴨川町立図書館では巡
回文庫が行われていた。1965年の記録によると，巡回文庫は月1度行われてお
り，東条・西条・田原の各農協と各婦人会，東条病院，亀田病院の8ステーショ
ンがあったという。鴨川には「ひかり号」病院ボックスが巡回することはなかっ
たが，病院が鴨川町立図書館の巡回文庫のステーションとなっていたのであ
る[45]。

　原進一は，「図書（館の本）を枕もとへ」というキャッチフレーズを掲げてい

た。新聞のインタビュー記事には次のように書かれている[46]。

> 「本は社会の一線で活動している人たちに教養，趣味として読んで貰うために，貸し出しを広げてゆく。ゆくゆくは各家庭に図書館の本がいつでも一冊はあるようにしたい」のが念願だという。

また，鴨川婦人会のインタビュー記事にはこう書かれている[47]。

> 今後の館の行き方としても「図書は枕もとへ」のはっきりとした方針をもっていられる。仕事を持つ主婦層へのこの言葉は，強く響くに違いない。

前出の新聞には，次のような記載もある[48]。

> たまたま夫人が病弱だったため，別荘を鴨川町につくったことが縁となり，昭和5年から病院を開業している。

開業をした鴨川町の前原地区というのは，海沿いに位置する。転地療養には，ふさわしい場所である。

「図書を枕もとへ」というのは，どのような意味なのであろうか。仕事をしているなどの理由から図書館に行くのが困難な人や，図書館で長時間過ごすことが難しい人のためのサービスとして，各家庭でもゆっくりと図書を読めるようにと貸出や巡回文庫を進めていった。そして，図書館に行くのが困難な人の中には，原進一夫人のような「病気（病弱）で」，という人も含まれていた。そのため「各家庭」ではなく，「枕もとへ」という表現となったのではないだろうか。千葉県立図書館副館長（当時）であった土屋栄亮は『千葉県公共図書館協議会誌』において，「高い次元に立って現代人の病をいやした名医であった」と回想している[49]。医師としての視点を持ちながら，図書館設置に尽力するなどの文化活動をおこなってきた人物であったのではないかと。

原進一の書いた文章は1965年頃までのものしか残っていない。以降は体調を崩し，図書館長としての活動はほとんどできていなかったようである。1967年3月末で鴨川町立図書館長を退職，その年の8月に死去した。

鴨川町でも館山市同様，図書館に限らず文化活動に，地域で医療を行う医師

が関係していたのである。

5．おわりに

　安房地域の資料を読み解く過程で，「ひかり号」や県立図書館の分館，そして，市・町の図書館が身近な存在として捉えられ，広がっていった様子がみえてきた。ではなぜ安房地域だけ分館が2か所設置されたのだろうか。

　一つ目の要因として，戦前より館山市と鴨川町の文化風土が形成されていたことが影響しているのではないだろうか。館山市も鴨川町も戦前より文化協会が設立，読書会などが行われていた。そして，館山市は，1943年時点で図書館ができている。そのような文化風土もあり，戦後「ひかり号」が走り出すと住民にも受け入れられ，ありがたい存在であると評価されることとなる。そのことは，安房地域に残されている資料より読み解くことができた。そして，館山市では既存の図書館を再興させたい，鴨川町では図書館が必要であるという思いが，県立図書館の分館を誘致するということにつながっていったのではないだろうか。

　二つ目の要因として，県立図書館の分館設置を有力に誘致した人物がいたことが挙げられる。それは館山市の場合は川名正義であり，鴨川町では原進一である。勤務医と開業医という立場に違いがあるものの「安房医師会」に属する医師であり，会長職に就くほどの人物であった。そして両者は，戦前から文化協会の中心人物として活動しており，戦後医療の傍ら，市町の図書館長職に就いている。

　川名正義は，「ひかり号」の存続を求め県に交渉し，「ひかり号」病院ボックスを勤務先である館山病院に巡回させ，館山市立図書館長として図書館の再興に尽力した。それは川名が，文化活動や図書館の必要性を感じていたからであり，図書を結核などの病気で長期入院の必要があり，図書館に直接足を運ぶことができない人にも届けたいという思いがあったからであろう。また，文化協会の活動に乳幼児の健康診断など医療活動が含まれていたという記録もある。これは，医療を文化活動の一部としてとらえていた証拠といえる。

　原進一は，戦前より文化協会会長職に就いていた。戦後，県立図書館分館を誘致し，鴨川町立図書館長として，読書会活動に力を入れるなどした。「ひかり号」の病院ボックスは走らなかったものの，鴨川町の中でも結核病棟や精神療養病棟があり長期入院する人が多い病院に巡回文庫を走らせた。また，仕事

をする主婦層に対する図書の提供という点にも力を入れた。これも川名同様，図書館に直接足を運ぶことのできない人にも図書をという思いがあったからであろう。鴨川町でも文化協会の活動の中に，保健衛生の促進が含まれている。現在，地域で抱える課題の一つが医療であるとし，その課題を解決するために医療健康情報を提供する図書館が増えてきている。当時も，図書館が保健衛生を推進する場として適切なのではないかと考えられていたのかも知れない。また，原は「図書は(を) 枕もとへ」というキャッチフレーズを掲げていたが，「枕」は医療を連想させるものである。原は，開業医であったため，訪問診療をしていたかもしれない。開業医の原らしい表現である。

　「ひかり号」や分館を受け入れるような文化風土があったこと，そしてキーになる人物がいたこと。これらが，安房地域に県立図書館の分館2つが置かれた理由に繋がっているのではないかと考える。

注

1）安房文化遺産フォーラム編『館山まるごと博物館』安房文化遺産フォーラム，2014.

2）館山市立博物館編『村の医者どん』館山市立博物館，2008.

3）愛沢伸雄「地域に根ざす館山病院」『繋』博道会館山病院，2011，p. 40-52.

4）渋沢栄一は，1909年虚弱児童のための転地療養施設として，船形町(現館山市船形)に東京養育院安房分院を開設，自ら初代院長となっている。

5）本田定喜『穂坂与明伝』館山ユネスコ協会，1970，p. 128-129.

6）千葉県図書館史編纂委員会『千葉県図書館史』千葉県立中央図書館，1968，p. 289-295.

7）安房医師会誌編纂委員会『安房医師会誌』安房医師会誌編纂委員会，1974，p. 243-254.

8）池田和弘『北条村史』宮澤書店，2001，p. 378-379.

9）野村みのる「読書賛美」『鴨川』2，1965.5，p. 10.

10）千葉県図書館史編纂委員会，前掲6），p. 96-98.

11）加藤「鴨川文化協力会」『千葉文化』3(4)，1941.7，p. 11-12. 『千葉県図書館史』には鴨川文化協会と記載されている。

12）原進一「発刊に際して」『鴨川』創刊号，1965.2，[頁付けなし]

13）「財団法人安房育英会寄附行為書」1922.10.1(個人所蔵資料)

14）「大正九年三月安房郡在京者氏名録」1920(個人所蔵資料)

15）町村合併促進法により，1954年，館山市・西岬村・神戸村・富崎村・豊房村・館野村・九重村が合併し，現在の館山市となった。合併当時の人口は約60,000人。

16) 安房医師会誌編纂委員会，前掲7），p. 243-254.

17) 千葉県立中央図書館編『千葉県移動図書館ひかり二十年史』千葉県立中央図書館，1970,
p. 169-198.

18) 本田定喜，前掲5），p. 185-187.

19) 石川敬史，大岩桂子，関和美「転換期における千葉県立図書館「ひかり号」の検証：病
院ボックスを中心に」『図書館界』68(2)，2016.7，p. 142-151.

20) 千葉県図書館史編纂委員会，前掲6），p. 128-131.

21) 鴨川風土記編纂委員会編，『鴨川風土記』創刊号，鴨川市立図書館，1980.3，［頁付けな
し］

22) 「普通であったらまず館山に落ち着くはず」だが，鴨川に「持っていかれた」という表
現について。分館設置当時，館山市の人口は鴨川町の人口の約4倍あった。安房地域の比
較的大きな町である館山市は，名乗り出さえすれば公共施設がつくられ，援助が得られる
ということが普通，そう思っていた可能性がある。小さな町の鴨川町に分館ができること
はあまりに衝撃的で「持っていかれた」という表現につながった可能性が高い。

23) 1948年，香取分館(香取市，旧佐原市)，海匝分館(匝瑳市，旧八日市場市)，山武分館(東
金市)，君津分館(木更津市)，安房分館(鴨川市，旧鴨川町)，1954年には，夷隅分館(大多
喜町)，長生分館(茂原市)，館山分館(館山市)の合計8か所に分館が設置された。うち，
戦前より図書館があったのは，木更津市と大多喜町の2か所である。この2か所は，早い
段階から図書館が設置されていたものの，戦争中休館状態に追い込まれ，戦後分館設置と
いう県の援助を借りないと図書館を立て直せないほどであった。

24) 千葉県図書館史編纂委員会，前掲6），p. 289-295.

25) 千葉県図書館史編纂委員会，前掲6），p. 87.

26) 病院ボックスは，申請を出した13病院のうち次にあげる6病院に設置された。1960年に，
日本赤十字社成田病院・国立療養所下志津病院・館山病院・大原病院，1963年に東京歯科
大学市川病院，1965年に佐原病院。病院等医療機関の職場ステーションは，1955年に社会
保険船橋病院・化学療法研究所，1956年に中山病院，1958年に日本赤十字社成田病院，1959
年に千葉県療養所鶴舞病院・初石病院・国立下総療養所，1960年に萩原病院・東京歯科大
学市川病院の9か所に設置された。なお，病院名は当時のままである。

27) 「病院巡回図書館(患者用)の実施に伴ふステーション設置希望の調査について」1959.2.3
(千葉県立中央図書館所蔵「ひかり号」関係資料)

28) 吉岡稔「[病院図書実施のための県内施設について]」1972.2.7(千葉県立中央図書館所
蔵「ひかり号」関連資料)

29) 千葉県立図書史編纂委員会，前掲6），p. 169-198.

30) 千葉県図書館史編纂委員会，前掲6），p. 289-295.

31) 池田恵美子「青木繁《海の幸》に結ばれた漁村のまちづくり」『青木繁が愛した神話の

ふるさと：《海の幸》誕生の漁村のまちづくり』青木繁《海の幸》誕生の家と記念碑を保存する会，2014，p. 12-17.

32）町村合併促進法により1954年に，鴨川町・東条村・西条村・田原村が合併し鴨川町ができた。これは現在の鴨川市のエリアに比べると，規模はかなり小さく，人口は約18,000人。同年，天津町と小湊町が合併し，天津小湊町が，大山村・吉尾村・主基村が合併し，長狭町ができた。また，太海村・曽呂村・江見村が合併し，江見町ができた。1970年の三万市制特例法に基づき翌年に鴨川町・長狭町・江見町が合併し鴨川市が誕生した。2005年に鴨川市と天津小湊町が合併し現在の鴨川市となっている。

33）鴨川市史編さん委員会『鴨川市史　史料編（二）近・現代』鴨川市，1993，p. 725-726.

34）千葉県図書館史編纂委員会，前掲6），p. 123-128.

35）「鴨川夏季大学のこと」『千葉文化』（67），1952.8，p. 4.

36）千葉県図書館史編纂委員会，前掲6），p. 342-347.

37）千葉県立中央図書館，前掲17），p. 169-198.

38）鴨川風土記編纂委員会編，前掲21），［頁付けなし］

39）鴨川風土記編纂委員会編，前掲21），p. 331-332.

40）原進一「鴨川通信　第二信」『千葉文化』（39），1950.2，p. 4. この号で筆者は「原信一」となっているが，「原進一」の誤りである。この号では「第二信」と，漢数字を使用している。

41）原進一「鴨川通信　第3信」『千葉文化』（45），1950.8，p. 4.

42）千葉県図書館史編纂委員会，前掲6），p. 152-154.

43）千葉県図書館史編纂委員会，前掲6），p. 202-204.

44）北林昇，神田宥賢『写真集　明治大正昭和　鴨川・天津小湊』国書刊行会，1987，p. 7.

45）「掲示板」『鴨川』（創刊号），1965.2，p. 33.

46）「今日は　鴨川町立図書館長　原進一氏」『千葉日報』1964.10.30，8面.

47）鴨川婦人会「インタビュー　図書館訪問記」『鴨川』（2），1965.5，p. 35.

48）前掲46），8面.

49）土屋栄亮「原先生を悼む」『千葉県公共図書館協議会誌』（9），1986.3，p. 21-22.

第2部

「ひかり号」研究　各論

ひかり号（3号車）

第1章　父，大岩好昭と「ひかり号」

大岩　桂子

はじめに

　本章では，私の父である大岩好昭と「ひかり号」とのかかわり，そして私と「ひかり号」との出会いについて述べてみたい。

1．研究の発端について

　父・大岩好昭は，2010(平成22) 年8月に84歳で他界した。その年の10月から父の残した資料を整理し始めた。その中に，写真をはじめとする「ひかり号」関係資料が多く残されており，そのひとつひとつに目を通しているうちに，私の血が騒ぎ始めた。なぜなら元々考古学を学び仕事としていた私には，資料（史料）を掘り起こし検証することが身についていたからである。土器の一片ではなく文字や写真などが材料であっても，段ボール箱の中から資料を一点一点取り出していく様は，土の中から遺物を取り上げる時のワクワク感と似ていた。私一人が満足してそれらの資料を箱に仕舞い込んでしまえばそれまでであるが，それではあまりにもったいないと直感した。

　手元にある資料だけでもまとめて発表することはできたが，千葉県立中央図書館にも「ひかり号」に関する資料が残されているのではないかと思い，図書館に問い合わせたところ，約40箱の段ボール箱に収められた，「ひかり号」関係資料が存在することを知った。それらの資料は未整理であったため，図書館にそれらの整理をしたいと申し出たところ，快諾してくださった。父との関係があるとはいえ快く開示くださったことに心から感謝している。

　今回の調査研究にとり，未整理であったことは大変重要な意味を持っている。ある時点で不用との判断が入り，捨てられてしまったものがないということは貴重なことである。例えば，紙一枚に残されたメモ書きにあった巡回における

改善点の記述から，当時の図書の貸出風景を再現できた。今となっては意味を持たないと思われるような領収書の記載内容から，巡回時に上映した商業映画の内容と日誌に残されていた上映映画のタイトルとの照合ができ，運行日誌の詳細な記録の信憑性を裏付けた。写真にいたっては何を写したのか漠然としたものであっても，時代を考察する重要な参考資料となった。

　資料整理は，2011年5月まで月に2度ほどのペースで図書館に通い，各資料を内容別に分類しながら新たな箱に詰め直し，大まかな全体像を掴むという作業を行った。私一人での作業はここまでで，想像以上に貴重な資料を活かすためには指導をいただける人が必要と思い，図書館の歴史というような分野の研究者を探した。同年6月に日本図書館研究会オーラルヒストリー研究グループに行き当たり，飛び込みで連絡を取り，その後の資料整理と研究に繋がることとなった。

　千葉県が国内で最も早く移動図書館を運行したとはいえ，数ヶ月の差で他県でも開始され，数年後には全国に広がり，いくつもの県でも運行されるようになる。これは文字に飢え文化教養を求める日本人の欲求がそうさせたのだと思う。私が「ひかり号」の生まれた「時」を調査するに従い感じたことは，戦後，その「時」の世情や人々の心情を理解することなくしては「ひかり号」の誕生の真実を知ることはできないということであった。しかし，私は未だ終戦直後の人々の暮し振りや経済など十分に理解するには勉強不足で，それを検証する能力を持ち得ていない。従ってそれは今後の研究課題とし，ここでは父の書き残したものを中心に資料から読み取れる「ひかり号」発足当時の様子を示したい。

2．父のこと

　1949（昭和24）年9月14日，朝7時，「ひかり号」1号車が千葉県立中央図書館を出発した。この時，その車を運転していたのが私の父，大岩好昭（当時24歳）であった。父は1965年には「ひかり号」を降り，庶務課長として新館千葉県立中央図書館建設に携わった。その後千葉県教育委員会事務局福利課課長補佐，中央図書館副館長，千葉県立風土記の丘館長を経て，中央図書館長を最後に定年退職する。長い現役時代の中でも，父が若いエネルギーを傾けて「ひかり号」を運行しながら，戦後の千葉県の文化復興の一助となる仕事に従事できたことは図書館員として何よりの誇りではなかったろうか。

　小学校入学以前から父に図書館に連れて行ってもらっていた私は，様々な形で「ひかり号」のことを目にし耳にしていた。父が日常会話の中で私に語ってくれた話には様々な内容があったが，特に印象に残っていることは，まだ私の生まれる前の移動図書館創設期のことである。図書の貸出業務の終わった夜に開催されていた映画会は，小学校の校庭など野外での上映が多く，雨や夏の虫に苦労したこと，1970年代までは大人も子供も知っていた有名人の一人，NHKのど自慢アコーディオン奏者の横森良造氏が「ひかり号」に同乗して県内を一緒に回り，図書と共に歌声も届けた話などである。図書を待っていてくれる人々の喜ぶ様子などのエピソードは枚挙にいとまがない。

　移動図書館の何たるかを知らぬ幼き頃の私は，父が県内どこを車で走っても道に詳しく，またどこにでも知り合いが居ることに驚いていた。考えてみれば「ひかり号」で県内津々浦々を走り，多くの人々に接してきたのだから，当然のことと言えるのかもしれない。現役を離れ晩年まで一番の友としていた人は，当時成田の長沼でステーションマスター[1]をしていた小川良三氏である。このことは移動図書館での人との出会いが，その後の父の長い人生に大きな影響を与えていたことを教えてくれている。

3. ひかり号の生まれた頃

　ここでは父の残した文章から，父の周囲の事には限られるが，そこに生きた人々の動きや感情をその文章のまま紹介する。そこで，「ひかり号」の誕生の背景の一端を示したいと思う。

3.1　廿日出館長と父との出会い

　父は1926（大正15）年生まれ，終戦時は20歳であった。父の実家のある千葉県市原市周辺でも，終戦の頃は疎開や復員してきた者などで村や町には多くの若者があふれていたという。その様子と父たち仲間の行動について，次のように書き残している。

　　　私は予科練三ケ月余りの訓練で終戦となって復員しました。しばらく家業を手伝っていましたが，或る先輩のすすめで在郷の実業学校の助教として勤めることになりました。それは21年の頃です。
　　　村や町にあふれてきた若者達は，こぞって青年団を組織し，文化運動が

燎原の火のごとく広がってきました。そちこちで夏季大学が開講され，有
名人が，続々地方に来て民主主義を説き，文化日本の建設を鼓吹したので
す。(略) 一方，この文化運動についてゆけない大多数の青年は，演劇運
動にはしって，股旅物から演歌調まで連日連夜にわたって，その練習に浮
き身をやつす有様でした。然し私共，二三の有志は，そのどちらの主流に
もなじめないままうつうつたる日を送っていましたが，鳩首相談の結果，
千葉市に県立図書館があるそうだから，館長を尋ねて教えをこうたらと一
決して，恐る恐る館長を訪問したのです。廿日出館長は案外気さくに会っ
てくれ，一面識もないのにもかかわらず談論風発，その卓見に田舎者の私
共はどぎもを抜かれた恰好でした[2]。

　このようにして廿日出館長と父達とが繋がりを持ったのである。その時館長
は自身の提唱していた読書会結成の必要性と，読み仲間による一人一研究を奨
め，貸出文庫の手続きを取ってくれたという。父たちは地元に戻り有志十数人
を集め「牛久町読書倶楽部」を結成した。父はその代表を務め，会員が皆80歳
を過ぎた頃には，一年に一度，互いの健康を確かめるような会になってはいた
ものの，父の亡くなる2008(平成20) 年まで会は存続していた。男女問わず集
まるその会が，形を変えたとはいえ60年以上絶えることなく続いていることを
考えると，当時の読書会の影響力の大きさが想像できる。
このように長く強い繋がりを持った会は少ないと思われ
るが，当時読書会のグループは各地で多く結成されてい
た。実は私の母は隣村の読書会の代表を務めていたよう
で牛久町読書倶楽部とは交流も多く，父と知り合うきっ
かけとなったようである。

牛久町読書倶楽部の印

　後には廿日出館長について次のようにも書いている。この「若者達」という
一人が父であったことは想像に難くない。

　当時，県立中央図書館長の廿日出逸暁先生は，戦前戦後と一貫した図書館
運動を通じ，"文化の火付け役"を自任して，県下を馳せ廻っていたが，
夙に読書会を主唱し，一人一研究を奨めて貸出文庫を編成，客車便で地方
へ送り届けていた。然し，このような，なまぬるいサービスの手段では，

到底，新生日本の文化的要求に答えることができないばかりか，この知識欲に燃える若者達の現状を黙視するに忍びないとして，一世一代の大構想を案出することになった[3]。

さらに廿日出館長は，次のように運転免許を持っていた父に声をかけてくれたのである。1949年5月に父は図書館職員として辞令を手にする。

君図書館の新らしい仕事を手伝ってくれないか。（略）千葉市に県立図書館はあるけれども，君達が利用するには千葉市までわざわざ出掛けてこなければならない。同じ税金を納めていながら誠に不都合だ。千葉県のどんな辺鄙な処に住んでいても千葉市民と同じ様に図書が利用できる様，自動車で運んで行く計画だ。これを文化の水平運動とゆうんだよ。どうかね，移動図書館の運営に君の運転免許が役に立たないか[4]。

3.2　移動図書館ができるまで

父は専任職員として採用された当初の感想を次のように書き残している。日本国内では前例のない移動図書館の実施にあたっての率直な思いであったろう。

さて，デスクは与えられたものの更地の上に家を建てるようなもので何にもない。あるものといえば，貸出文庫用の使い古した図書が2千冊前後，あとは廿日出館長の頭の中に秘められたアイデアだけが唯一の頼みで，初めはどうなることかと思われた[5]。

「ひかり号」車体調達から完成までの様々な苦労話は，次のように書いている。

自動車は進駐軍の命令で国内生産は再開されておらず，手に入れることは不可能に近い。一般物資の輸送に事欠いている時代に本を運ぶ車を作ることなどは，正気のさたではないように思われもした。文化の水平運動の権化を持って任ずる館長も，はたと窮したかのようにみえたが，やはりひらめきは早く，陸運行政を一手に握る陸運管理事務所に鈴木所長を訪問して，お知恵拝借ということになった。話をしているうちに，鈴木所長は往年の

読書人らしく，この種の文化運動にすっかり共鳴され，廿日出プランを全面的に支持，協力を約束してくれたことは，百万の味方を得た思いであった。車両については，米軍用車の払い下げがあるはずと，そのルートを調査してくれ，特殊ボデーを製作する数少ない近藤自動車を紹介してくれることになった。そのほかガソリンの配給とタイヤの統制が解除されるまで，その割り当てに随分とお世話になることになる。早速，館長に同行して銀座白木屋にあった鉱工品貿易公団を尋ねて，米軍用車の払い下げの申請をした。ほどなく3／4屯積み，ウエポンキャリーの払い下げ配当を得，まだバラック建ての目立つ池袋へ回送した[6]。

　熱い思いが人を呼び，人と人とのつながりが，無理と思われるようなことをも実現へと向かわせたことがわかる。余談ではあるが，この払い下げ中型ジープのことについて父は，短い3ヶ月余りとはいえ予科練を経験しているためか「昨日までの戦場の兵器が再生されて文化の尖兵となるかと思うと，おかしくもあった。」[7]との感想を記している。
　近藤自動車で行われたジープの移動図書館用の車への改造は，国内初めてのことであったと同時に，その後の基本型式として長く採用されることとなった。その製作時の様子については次のように残している。

　　近藤自動車は商売柄引受けたものの，初めて試みる移動図書館のボデー製作には再三設計図を修正する有様であった。特に，走行中音楽を流し，マイクで呼びかけるアンプ装置には，技術的な苦心がはらわれ，これは地元の富士電機が製作を担当した。本を積載するについては利用者の自由選択に都合が良く，しかも悪路にも安定度が強く要求される。車の側面を七分三分の扉にして上下にあけた中に外向の書架を取り付ける。しかしこの種の車では，5〜6百冊しか排架できない。それでも当初の規模ではまあまあというところであった[8]。

3.3　「ひかり号」の誕生

　「ひかり号」は，例えば欧米の設計図などを参考にしたということはなく，全く試行錯誤の中でたどり着いたことがわかる。完成した「ひかり号」を千葉まで回送した時の感想が次である。

　7月から8月にかけての暑い東京通いのかいあって，完成した移動図書館第1号車は，淡いうぐいす色と小豆色に染め分けられたツートンカラーの車体に白銀のスピーカーをスマートにのせてさっそうたる雄姿を現した。製作費はシャーシーを含めて65万円である。さて，千葉へ回送する段となったが，初めて握るウエポンキャリーのハンドルには自信がなく，その上，日本ニュース映画社から電話が入って，ニュース映画にしたいから銀座の本社へ寄って欲しいとのことで，冷汗三斗の思いであった。今でこそ車体の色彩も豊富で宣伝カーなぞ見向きもしないが，当時ツートンカラーでラジオをかけながら走る車はまれで，手を振って答えてくれるのだが，こちらはそれどころのさわぎでなく，やっとの思いで，千葉へたどりついた[9]。

　このようにしてみると，戦前から移動図書館なるものの運行の構想を廿日出館長はあたためていたわけであるが，いち早く県民に図書（文化）を届けたいとの思いが実現するまでには，多くの努力と偶然と人との出会いがあったことに改めて感動する。

　準備万端，1949（昭和24）年8月8日に「ひかり号」の完成披露会が催された。その日の感動を次のように綴っている。

　　8月8日を期して，いよいよ移動図書館第1号車の完成披露をおこなうことになった。その前に県民の皆さんに名付け親になってもらうべく，ふさわしい名前を募集したところ多数応募の中から"訪問図書館ひかり号"の名前を頂戴して命名することになった。

　　訪問図書館ひかり号は，命名されて参会者の万雷の拍手の中に，読書運動の尖兵として県民の与望をにない勇躍門出をしたのである[10]。

　「ひかり号」は，運行を開始したものの苦労の連続であったようだ。「ひかり号」を待つ人びとの期待は大きかった。それに応えられないときはその分不満となって跳ね返ってきた。

　　最初の巡回は本を貸出して行くだけで，そうストックの用意もないので1ステーション20冊から30冊位に制限したところ，前景気と音楽につられて集まった人々の一割にも貸出しすることができず不満が多かった。その他，

110

巡回時間の制約を納得徹底させるのに一番手をやいた。余り時間にこだわらない農山村で，4〜50分の中に作業を終わらせ出発させるのは情において忍びえず難事に近かった。この時間を守らせるしつけが，移動図書館の運行の成否を決するといっても過言ではなかった。このしわ寄せのため，中食は満足に食べることもできず，千葉の灯をみるのは6時7時になるのは普通であった。私は2年程，図書館に泊り込んで若さにまかせて希望に燃えて張り切ってやった。館員の皆さんも競って手伝いに乗車してくれ，女子職員にも声をかけないと苦情のでる程であった[11]。

たとえ苦労の連続であってもその先には，それを経験した図書館員でなければわからない喜びがあった。その喜びが次の日には図書館員の新たなエネルギーとなった。

二日の強行な文化資料の運搬という事実が私たちの任務である。精一杯の公務員の職業的良心で任務をはたして，愉快につかれた体をハンドルに託して一路本館へ向かう道すがら，野良着姿のおじさんがくわとる手を休め，軒端にたたずむ主婦が抱く幼児の手をあげさせて，まして幼き子たちの手が長く遠く夕日をあびて，そこここで私たちを慰めてくれるその姿こそは，私たちの心にミレーの名画より以上の感激を与えて，疲れた身心がすうっとぶようにレクリエーとする，それこそ二つのたましいか昇華する清浄な神の国の姿である。それは湧きおこる歓喜となつて明日の無言のサービスの意欲へつながるのである[12]。

3.4　父と「ひかり号」，そして私

　「ひかり号」完成披露の日「8月8日」は私の誕生日である。父は「ひかり号」完成披露を迎えたその10年ほど後の「8月8日」が，自分の第一子(桂子)の誕生日となる偶然を考えもしなかったと思う。私自身もこのことを父から聞いたことはなかったので，資料を見て初めて知ることとなり驚くとともに，「ひかり号」への親近感を覚えた。

　私と「ひかり号」との偶然の一致は，8月8日の誕生日話だけではない。1953(昭和28)年に「ひかりの歌」とういう移動図書館「ひかり号」のレコードが制作された。歌詞は一般公募で，千葉県長生郡東村(当時)の並木杏子氏，

作曲は当時新進気鋭の作曲家團伊玖磨氏である。ビクターレコードで制作され，そのレコーディング風景の写真が残されている。男性と女性の声が吹き込まれているが，その詳細を見ると女性は東京芸術大学卒業山田礼子氏となっている。山田礼子氏はのちに千葉県立千葉女子高等学校の教師となり永く教鞭をとることになる。私はその山田先生に千葉女子高等学校で音楽の授業を受けている。勿論，最近までこの運命的な繋がりを知ることはなかったし，父もその事実を想像だにしなかったと思う。父の存命中にそのことに気が付けば，どれだけ父が驚きその偶然を喜んだかと思うと大変残念である。

　私が，千葉県の移動図書館「ひかり号」が，戦後日本で最初に運行を開始したと知ったのは，30歳を過ぎた頃にたまたま職場で手にした図書館関係の雑誌の記事からであった。しかし，すぐにはその事実が図書館の世界で，また千葉県の戦後近現代史で大変重要な事であるとは認識しなかった。それは，「ひかり号」の話を父は様々してはくれたが，戦後最も早くに走った移動図書館であるということをことさら強調することはなかったからであろうか。結局，父が亡くなり，残した資料の整理を始めてから気が付くこととなった。今となっては聞きたい話がたくさんあるのに，という世間によくある話である。本当に悔しい限りではあるが，それも父らしいとも思う。

　戦後，何もかも失った時に思いを馳せてみるが，それは私のように昭和の高度成長期に育った者には当然ではあるが理解の限界がある。しかし，今回，謙虚な気持ちでひとつひとつの資料や父や母の残してくれた言葉と向き合うことで，「ひかり号」の生まれた「時」を理解することに，少しではあるが近づくことができたと実感している。

おわりに

　昨年（2015年）の年末に私の中での転機が訪れた。それは朝日新聞社からの取材依頼がきっかけである。取材内容は，移動図書館「ひかり号」が戦後いち早く図書を県民に運んだという事実の詳細を聞きたいとのことであった。それは新年の戦後70年の企画記事の一つであった。私はその取材の最後に，東北の震災をきっかけに学校や共同住宅などにNPOの立ち上げた移動図書館が図書を運んでいることを取り上げ，「戦後も現代も人々が求めているもの，そしてそれに応えようとした時考えることは同じなのだと思う」という内容の話をしている。

　私は，現代に生きるものからは特異な時代と思える戦後という時に誕生した移動図書館「ひかり号」，そしてその利用者という視点で調査研究を続けてきたことが少し違うことに気が付いたのである。人が生きていく上で衣食住は最低条件であるが，それだけでは人の心の空白を埋めることはできない。それは終戦当時の人間も平成の時代に生きる人間も同じだということである。廿日出館長の発案とその行動力で成し遂げた移動図書館「ひかり号」が発展し，他県の手本となるような運行のひな型は，図書館員ひとりひとりが，利用者の求める文化教養への憧れや欲求にどのように応えたら良いか，物資は乏しくともどのように我々が毎日を楽しく充実したものにできるか，その「思い」が作り上げたのだと，そしてそれは今を生きる人々にも受け継がれている「思い」であると感じたのである。

　「ひかり号」関係資料から知ることのできる事実はまだまだ山のように残っている。その事実を掘り起こすことで，また新たな気づきに出会いたい。私に歴史を学ぶことの重要性を再確認させてくれた「ひかり号」であった。

注

1 ）移動図書館の停車する場所を「ステーション」と称し，貸し出し業務の補助を行う地元の賛同者を「ステーションマスター」と呼んだ。

2 ）大岩好昭「私と図書館とのつながり(1)：移動図書館の生れる頃まで」『ひかり』13(1)，1966.1，p.6.

3 ）大岩好昭「館外奉仕の曙」『千葉県移動図書館ひかり二十年史』千葉県立中央図書館，1970，p.132.

4 ）大岩好昭，前掲 2).

5 ）大岩好昭「私と図書館とのつながり(2)」『ひかり』14(1)，1966.11，p.6-7.

6 ）同上.

7 ）同上.

8 ）同上.

9 ）同上.

10）同上.

11）同上.

12）大岩好昭「無言の歓送シンボル」『千葉文化』(55)，1951.6.

第2章 千葉県立中央図書館，廿日出館長時代の図書館政策：
分館設置を中心として

奥泉　和久

1．はじめに

　千葉県立中央図書館の館長を長く務めた廿日出逸暁（1901～1991）は，県下全域に図書館を整備する構想をもち，さまざまな方法を駆使して実現した。なかでも移動図書館「ひかり号」によるサービスは，戦後復興期にこの国の図書館界に新たな旋風を巻き起こしたことから，廿日出の代表的な仕事としてもっともよく知られている。

　その一方で，1950年代後半，廿日出は図書館法改正運動の中心となって法改正を目指したが，新しい時代の波に押され運動は後退を余儀なくされた。このとき廿日出は，戦前の大図書館中心主義との，いわば旧いタイプの図書館人と見なされた。以来廿日出には，日本で最初に移動図書館を走らせた革新的なイメージと併せ，図書館法改正運動を先導した旧世代の図書館人というイメージがつきまとうことになる[1]。そのためか，廿日出は戦前・戦後を通じて県立図書館長の職にあり，図書館法成立に尽力したことなど，その業績は傑出しているが，千葉県以外ではとりあげられる機会はほとんどない。

　本書第1部では，廿日出が主導した移動図書館「ひかり号」について，いくつかの視点を設定して分析した。いずれにも共通していることは，館外サービスとの位置づけである。当時の用語では館外奉仕ということになるが，この章では視点を少し変えてみたい。どういうことかというと，1950年代にほとんどの都道府県立図書館（以下「県立図書館」）は，県下に移動図書館を走らせた。それは永末十四雄によれば「中央図書館制度が廃止されて，全県的な直接サービスに新しい存在意義を求め」[2]たからだという。だとすると県立図書館が移動図書館の経営にどれほどの理念をもっていたのか疑問が残る。では，千葉県

ではどうだったのかというような観点である。

　廿日出は，移動図書館を開始する前に分館を設置している。そして，これら
を併行して運営した。同様の方法をとった県はそう多くはないし，成功例はほ
とんど聞かない。廿日出が分館を設置した理由は「確固たる地方図書館の基礎
をきづく為」3)だったと説明される。そうであるなら，千葉県の移動図書館運
営については，分館政策とともに考えなければならないことになるし，とする
と直接サービスのひとことでは言い切れない，ということになるのではないか。
しかし，これまで本研究ではこの点について検討してこなかった。

　もうひとつ考えてみたいことは，廿日出が分館を設置したのは，1948年のこ
とで，1949年にスタートした移動図書館「ひかり号」とともに，戦後ではある
が図書館法成立以前，つまり図書館令のもとに戦後を代表するサービスが生ま
れたことについてである。これは何を意味するのか。図書館令は戦前の負の遺
産だったはずである。そうではないということなのか，それとも新旧といった
基準によって物事を判断することの是非に問題があるというのか，考えなけれ
ばならないことがあるように思われる。そこで戦前についても，戦後の図書館
活動の布石といった視点でとらえ直してみる必要があるのではないか。

　ここでは紙数の関係もあり，千葉県立図書館の運営にかかる全体像を検討す
ることはむずかしいが，分館設置計画をとおして，廿日出の図書館政策につい
て整理してみたい。それを戦前にまで遡るとなれば図書館奨励策や貸出文庫，
そのことと関連して図書館網の構想，中央図書館制度などについても廿日出の
考えを検討することが必要になるであろう。

　廿日出館長時代については，『千葉県図書館要覧』（以下『要覧』)4)，『千葉
県立中央図書館三十年略史』（以下『略史』)5)と主に千葉県立図書館の活動を
記した『千葉県図書館史』（以下『館史』)6)，そして『千葉県移動図書館ひか
り二十年史』（千葉県立中央図書館　1970）（以下『ひかり20年史』)7)といった
正史というべき資料があるが，当然のことながらこれらは当該館に関する分析
にとどまり，廿日出の図書館観を検討するには限界がある。廿日出の主要な著
作は『図書館活動の拡張とその背景：私の図書館生活50年』（以下『廿日出著
作集』)8)に収められているもののそう多くはないし，同書には図書館法改正運
動についての言動が省かれている9)。廿日出に関して言及した著作は，鈴木英
二による小伝と小黒浩司の論考があるくらいで10)，大岩好昭11)，鈴木武次12)ら
による廿日出を回想した記録があるが，いずれも交流のあった人たちで当事者

による証言の性格が強いように思われる。

2. 戦前期の図書館政策

　千葉県立図書館の場合，分館も移動図書館も戦後に開始されている。館長が同一人物であることから，戦前・戦後の図書館政策に関し一貫性があったと考えてみる必要はあるだろう。廿日出によって戦前に移動図書館が計画されていたことは中山の論考のとおりである[13]。移動図書館は実現しなかったが，貸出文庫は実施された。そこで，まずは戦前期において廿日出がいかなる図書館政策を構想していたのか，そこに館外奉仕がどう位置づけられていたのかを検討してみたい。

2.1　新図書館の発足とその展望

　1934（昭和9）年11月，千葉県立図書館は新築した施設で新たに閲覧を開始，12月には落成式を挙行して新たなスタートを切った。これを機に翌1935年2月には県立図書館に関し新たな規則が作成され，経営方針が立てられた。経営方針は，経営の綱領が5点示され，それらは8つの施設事項によって具体的に明記されている。ここでは筆者が適宜内容を補記した。

　施設事項
　（一）　閲覧
　（二）　貸出文庫
　（三）　読書学集団（貸出文庫利用団体に対し図書館が積極的に援助する集団のこと）
　（四）　出張図書館（臨海図書館などの実施）
　（五）　郷土資料室
　（六）　社会教育施設（講演会などを開催し，社会教育に資するなど）
　　　　　甲：一般的方面，乙：児童方面（児童への読書の奨励など）
　（七）　図書館ノ指導連絡（図書館経営などについての啓蒙，視察や指導の実施）
　（八）　図書館普及奨励（一市町村一館主義を目標に図書館振興を奨励）[14]

　経営方針は，旧館時代の6年間の図書館運営の実績を整理して作成されたとされる。そのためか上に記した施設事項には，貸出文庫が上位にあげられ，図

書館の指導連絡といった中央図書館の役割も散見されるが，図書館令をそのまま踏襲したような内容にはなっていない。

　まずは県内の図書館の状況を見ておこう。1938年当時，まっとうな図書館と呼べるのは成田図書館，興風会図書館，公正図書館など各地につくられた私立図書館と県立図書館に限られる。これらが県内図書館活動の原動力であった。成田図書館は1901年の設立で113,560冊，銚子市の公正図書館は1926年の設立（1948年銚子市に寄附）で16,760冊，興風会図書館は1929年の設立で55,381冊の蔵書をもっていた。ちなみに県立図書館の蔵書数は51,027冊であった[15]。

　各郡別の設置数は**表1**のとおりである。設置数は多いがその多くは小学校に附設され，館長は小学校長が兼ね，蔵書は少なく，活発には利用されていない。その上に地域差があった。いかに貧弱であっても図書館がある地域はましで，1館もない郡もあった。戦前における全国各地の図書館の特徴がそのまま現れている。

表1　1938年当時の図書館数

郡名	千葉	市原	東葛飾	印旛	**香取**	海上	**匝瑳**	**山武**	夷隅	**君津**	長生	**安房**	県市	合計
館数	9	1	5	7	7	5	15	14	4	10	0	8	16	101

出典：『千葉県図書館一覧：昭和十三年四月一日現在』（千葉県，1938）
注：郡名の太字は1948年に5分館が設置された郡を示す。県市：県立，千葉，銚子，市川の各市計16館

2.2　廿日出館長の就任，図書館政策の実施

　廿日出が館長に就任した2か月後の1935年10月，県中央図書館主催の第1回図書館講習会が開かれ，翌11月の読書週間には県立図書館による読書奨励講演会，12月には県下図書館長会議と矢継ぎ早に開催された。翌年には千葉県美術協会や千葉県書道会などが県立図書館内に組織され，学校と県立図書館との連絡のための座談会も行われている。

　なかでもこのときの読書週間行事は「図書館問題を世に問う第一声」[16]となったとされる。この「図書館問題」とは県の図書館振興策のことで，公立図書館の利用者のほとんどが小学校児童，青年学校生徒や教職員で，一般町村民の利用がほんのわずかだったことから，現状を変えるための対策であった。11月の読書奨励講演会では，人口2，3千人の町村に独立の図書館をつくるため，出納手までもが講師に駆り出されている。文字どおり県立図書館職員が一丸となって奔走した[17]。

翌月の県下図書館長会議では「一般民衆ヲシテ図書館ノ利用ヲ一層促進セシムベキ具体的方策如何」が諮問される。答申案作成は調査委員会付託となり，答申案には「中央図書館ノ外分館ヲ県下各主要地ニ設置シ，県民ニ図書館利用ノ便宜ヲ与フコト」と分館の設置が盛り込まれている。調査委員会の委員長は廿日出であったが，このときには分館の設置は実現していない[18]。

1936年1月には巡回読書奨励講習会，翌年2月には図書館経営研究会が開催される。以降も会の名称は変わるが，同趣の会合が毎年この時期に実施されている。図書館経営研究会の実施要領は次のとおりである。

　　　県下図書館教育ノ現況ニ鑑ミ特ニ一般民衆ノ図書利用ヲ一層促進セシムベク図書館所持ノ地七ヶ所ヲ選ビ之ニ近接セル図書館関係者一堂ニ会シ夫々地方ニ於ケル図書館利用ノ状況ヲ発表，相互比較研究シ，併セテ図書館経営ノ実地視察指導ヲナシ以テ図書館経営機能ノ充実，図書館利用ノ方途ヲ考究スルヲ以テ目的トス[19]

研究会の開催と図書館の「視察指導」によって図書館の改善をはかることが目的のひとつにあげられている。講習会などの開催された日程，町村は次のとおりである。

1936（昭和11）年1～3月　巡回読書奨励講習会
　開催地：豊栄　興風会　松丘　木更津　府馬　中村
1937（昭和12）年2月　図書館経営研究会
　開催地：木更津　佐倉　銚子　成東　八日市場　天津　市川
1938（昭和13）年2～3月　読書指導研究会
　開催地：野田　銚子　千葉　木更津
1939（昭和14）年3月　図書館実務講習会
　開催地：八日市場　笹川
1940（昭和15）年2月　図書館実務講習会
　開催地：館山　千葉

講習会の開催地には，図書館が比較的多く設置された地域の市町村が選ばれている。その地域は交通の便がよく，各地から参加しやすいことなどの条件も満たしていたはずであり，それは人口密度が高く，都市化が進んだ地域ということを意味する。その開催地を郡別に示したのが**表2**である。

表2　講習会等の開催地　1936〜1940年

郡名	千葉	市原	東葛飾	印旛	**香取**	海上	**匝瑳**	**山武**	夷隅	**君津**	長生	**安房**	県市	合計
館数	9	1	5	7	7	5	15	14	4	10	0	8	16	101
1936			興		府		豊野			松木中				
1937			佐				八	成		木		天	銚市	
1938							野			木			千銚	
1939				笹			八							
1940												館	千	

出典：図書館数は『千葉県図書館一覧：昭和十三年四月一日現在』（千葉県，1938）　開催地は『館史』
注：郡名の太字は1948年に5分館が設置された郡を示す。図書館数は1938年当時。開催地名は，本文の記述と対
　　応している。表には地名の冒頭の一字のみで略記した。興は興風会，府は府馬の略の意味である。

　講演会などと併行して各館への視察指導が頻繁に行われるようになったのは，1937年からのようである[20]。館報にはその報告が掲載されている。
　1937年1〜2月　図書館視察　館報に5郡8館の報告がある[21]
　1938年2〜3月　図書館視察　館報に8郡11館の報告がある[22]
　1939年1〜2月　図書館視察　館報に6郡8館の報告がある[23]
　1940年2〜3月　図書館視察　館報に3郡4館の報告がある[24]
　これらによって視察の概要を知ることができる。視察は，廿日出と館員1名で実施されていたようで，館員が交代で報告している。廿日出は現地の図書館で，施設・設備，図書館予算の規模，適切性，執行状況，図書の整理，蔵書の更新，利用状況などの全般にわたり指摘している。図書館運営に対する理解を求め，財源の確保などについて管理者を説得することもあった。いずれにせよこれら図書館視察の目的は実態の把握，改善で，少なくとも報告からは選書内容に対する言及など，図書館令が規定する指導性はうかがえない。都市化した地域に自立した図書館経営ができるよう支援していたことがわかる。
　ところが，視察の本来の目的は「図書館事業奨励金を交付するため」[25]だったという。図書館事業奨励金は，1936年度−13館，1937年度−1団体，11館，1938年度−1団体，1939年度−1団体，7館，1940年度−1団体，1941年度−1団体，計31館と千葉県図書館協会の1団体に交付された。これを郡別にみると，千葉郡4，市原郡1，東葛飾郡2，印旛郡3，香取郡3，海上郡2，匝瑳郡4，山武郡2，夷隅郡2，君津郡4，長生郡0，安房郡2，市部2となっていて，おおよそ郡内の図書館の設置数に応じて配分がなされているように思われる。

2.3 貸出文庫，運営の促進

　千葉県立図書館では，1924年に巡回文庫を館則に規定し，1928年に試験的に開始，1934年に名称を貸出文庫に改めた。県立図書館が新築開館にあわせて作成した経営の方針の2番目には貸出文庫があげられていたが，本格的に着手したのはしばらく後になってからのようだ。

　貸出文庫の利用は，1935年度には33団体，116函。1936年度は100団体，343函，1年で約3倍となった。このときの貸出文庫用の専用図書は1,163冊，文庫函は75個だった[26]。この翌年の1937年に横浜市図書館(のちの前橋市立図書館長)の渋谷国忠が千葉県立図書館を訪問している。そのときに「貸出文庫用の図書は1,200～1,300冊くらいで，町村図書館のあまり振るわないこの県の図書配給の心臓としては，もっとうんと大きくしたいところだろう」[27]と印象を述べている。渋谷が視察したのは利用が上向きかけてきた頃にあたる[28]。

　1939年になると貸出文庫専用の図書が3,552冊，90函と大幅に補充されている[29]。これは国民精神総動員文庫奨励に伴うものであろう。1940年度は貸出文庫用図書冊数，所有函数，回付冊数，閲覧冊数ともに，**表3**のとおり飛躍的な伸びを示したが[30]，その後は青年が兵役に徴用されたことから利用は下降線を辿る。

表3　貸出文庫の変遷　1937～1940年度

年度	図書冊数	所有函数	回付冊数	回付先	閲覧冊数	閲覧人員
1937	2,095冊	75函	7,609冊	80か所	14,474冊	12,834人
1939	3,552	90				
1940	4,120	100	10,569	94	24,393	21,475

出典：1937年度：『千葉県図書館一覧：昭和十三年四月一日現在』千葉県，1938. 1939年度：「昭和十四年度千葉県図書館の回顧(上)」『千葉文化』2 (6)，1940. 6. 1940年度：「昭和十五年度貸出文庫利用概況」『千葉文化』3 (3)，1941. 5，p. 11.

　1940年代における回付先は，ほとんどが農村青年団体で，図書館の割合は貸出個所数では4／94(4.3％)，貸出数では11／413(2.7％)と極めて少ない(**表4**)。文学，産業，歴史，伝記などが好んで読まれ，印旛郡，市原郡，千葉郡など比較的県立図書館に近く，図書館設置数が少ない地域の団体に利用されていた(**表5**)。

　このように，廿日出館長の下，千葉県立図書館は独自に講習会などを開催して地域の図書館関係者に対する啓蒙活動とそれに合わせて各館を訪問して実施

表4　貸出文庫回付先　1940年度

	図書館	国民学校	中学校	青年学校	青年団	その他	合計
貸出個所	4	14	6	11	50	9	94
貸出数	11	58	30	31	264	19	413

出典：「昭和十五年度貸出文庫利用概況」『千葉文化』3 (3), 1941.5.

表5　図書館設置数と貸出文庫利用団体の比較　1940年度

郡名	千葉	市原	東葛飾	印旛	香取	海上	匝瑳	山武	夷隅	君津	長生	安房	市	合計
館数	9	1	5	7	7	5	15	14	4	10	0	8	16	101
団体数	6	13	1	11	4	4	2	7	5	6	2	4	8	73

出典：『千葉県図書館一覧：昭和十三年四月一日現在』千葉県, 1938.「昭和十五年度貸出文庫利用概況」『千葉文化』3 (3), 1941.5.
注：図書館設置数は1938年度, 貸出文庫利用団体数は1940年度。郡名の太字は1948年に5分館が設置された郡を示す。市部については郡とは別にした。

指導を行った。町村に奨励金を交付することで地域の中心的な図書館を育成し, その上で貸出文庫活動へのテコ入れをはかり, 図書館の空白地域へ図書の供給を行った。

　一方で廿日出は1935年の図書館大会で図書館員教育の充実について提言するなど図書館員の養成を急務の課題と考えていた[31],[32]。そのことも影響していたのであろう。1941年に図書館講習所規則が改正され, 新たな科目に図書選択法, 貸出文庫, 児童図書館管理法, 図書館参考事務が加えられた[33]。このとき廿日出は, 仙田正雄, 大佐三四五とともに講師陣に加わり, 貸出文庫を担当することになった。この三人は欧米の図書館学を学んでいることなどから「今後ノ施術方面ノ指導ワ必ズ一生面ヲ開クモノ」との期待が寄せられていた[34]。

3. 戦後復興期における県立図書館の役割

　戦後復興期においても, 千葉県立図書館は, 廿日出が館長に就任したときのように, まずは文化政策に着手している。廿日出は図書館の健全な普及・発展には市民が自由に文化を享受して, これらを生活の基盤とするような風土が必要だと考えていた。これらについては『館史』に詳しい。

　廿日出は, 図書館法の成立にも関与しているが, 移動図書館や次に述べる分館を, 図書館法の成立を待たずに実施している。これは図書館法の理念を先取りしていたということもできるが, その一方でなぜ図書館令下でそれが可能だったのかについても考えさせられる。

3.1 分館の設置

　1948(昭和23) 年，千葉県立図書館は，移動図書館(1949年巡回開始) に先行して分館を設置した。廿日出は，市立図書館を設置することを条件に分館を併設する方法をとった。移動図書館は，すでに分館が設置されていることから，県下の地域を特定してサービスを実施することができた。その意味でも分館の役割は小さくない。廿日出がいかなる方針に基づいてこれらを実施したのかなどについて明らかにしていく必要があるだろう。

　先に敗戦直後の図書館の状況を確認しておきたい。1947年の調査では県立図書館，私立図書館の数館を除くと，公立図書館のほとんどが小学校に附設され，蔵書も少なく，内実は貧しかった。つまり戦前の状況と大差なかった。地域別の設置数も大きく変わっていない。千葉市は空襲を受けたものの県立図書館は被災を免れ，県内図書館も被害はほとんど受けなかった。しかし，物資不足などにより荒廃し廃館同様となり，戦後もしばらくは状況は改善されず，復旧の目途が立たない図書館が少なくなかった。そうした意味では戦前よりもむしろ状況は悪化していた。これをどうするか，というのが県立図書館長廿日出の課題であった。

　県内の図書館設置が多い地域，即ち都市化の進んだ郡に市町立図書館を設置するための援助として県立の分館を設置するとの方針が立てられた。この時期がいつなのかはっきりしないが，1946年 3 月船橋市，1947年11月安房鴨川，12月東金町から公立図書館の申請がなされた頃に，廿日出は主要都市に図書館を置くことを考えはじめたようだ[35]。1948年に 5 分館が設置されたときの図書館の設置状況は**表 6** のとおりである。廿日出は，図書館設置数の多い地域のなかに，中心となるような図書館を選んでいく。

表 6　1949年度の図書館設置状況

郡名	千葉	市原	東葛飾	印旛	**香取**	海上	**匝瑳**	**山武**	夷隅	**君津**	長生	**安房**	県市	合計
館数	9	3	4	8	17	7	11	13	4	11	0	12	9	108
		BM			分館		分館	分館	BM	分館	BM	分館		

出典：『創立二十五周年記念千葉県図書館要覧』千葉県図書館，1950.
注：郡名の太字は1948年に 5 分館が設置された郡，BM：ひかり号 1 号車の巡回地域 3 郡を示す。県市：県立 1
　　（分館はカウントせず），銚子，市川，館山，船橋，木更津，松戸の各市で計 8 館。

　香取分館　1948年，町の中央に位置する百貨店奈良屋の 2 階の二部屋を借り受けて佐原町立図書館を新設することになった[36]。現在は香取市立佐原中央図

書館。

　匝瑳分館　1901年匝瑳郡教育会附属図書館が設立された。その後同教育会が八日市場町立図書館を経営していたが，戦災などにより立ち消えとなっていた。町に北総文化会が結成され，この会の運営委員が分館誘致を検討して陳情を行った。これが認められ町立図書館が再開された。現在は匝瑳市立八日市場図書館[37]。

　山武分館　1947年東金文化協会内で図書館建設について協議がなされ，12月，県知事と町長により分館設置の覚書を交換した。翌1948年4月山武産業振興会館の別棟を改装して東金町図書館が新設開館した。1954年市立となる[38]。

　君津分館　1929年木更津町立図書館として開館。1942年市立となるが，戦時体制のため図書の疎開が行われ，事実上休館状態となる。1943年以降は市の予算上から姿を消していた[39]。1947年，市長が図書館の再建を決意し，県知事とはかり郡内町村長と話しあい市立図書館を再開して，県立図書館君津分館を併置する案件がまとまった[40]。翌1948年市立図書館2,000冊，分館500冊の蔵書をもとに開館した。

　安房分館　鴨川文化協会（1941年結成）会長で医師，県社会教育委員の原進一が，1946年の初夏に鴨川町立図書館の新設を廿日出から持ちかけられた。1948年，鴨川町立小学校校庭の一隅の農業倉庫を改造して図書館をつくった[41]。

　いずれの館の状況を見ても県立図書館分館を併設することが，新設，再開を問わず図書館をスタートさせる契機となっている。1947年，県立図書館と各市町は分館設置に関する覚書を交わす。覚書には，県立図書館は「中央図書館の機能を完からしめ併せて地方図書館の文化活動を充分ならしめ図書館をして地方文化の発祥地たらしむ」[42]との趣旨が明記されていた。

　移動図書館の最初の巡回地域は，分館が設置されていない地域で，かつ戦前・戦後を通じて図書館設置数が最も少ない，長生郡（0館），市原郡（3館），夷隅郡（4館）が選ばれた。なかでも長生郡と夷隅郡は県立図書館から遠距離のため，戦前は十分に貸出文庫の回付ができなかった地域であった。移動図書館の機動性が生かされることになった。

3.2　分館を巡る状況

　1954年，夷隅，長生，安房館山にそれぞれ分館が設置された。これによって分館は合計8館となり，県立図書館に隣接した千葉，市原，東葛飾，印旛の4

郡以外のすべての郡に分館が設置されたことになる。なお，海上郡と匝瑳郡が合併して海匝地域となった。図書館法に則った図書館数とともに記したのが**表7**である。

表7　図書館法公布前後（1949，1956年度）の図書館状況

地域	千葉	市原	東葛飾	印旛	香取	海上	匝瑳	山武	夷隅	君津	長生	安房	合計
1949	10	3	8	8	17	8	11	13	4	12	0	14	108
分館					佐原	八日市場		東金		木更津		鴨川	
1956	1	0	4	1	2	**海匝** 2		1	2	1	1	2	17
分館									大多喜		茂原	館山	

出典：1949年度は『要覧』，1956年度は『日本の図書館1956』。
注：太字は，分館を設置している地域。県市：県立図書館は1館とした。各市立図書館は地域のなかに含めて算出した。

　長生分館　1952年市制施行を機に市立図書館に対する市民の要求が高まり，市当局から県に対し，市立図書館を設置し分館を併設することが申請された。茂原市公民館附属図書館として発足，1959年茂原市立図書館と改称した[43]。

　夷隅分館　現在は大多喜町立大多喜図書館天賞文庫。1897（明治30）年10月，東京銀座天賞堂店主，初代江沢金五郎の遺志により，弟の江沢富吉と2代目江沢金五郎が郷里大多喜町に図書館を寄贈した。これが天賞文庫と命名され，千葉県最初の公立図書館としてスタートした。しかし，関東大震災で倒壊，それ以降は町費で運営されていたが，戦争のため休止に追い込まれていた。

　夷隅分館の実現は1954年になってからであるが，大多喜町長ほか21町村長による「県立図書館分館申請書」が残っている。申請書には，夷隅郡が他に比して文化水準が劣っているため，地方文化を発展させる必要があり，それには地方図書館の振興が急がれるとの趣旨が述べられている。申請書に「昭和24年」の日付が記入されていることから[44]，1949年に申請したが採用されなかったことがわかる。また，1950年にも「未設置の夷隅郡，長生郡，館山市等至急に設置されたしとの要望がしきり」[45]に寄せられたとの記事がある。これを受けてのことであろう。翌年廿日出は，この年の企画について述べるなかで，第1に「ひかり3号」，第2に分館を3か所設置することなどをあげている。翌月にも本年度の事業計画は着々と前進していると報告していた[46]。しかし「ひかり3号」は実現したが，この年には分館は設置されなかった。この企画の実施は3年遅れで，最初の申請からは5年かかったことになる。

　このように見ていくと分館設置については，毎年申請の機会があったということになる。大多喜町立図書館について付言すれば，夷隅分館が実現した1954年のときまで戦後の休止状態はつづいていた[47]。図書館再開のために分館に指定されたことの意義は大きく，地方の図書館にとって復興事業としての意味合いを強くもっていたともいえよう。

　安房館山分館　館山市立図書館は1943年に設立されたが，1957年までは，市長，助役，教育長が館長を兼務していた。分館誘致については元県教育委員で医師の川名正義が尽力した。分館を設置して，図書館の空白地域に移動図書館を巡回するとの当初の方針に加え，移動図書館が図書館に対する関心を高め，分館を誘致する動きとなった。その一例が館山市立図書館で[48]，この経過については，第1部第6章の関の論文を参照のこと。

　蔵書数の変遷は**表8**のとおりである。分館が設置された当初は，分館の蔵書の占める割合が極めて高いことがわかる。

表8　蔵書数の変遷　1954〜1961年

図書館名	設立	分館名	分館設立	1954	1956	1961
佐原市立		香取	1948	3,392(2,371)	4,022(2,510)	7,307(2,861)
八日市場市立		海匝	1948	2,114(2,315)	3,305(2,248)	6,035(3,069)
市立東金		山武	1948	6,160(2,270)	6,510(2,200)	7,755(2,681)
木更津市立	1929	君津	1948	7,536(2,336)	11,442(2,242)	17,172(2,827)
鴨川市立		安房	1948	1,116(2,046)	2,128(2,367)	6,200(2,650)
大多喜町立	1897	夷隅	1954	1,600	2,909(　548)	5,164(1,499)
茂原市立		長生	1954		5,383(　646)	9,985(1,325)
館山市立	1943	館山	1954	2,284	3,004(　812)	4,665(1,497)

出典：『日本の図書館』各年度版
注：図書館名は1961年現在。蔵書冊数は，市町立図書館につづけて（　）で分館の蔵書冊数の順。
　　分館の冊数は外数。1956，1961年度には児童書の蔵書数を含んでいない。

3.3　市町村図書館の自立へ向けて

　都市として発展途上にある市や町に分館を置くことによって，図書館の基盤が築かれた。そこが地方文化を育む拠点となった。移動図書館はサービスを提供する範囲に限界があるなか，「県民一般に対し広く読書の便を図り，生活文化の向上，産業技術の進展，国際認識に対する啓蒙等に資する」[49]ため，農山漁村で生活する住民に応じた図書館運営をつづけた。町役場を中心とした地域関係者を介し，地域で活動する青年会や地縁などの組織を活用し，自らが図書

館運営の主体となるよう働きかけた。ステーション，ステーションマスターといった新しいことばは，日常生活の意識を変えた。図書館に対する関心が高まり，図書館設置を望む声が生まれた。

1950年代以降，分館はどう考えられていたのか。『略史』（1956）では，「第3篇　奉仕」の第2章を館外奉仕とし，Ⅰ貸出文庫・閲覧所，Ⅱ分館，Ⅲ移動図書館と，分館を館外奉仕に位置づけている[50]。1952年に刊行された『図書館ハンドブック』（日本図書館協会）の初版[51]も，「分館制度」は図書館奉仕のなかで閲覧所，配本所，貸出文庫などの館外奉仕と併置し，大阪府立図書館，京都府立図書館とともに千葉県立図書館を例示している。同書の1960年の改訂版[52]では図書館奉仕のもと閲覧奉仕のなかに館内奉仕，館外奉仕などと並んで置かれていて，少なくとも館外奉仕とは見なされなくなっている。当時は定義そのものも明確ではなかった。

そもそも1950年代に分館を設置していた都道府県立図書館は多くなく，さらに移動図書館と両方を設置した図書館はもっと少なかった。設置数の変化を見ると移動図書館は15から38と数年で倍増したが，分館は10館前後を推移していた[53]（**表9**）。千葉県と同様の振興策をとった図書館はなかったと思われる。

表9　県立図書館分館・移動図書館設置数の変遷

（単位：館数）

年度	1952	1956	1961
移動図書館	15	33	34
分館	9	13	10
両方設置	3	8	5
内訳	千葉(5)，岐阜(1)，大阪(1)	北海道(2)，千葉(8)，福井(1)，山梨(4)，大阪(1)，和歌山(1)，岡山(1)，大分(1)	千葉(8)，山梨(4)，大阪(1)，和歌山(1)，岡山(1)

出典：『日本の図書館』各年度版
注：移動図書館内訳の（　）内の数字は分館の設置数

1953年に町村合併促進法が公布されると，町村数は約3分の1に減少し，それに伴い市の数は倍になった。2度目に分館が設置された1954年，すなわち1950年代の半ばになると，産業構造の変化に伴い，内房には工業化の波が押し寄せ，都市への人口の流入が進んだ。一方で農村部の人口の減少は，移動図書館の運営の担い手や利用に変化をもたらした。

1956年の図書館の設置状況を見てみよう。市制施行を機に茂原市では茂原市

公民館附属図書館(長生分館) を設置したが，東金，八日市場は，町立が市立
となり，銚子市は，私立公正図書館(1926年設立) が1948年に市に移管，この
間に市立となったものである。1950年代の半ば以降，市に昇格した都市部の図
書館の整備が追いついていないことがわかる(**表10**)。東京都の近郊の市川，船
橋，松戸と私立図書館から移管した銚子以外の市立図書館6館はすべて分館が
併設された図書館であった。

表10　公共図書館設置数・設置率の変遷

年度	1952		1956		1960	
市立図書館数／市数	6／8	75%	10／17	58.8%	10／18	55.5%
町村立館数／町村数	7／302	2.3	3／94	3.2	3／83	3.7
私立	4	—	3	—	4	—
設置(市立)	市川(1924)，船橋(1937)，**館山**(1939)，**木更津**(1942)，松戸(1943)，**佐原**(1951)		銚子(1933)，**茂原**(1952)，**東金**(1954)，**八日市場**(1954)			
未設置(市)	千葉(1921)，野田(1950)		成田(1954)，佐倉(1954)，旭(1954)，習志野(1954)，柏(1954)		勝浦(1958)	

出典：『日本の図書館』各年度版。市町村数は，千葉県史料研究財団編『千葉県の歴史　別冊　地誌1（総論）』
　　　千葉県，1996.
注：％は設置率。（　）内は市制施行の年。太字は分館を併設している図書館。なお，市町村数は，1950，1955，
　　　1960年度。

　分館にしても移動図書館「ひかり号」にしても順風満帆だったように見える
かもしれないが，1952年12月には早くも移動図書館を廃止する旨の知事の発言
が飛び出し，1957年1月には分館の引揚げ問題が起こっている。1950年代前半
に県財政の赤字が累積したことによるもので，分館と移動図書館の二本立ての
運営が過重となっていると指摘された。これを機に，同年10月には，「ひかり
号」による全県読書運動の普及，図書館未設置町村には図書館設置を促進する
新たな運動が開始されることになった。

4．廿日出館長と中央図書館制度

　ここまで戦前・戦後をとおして千葉県立図書館における図書館振興策につい
て見てきた。これらの図書館政策を一貫してリードしてきたのが廿日出館長で
あった。戦後，図書館法が公布された後の公共図書館界において，中央図書館
の名称に対する拒否反応が強いなか，千葉県立図書館はあえて「中央図書館」

を館名に冠し，サービスを展開した。

　「はじめに」で述べたように，廿日出は，日本図書館協会の図書館法改正運動では先導役をつとめたが，反対運動の波に押され，古株の県立図書館長というイメージだけが残ったかたちとなった。では，廿日出は図書館令に規定された中央図書館制度の復活を望んでいたのだろうか。その真意はたしかめようがないが，県内の隅々まで出かけていって地域の図書館振興を実現しようとしたことなどを手がかりに，戦前にさかのぼって廿日出の図書館観を考えてみたい。

4.1　図書館網の形成とその目的

　1933(昭和8) 年7月，改正図書館令が公布された。第10条の「地方長官ハ管内ニ於ケル図書館ヲ指導シ其ノ連絡統一ヲ図リ之ガ機能ヲ全カラシムル為文部大臣ノ許可ヲ受ケ公立図書館中ノ一館ヲ中央図書館ニ指定スベシ」との規定によって，中央図書館制度が実施された。各府県では中央図書館が指定されることになり，中央図書館には管内の図書館を強力に指導する任務が課され，思想善導機関としての役割が強化された[54]。1933年10月，千葉県でも県立図書館が県の中央図書館に指定された。

　千葉県立図書館では，このような国の施策に呼応した図書館運営がなされてはいるが，一方では上に述べたとおり県独自の地方図書館振興策が実施されている。戦前期におけるこうした県の方針について『略史』は「村づくり」[55]の一語に尽きると説明している。廿日出は県立図書館長に就任して間もなくの頃次のように述べていた。

　　　真の農村更生を計る根本的の施設は何を差し置いても図書館を各農村に
　　設けることを除いた以外には見出し得ないと思ふしこの施設が最も農村を
　　根本的に救ひ更生させ得る唯一の道と思ふのである[56]。

　これが「村おこし」の根拠になっていると推察される。同時に廿日出には千葉県立図書館において中央図書館制度を実現する意図があったと思われる。これについては順に考えていかなければならないが，戦前期に廿日出がこの制度について関心をもつようになるには，いくつかの機会があったのではないか。まずは，欧米の図書館の先進例を学んだこと。次に今沢慈海の影響。そして，当然図書館令に規定された制度に対する理解・受容である。これらは想像の域

を出ないのであるが，廿日出がこの制度について語った文献が特定できないため推論を試みる。すでに述べたように千葉県における図書館振興策には，図書館令に拠る指導原理にとらわれない，独自の経営理念があったことがうかがえるからでもある。

　廿日出が県立図書館長に赴任したとき，今沢はすでに東京から成田に居を移して1年，成田中学校校長と成田図書館顧問をしていた。今沢は，県などの要請に応え，県立図書館や県図書館協会が主催する講習会，研修会などの講師を引き受け，県内の図書館界とのつながりを強くもつようになる。その今沢との関係について，廿日出は「私は昭和十年八月に千葉県立図書館に赴任して以来，公私に亘って御交情を重ねて参り，三十五年に国立国会図書館に転じてからも歿くなられるまで，年に一度は必ず成田をお尋ねして居たのであります」[57]と控えめに語っているが，ここからはかつて自分と同じくらいの若さで東京市立日比谷図書館の館頭に就任した，19歳年長の館界を代表する人物への尊敬の念が感じられる。

　影響云々は別にしても，廿日出は今沢の東京市立図書館の経営については当然知っていたであろうし，そこで実践された中央図書館制度についても正しく理解していたのではないか。それをもう少し具体的にいうとどうなるか。今沢は中央図書館制度について次のように語っている。東京市立図書館網が解体されたことは「図書館管理経営上の指導原理を欠い」[58]たことに他ならず，図書館には組織的な運営が重視されなければならない。また，中央図書館制度は「必ず全体として一個の図書館体系を形成し，全市民に全市図書館の蔵書を融通貸借せしむるのが通例であり原則である」[59]こと，さらには「改正令の中央図書館は真の中央図書館の語義と一致しない」[60]などである。

　紙数の関係で詳しく述べることはできないが，東京市と千葉県とはサービスエリアの規模が違うし図書館政策も一致しているわけではないことを考慮しても，これらについて廿日出が今沢と同様の認識をもっていたと推察するのは，さほど不自然なことではないように思われる。

　戦前は，千葉県立図書館が館名であり，千葉県中央図書館の呼称は図書館令の規定に則ったものであった。1951年1月，図書館法制定に伴い，千葉県立図書館設置条例が公布・施行される。これにより名称は千葉県立中央図書館となり，同時に千葉県立中央図書館規則が定められている。いかなる経緯で館名がきまったのか詳らかではないが，千葉県の場合は1948年に分館を設置していた

ことから，名実ともに中央館との位置づけがふさわしいと判断したと考えられる。ちなみに当時，千葉県のほかに都道府県立図書館で，館名に中央図書館を冠したのは，1950年の石川県中央図書館だけで[61]，同館は1966年に石川県立図書館に改称している。

4.2　図書館法のもとの図書館政策

　廿日出は，千葉県における移動図書館「ひかり号」の成功によって，一躍時の人となり，図書館界との関わりを強くもつようになる。なかでも図書館法制定に際しては主要なメンバーのひとりとして法案作成に関わり，法成立に尽力している。このとき法案に，中央図書館制度などの案も提示されたが，占領軍の指導によって削除されている[62]。

　その後，廿日出は1955年に日本図書館協会公共図書館部会長となる。このときは図書館法改正運動で中心的な役割を果たす。図書館法改正運動は，1951年から1960年までの約9年の間に，日本図書館協会において幾度かの中断をはさんで展開された運動で，廿日出は1950年代後半にこの運動に関わる。図書館法改正の機運の高まりを受けるかたちで，公共図書館部会長廿日出は，韮塚一三郎，武田虎之助とともに図書館法改正小委員会を立ち上げた。1956年3月には図書館法改正委員会を組織して廿日出は委員長となる。約1年の論議を経て，1957年12月委員会は，図書館法改正草案を発表した[63]。

　ところが，この草案は若手の図書館員からの反発を買うことになる。高知市民図書館の渡辺進は「今回の改正案にも従来から批判されてきた大図書館中心主義の考え方が露骨に出ている（略）中央図書館制度は不必要と考える」[64]などと批判した。渡辺のこの論文は「これ以降の草案廃止運動の基調」[65]となり，これを機に法改正反対運動が勢いを増す。廿日出に代わって田中彦安が委員長となり1959年にも改正案が示されたが，同様に強い批判を浴び法改正は大きく後退，やがて収束へと向かう。

　では，廿日出の真意はどうだったのか。「図書館法改正草案」に併せ「図書館法施行に関する細目案要綱」が示されている。そのなかの「Ⅵ　中央図書館」には，実施する事項について次のように記されていた。

　　3．中央図書館において行う事項は，凡そ左の通りとすること。
　　（イ）貸出文庫等の増設　（ロ）図書館経営についての調査研究及び指導並び

に助言　（ハ）総合目録編輯及び配布　（ニ）図書館に関する機関誌類の発行　（ホ）図書館についての研究会，協議会，展覧会等の開催並びにその開催のあっせん　（ヘ）図書館資料の相互貸借　（ト）図書及び図書館用品の共同購入のあっせん　（チ）郷土資料の蒐集その他適当な附帯施設　（リ）前各号に掲げるもののほか図書館の連絡上必要な事項[66]

　この「要綱」は，戦前の「図書館令施行規則」第7条「（八）「図書館ノ指導連絡統一」の「指導」と「統一」を外し，新たに「（ヘ）図書館資料の相互貸借」を加えただけで，ほとんど変わっていない。これでは反発を招くのは必至だった。もちろん廿日出は委員長として改正草案を取りまとめたのであるからこれでよしとしたということであろうが。

　しかし，廿日出は，改正草案の4年前には次のように述べていた。

(7)中央図書館制の確立

　都道府県内の図書館活動の振興を図るため，この制度の樹立を望む。図書館網の拡充強化を計る上から，図書館の設置及び運営に関して，専門的技術的指導又は助言を与えることが出来ると共に，教習施設も設け，専門職員の養成に便宜を計るべきである。

　又図書館資料の収集に際しても，都道府県内に於ける参考図書館的色彩を帯び，運営さるべきで，特に郷土資料及び行政資料等の配慮を怠つてはならない，換言すれば，今後の図書館は，利用者本位の図書館，サービス本位の図書館，生活に即した図書館等々，多面的に資料の収集に留意せねばならない[67]。

　これにつづけて「地方図書館（学校図書館を含む）と中央図書館は機能面に於て，或は促進し，或は相互に協力し合うべきである」とも述べている。これらは詳しく中央図書館の職務を規定したものではないが，少なくとも上に示した図書館令の引き写しのような内容にはなっていない。廿日出は，ここで後進国である日本の現状を鑑み，独立後の日本に適合した法律に改正すべき，と意図を説明している。千葉県立図書館における戦前・戦後の実践をとおして得られた知見にもとづいて，図書館の組織的な運営を提案していると考えてよいであろう。

ここでもうひとつ検討してみたい資料がある。それは，『廿日出著作集』に収められている。おそらくは廿日出自身がアメリカの文献を翻訳した資料であろう。少し長くなるが一部を引用する。

> 中央館は，図書の注文，目録作成，資料の検収と修理，ポスター作成等の一連の作業を引き受けることになって，地方図書館でしなければならない内部操作，管理，経理等を含めて多くの問題を軽減している。けれども中央館は，公衆に対する直接サービスをより豊かにするために，中央から遠く離れた分館や，配本所，その他の地方の職員を束縛するものではないのである。
>
> 中央館の活動を列挙すれば，次の通りであり，これは市立図書館の活動と似た点が多い。
>
> (1)管理と細部にわたる事務，財政経理，人事，サービスの拡張，記録等の諸統計の作成と配布，(2)注文，目録作成を始め，あらゆる図書館資料の整理と除籍，(3)全地域の利用者に対してインフォメーションを提供する参考事務のサービス，(4)図書の配分と交換，(5)図書の整理，(6)地方機関に対する特殊なサービス，即ち移動展示，ポスター，巡回計画表，ラジオ放送，その他各種の集合活動の企画と実施の援助，(7)建造物及び設備の維持と管理，(8)中央館に来る読者に対する図書及び適切なインフォメーションのサービス[68]

アメリカの図書館事情に疎い筆者には出典を特定することはできないが，記述内容からすると1950年代の前半に公表された文書のようである。

先に今沢の文献を示したとおり，廿日出は戦前から中央図書館制度についての見識を有していたと推察される。しかし，廿日出はそのことについて語っていない。実践者は，多くを語ったところで実践しなければ意味がない，そういう人種だと考えると納得がいくが，いずれにしてもこの文献と上に引用したいくつかの資料を照らしてみると，廿日出の提起する中央図書館の機能・役割には，専門職員の養成，郷土資料・行政資料への配慮，参考図書館としての働きなどが盛り込まれ，戦前への回帰を渇望するようなレベルではないことが見てとれる。

1957年11月の法改正のための委員会で廿日出（議長）は，その趣旨について

「「中央図書館」の名称から来る疑心暗鬼を払拭できるよう，充分配慮する」[69]
としていた。にもかかわらず，アメリカ図書館学に造詣の深い小倉親雄からも，
「「中央図書館」という名称を復活させることはよくない。改正草案のような趣
旨のものであれば，県立図書館の一つが，当然果たしていなければならない業
務で，そのために特に行政的な臭いの強い冠称を特別に付ける必要はない」[70]
と釘を刺された。制度そのものに対する理解を越えたところで，改正論議の決
着をはかるよう暗示した意見といえるかもしれない。

5．おわりに

　1960年，廿日出は公共図書館から国立国会図書館へと転じる。その2年後，
都立日比谷図書館協議会が報告書「東京都の公共図書館総合計画」[71]をまとめ
た。これに対して『ひびや』（都立日比谷図書館）編集委員会は，図書館関係
者などに計画全般についての意見を求めている。4か月後には回答があった19
人の意見を掲載した。そのなかに廿日出の名前がある。

　廿日出はここで日比谷図書館の総合計画について「図書館利用の対象層は，
極めて厚く且つ多岐で，その需要と供給のアンバランスが，図書館に対する利
用者の不平不満を招き，図書館事業の不振の原因にもなっている」[72]と述べ，
全都民を対象に，中央図書館を拠点と定め，その下に管区図書館（人口100万人），
地区図書館（10万人），住民の2キロ以内の地点に閲覧所を整備することなどを
提言している。そして「図書館網の確立は総合計画の第一歩」だと述べた。廿
日出には，かつて東京市だった時代に区域に図書館網を張り巡らせ，先進的な
サービスを展開した今沢慈海のことがよぎったであろうか。それはわからない。
ひとつ言えることは，廿日出はここでも中央図書館制度によって図書館の組織
的な管理・運営を提言していることである。

　廿日出は「図書館に来られない人たちにも図書館サービスをする。これは私
が千葉県立中央図書館に赴任して以来の念願」[73]だと語っていた。このことを
移動図書館「ひかり号」と結びつけて，農山漁村の隅々にまで県立図書館が本
を届けたと解することはまちがいではない。しかし，それだけではないのでは
ないか。廿日出は，館外サービスを実施する前に戦前においては市町村に図書
館づくりのための要件を備え，戦後はそれらの地域に分館を置いて，市や町が
図書館を運営するための基盤整備を行った。そして，そうした組織的な運営の
一環に戦前は貸出文庫，戦後は移動図書館などの館外サービスを位置づけた。

　ところで県立図書館の分館を市町立図書館に併設させ，地域の図書館の活性化をはかるとの方法は，何に由来するのだろうか。1956年に廿日出はアメリカへ図書館の視察に行っている。ワシントン市公共図書館，郡立図書館，分館などを見学して，移動図書館の試乗もしている。そこで千葉の分館や移動図書館の運営方法について聞いている。「分館制度につきましても併設案は地域の社会の人々の利益と自尊心を高める点からもよいと賛同の意見」が得られたと報告している。また，分館と移動図書館はいずれにも長所短所があるため「相当将来迄平行線を進む」[74]との展望を示している。ここからは安堵とともに自信さえうかがえる。

　このあとにつづけて，廿日出は欧米を巡りさまざまな人たちと議論をしてきたが，新説を聞かなかったことが残念だとも述べている。そして，人間が考えられる問題の結論はほとんど同じで，そこに経済的援助があるかないかで進歩発展するかどうかの大きな差が生じるとも指摘している。市町立図書館に県立の分館を併設する方法は，廿日出のオリジナルであったのかどうかは別にして，少なくともこの国においてほかに先行事例がないなか，移動図書館の有する機動性と併せ，地域の人びとに図書館の意義を伝え，普及への道を切り拓いたことは疑いがない。そして，中央図書館制度は，多くの誤解のあるなかで，県立図書館の拠って立つべき図書館システムであることを，戦前，戦後をとおして千葉県立図書館というフィールドをもって実践したといえるのではないか。

注

1）たとえば，日本図書館協会編『近代日本図書館の歩み：本編』日本図書館協会，1993，p. 258.（執筆：永末十四雄）　図書館法改正のための「委員会をリードしたのは都道府県立図書館の主だった館長」で，なかでも廿日出は「ラディカルな改正論者」だったとの指摘がある。

2）同上，p. 256.

3）千葉県図書館史編纂委員会編『千葉県図書館史』千葉県立中央図書館，1968，516p.

4）千葉県図書館編『千葉県図書館要覧』千葉県図書館，1950，73p.

5）千葉県立中央図書館創立30周年記念事業後援会編『千葉県立中央図書館三十年略史』千葉県立中央図書館創立30周年記念事業後援会，1956，128p. 同書は，1935年から1945年までを新築期とし，その経営方針を貸出文庫の発展，集会奉仕の盛況，房総叢書の刊行の3つに要約できるとしているが，一方，『千葉県図書館史』はこの時期の貸出文庫をほとん

ど取り上げていないなど，検討すべき点もある。

6）千葉県図書館史編纂委員会，前掲3）

7）『千葉県移動図書館ひかり二十年史』千葉県立中央図書館，1970，212p.

8）廿日出逸暁『図書館活動の拡張とその背景：私の図書館生活50年』図書館生活50年記念刊行会，1981，390p.

9）同上．廿日出の図書館法成立までの動向について，同書の「略年譜」は次のように記している。

1946年6月：図書館法規に規定さるべき事項に関する委員会委員，同年8月：図書館制度改革に関する委員会，1948年7月：公共図書館法委員会委員，同年9月：公共図書館法実施促進委員会委員（ほかに中井正一，中田邦造），1949年10月：日本図書館協会・図書館基準に関する小委員会，同年12月：図書館法委員会議長（p.384-385）

しかし，同書は図書館法改正運動については，本文にも略年譜にも一切ふれていない。

10）鈴木英二「千葉県の教育に灯をかかげた人々(309)　図書館の先達・廿日出逸暁先生」『千葉教育』(430)，1994.6，p.43-47．小黒浩司は，小川徹［ほか］『公共図書館サービス・運営の歴史1：そのルーツから戦後にかけて』（日本図書館協会，2006）の第7章「7.4 戦後の幕引きをつとめた図書館人」で，そのひとりに廿日出を取りあげ，論じている(p.232-236)。

11）大岩好昭「図書館の権化廿日出逸暁先生」『来し方：移動図書館と共に』里艸，1999，p.59-61．

12）鈴木武次「回想の廿日出逸暁さん」『図書館雑誌』85(9)，1991.1，p.637．

13）中山愛理　第2部第4章参照

14）「昭和十年度経営方針(其ノ一，二)」『千葉県図書館報』(33)，(34)，1935.6，7．千葉県図書館史編纂委員会，前掲3），p.90-93に収録。

15）『千葉県図書館一覧：昭和十三年四月一日現在』千葉県，1938，24p.

16）土屋栄亮『馬耳東風：周甲漫筆』正文社営業所，1972，p.134-135．

17）同上．

18）『千葉県図書館報』(39)，1935.12，p.4．千葉県図書館史編纂委員会，前掲3），p.105-107に収録。

19）同誌，(52)，1937.12，p.2．千葉県図書館史編纂委員会，前掲3），p.108に収録。

20）千葉県図書館史編纂委員会，前掲3）の「年表」には，1937年1月から3月に「廿日出県立図書館長県内図書館の歴訪をよく行う」とある。土屋栄亮，前掲書には，1935年11月の読書週間に行われた読書奨励講演会からだとされる(p.134-135)。

21）「県内図書館視察訪問記」『千葉県図書館情報』(52)，1937.12，p.4-9．1937年1月から2月の訪問記録を掲載。

22）「県内図書館視察訪問記」同誌，(64)，1938.1，p.5-9．1938年2月から3月の訪問記録

を掲載。

23）「県内図書館参覧記」同誌，（67），1939.3，p.13-15．1939年1月から2月の訪問記録を掲載。

24）「県下図書館視察記（上）」『千葉文化』2(4)，1940.4，p.24-25．「県下図書館めぐり（中）」『千葉文化』2(5)，1940.5，p.20-21．1940年2月から3月の訪問記録を掲載。

25）千葉県図書館史編纂委員会，前掲3），p.97．この記述には時期的に時効であろうとのニュアンスが込められている。

26）千葉県立中央図書館創立30周年記念事業後援会，前掲5），p.103．

27）渋谷国忠「千葉県下図書館印象記」『神奈川県図書館月報』（37），1937.3，p.1-2．

28）千葉県立中央図書館，前掲7），p.27．および「千葉県図書館施設概要」千葉県，前掲15），24p．

29）「昭和十四年度千葉県図書館の回顧（上）」『千葉文化』2(6)，1940.6，p.21．

30）「昭和十五年度貸出文庫利用概況」同誌，3(3)，1941.5，p.11-14．

31）廿日出逸暁「独逸の図書館事情（其一）：ライプチヒ図書館学校」『図書館雑誌』29(2)，1935.2，p.39-44．

32）同誌，29(12)，1935.12，p.430．1935年10月の全国図書館大会における廿日出の「図書館学校の設置」についての発言。

33）図書館職員養成所同窓会編『図書館職員養成所同窓会三十年記念史』図書館職員養成所同窓会，1953，p.13．

34）「圕講習所ノ新陣容」『圕研究』15(1)，1942.1，p.91．

35）千葉県図書館史編纂委員会，前掲3），p.128．

36）千葉県図書館史編纂委員会，前掲3），p.404-410．

37）千葉県図書館史編纂委員会，前掲3），p.321-334．

38）『図書館要覧 平成28年度』東金市立東金図書館，2016，p.1．

39）木更津市立図書館編『図書館80年のあしあと：開館80周年記念誌』木更津市立図書館，2010，p.35．

40）木更津市立図書館編『木更津市立図書館四十年史』木更津市立図書館，1970，p.14-15．

41）千葉県図書館史編纂委員会，前掲3），p.342-347．

42）千葉県図書館，前掲4），p.48-49．

43）千葉県図書館史編纂委員会，前掲3），p.306-313．

44）千葉県図書館史編纂委員会，前掲3），p.129．

45）『千葉文化』（49），1950.12，p.1．

46）廿日出逸暁，前掲8），p.342-345．初出「ご挨拶」同誌，（50），1951.1．および「モデル・ルーム開設に当って」同誌，（51），1951.2．

47）記念事業協力委員会［ほか］編『大多喜図書館天賞文庫百年のあゆみ』大多喜町，1977，

p. 19-21, 31-32.

48）千葉県図書館史編纂委員会，前掲3），p. 295. 館山市史編纂委員会編著『館山市史』国書刊行会，1981，p. 542.（『館山市史』(1971) と『館山市史　別冊』(1973) の復刻合本）

49）「千葉県訪問図書館閲覧規定案」千葉県図書館，前掲4），p. 45-46.

50）千葉県立中央図書館創立30周年記念事業後援会，前掲5），p. 102-114.

51）『図書館ハンドブック』初版，日本図書館協会，1952，p. 485-487.

52）同上，改訂版，日本図書館協会，1960，p. 569-570.

53）『日本の図書館』各年度版

54）たとえば，「改正図書館令」図書館用語辞典編集委員会編『最新図書館用語大辞典』柏書房，2004，p. 41.

55）千葉県立中央図書館創立30周年記念事業後援会，前掲5），p. 40.

56）「農村更生と図書館」『千葉県図書館報』(42)，1936.3，p. 1.

57）廿日出逸暁「故今沢慈海先生を偲んで」成田山教育文化福祉財団編『今沢慈海先生追悼録』成田山教育文化福祉財団，1969，p. 34-35. 廿日出は『図書館雑誌』(63(3)，1969.3) にも「今沢先生をしのんで」(p. 26-27) を掲載している。

58）今沢慈海「我国図書館の不振と指導原理の欠乏」『都市問題』14(4)，1932.4，p. 19-26. 今沢は，東京市立図書館を辞任後に改正図書館令の公布を挟んで，1932年からその翌年にかけて，中央図書館制度論3部作ともいうべき論考を『都市問題』に掲載している。これはその最初の論考。

59）今沢慈海「改正図書館令に妄批を加へて東京市図書館制度に及ぶ」同誌，16(6)，1933.6，p. 61-73. 中央図書館制度論3部作の2作目で改正図書館令公布の前に公表されたもの。

60）今沢慈海「改正図書館令と東京市立図書館」同誌，17(4)，1933.10，p. 21-38. 中央図書館制度論3部作の3作目にあたり，改正図書館令公布の後に公表されたもの。なお，改正図書館令では第8条で分館の設置が新たに加えられた。今沢はこのことを評価しつつ，有機的組織体系のもとに中央館，分館，配本所などが計画され，「どの分館とどの分館とは近き将来に於て必ず独立館にしなければならない」(p. 28) など「周到な計画」がなければならないとしている。

61）『日本の公共図書館・1952』日本図書館協会，1953. 千葉県以外に中央図書館を館名に冠しているのは，石川県中央図書館のみ。同館は1950年8月に石川県立図書館から改称している。調査は1952年7月20日現在で，凡例には全国の都道府県立図書館，または中央図書館に依頼したとある。当時まだ群馬，神奈川，兵庫の各県には県立図書館がなく，そうした県の中心館に対して中央図書館の呼称が使われていたことがわかる。

62）裏田武夫・小川剛編『図書館法成立史資料』日本図書館協会，1968，p. 333.

63）「図書館法改正草案」『図書館雑誌』51(12)，1957.12，p. 16-19.

64）渡辺進「立法の基本方針に混乱がありはしないか」同誌，52(2)，1958.2，p. 7-9.

65) 清水正三「「図書館法改正草案」廃案運動」『図書館を生きる：若い図書館員のために』日本図書館協会，1995．p. 258．（初出は『戦後社会教育実践史2』民衆社，1974）

66)「図書館法施行に関する細目案要綱」『図書館雑誌』51(12)，1957. 12．p. 19．

67) 廿日出逸暁「図書館法は改正すべきか？」同誌，47(3)，1953. 3．p. 7-9．

68) 廿日出逸暁，前掲8），p. 151-228．引用部分は「図書館活動の背景」のタイトルで，全7章から成り，「Ⅴ大単位図書館組織の構成」のなかの「7組織」のp. 193-194．

69)「委員会議事録」『図書館雑誌』51(12)，1957. 11．p. 21．

70)「図書館法改正草案についての委員の意見」同誌，54(1)，1960. 1．p. 15．「第10条の2 中央図書館制是か非か」における小倉親雄の発言。

71) 都立日比谷図書館協議会「東京都の公共図書館総合計画」『ひびや』4(11)，1962. 3．p. 1-4．

72)「東京都の公共図書館総合計画に対する意見」同誌，5(4)，1962. 7．p. 8-9．

73) 廿日出逸暁，前掲8），p. 363．初出「良識の銀行」『千葉文化』(62)，1952. 3．

74) 同上，p. 3．初出「欧米だより」同誌，(112)，1956. 12．

第3章 「移動図書館人」の
エネルギーを読み解く

石川 敬史

1. はじめに

　とくに昭和26年から直接担当した4ヶ年間は，6人の仲間はみな男性ばかりで，いずれも30前の若さであり，寝ても覚めても仕事仕事で気を合わせ，ブックモビールのことに熱中できたのは仕合せであった。過重な程仕事の量はあったが，全員が楽しく，病気らしい病気もしないですごせたのは，若さのためもあったが，やはりブックモビールの仕事に興味を感じ，情熱を注いでやったことにもよるものと思う[1]。

　千葉県立図書館において1950年4月から「ひかり号」の業務を担当した鈴木武次[2]の回想である。
　移動図書館車には，機動性やPR性を有する一方で，「資料の数・質において限界があり，職員の数・質において限定され，施設においても自動車の持つ限界内に制約されている」[3]特質があった。移動図書館車は，1950年代前半から都道府県立図書館を中心に全国各地で相次いで巡回が開始された。この活動に携わった図書館員は，これらの限界や制約に対して，どのように乗り越え克服したのであろうか。その過程には，業務を担う図書館員の力量のみならず，地域住民とともに歩んだ豊かな活動を見逃してはならない。
　とりわけ，1949年9月という比較的早期に巡回を開始した千葉県立図書館「ひかり号」の活動方法は，全国各地に広がった。具体的には，①自動車に開架式書架やスピーカーの装備，②個人への貸出，③映画会や演芸会などの実施，④ステーションに短時間の停車(30〜60分)，⑤月1回の定期的な巡回周期，⑥巡回市町村を対象とした受入組織(町村運営委員会など)，⑦利用者団体(「ひか

り友の会」）の組織化などである。こうした「ひかり号」の活動方法に対して，照会や視察に訪れる図書館員や雑誌記者などは少なくなかった。

本稿では，国内に移動図書館車の巡回が広がった1950年代前半を中心に，現場の図書館員の「声」や「思い」から，彼らが移動図書館活動をどのように拓き，創造したのかをたどり，地域に文化を運んだ「移動図書館人」のエネルギーを読み解く。

2．1950年代の組織・人

2.1 1950年代の移動図書館調査

当時の移動図書館業務は，図書館内の組織においてどの部署が担当し，どのような図書館員が担っていたのであろうか。これらは，1950年代に各地の移動図書館活動を網羅的に調査した2点の資料からうかがい知ることができる。

1つ目が，1954年の『全国移動図書館要覧』（第2回全国移動図書館運営協議会，1954）（以後，1954年調査とする）[4]である。この調査は，1954年3月8～9日に千葉県鴨川市で開催された第2回全国移動図書館連絡協議会が契機となった。当時，移動図書館車を巡回している全ての図書館は掲載されていないが，22の府県立図書館・市立図書館による移動図書館活動が既定の調査票に基づき整理されている。一部の調査票には回答欄に空欄がみられるものの，戦後，日本の移動図書館車と活動を詳細に調査した貴重な資料である[5]。

第2に，1956年の『全国移動図書館要覧』（日本図書館協会公共図書館部会，1956）（以後，1956年調査とする）[6]である。本調査は，1956年6月26～28日に千葉県木更津市で開催された第3回全国移動図書館研究大会が契機である。先の1954年調査と同様に，国内全ての移動図書館車を対象とはしておらず，37都道府県・市区立図書館の活動が掲載されている。調査内容も1954年調査とほぼ同様であるが，すでにこの当時は移動図書館車が巡回を開始して数年が経過しているため，各館ともに移動図書館活動の課題に関する記述が目立つ。

2.2 移動図書館の組織

これらの調査には移動図書館活動を担う部署（組織図）の設問がある。1954年調査から各館の部署をみると，次のような傾向に整理できる。

（1）館外奉仕係の一担当として

北海道，秋田県，千葉県，山梨県など多くの図書館では，奉仕課が館内奉仕

係や館外奉仕係から構成され，館外奉仕係に移動図書館担当（自動車文庫担当）
が設置されていた。千葉県など一部の地域では，館外奉仕係のもとに巡回文庫
担当や貸出文庫担当，分館担当も位置されていた。

(2) 奉仕課の一係として

　埼玉県や青森県では，参考係や視聴覚係，庶務係などを組織する奉仕課とい
う大きな課内のひとつの係として，移動図書館係が設置されていた。

(3) 貸出文庫係の一担当として

　大阪府に限られるが，貸出文庫，ブックステーション，自動車文庫の3担当
を組織する貸出文庫係に位置されていた。貸出文庫係は司書部（他に庶務部，
閲覧部があり）の一係であった。司書部では他に目録分類係，集書係も組織さ
れていた。

(4) 社会教育課の主管として

　富山県，福井県，兵庫県，静岡県では，県の社会教育課によって移動公民館
車が巡回していた。社会教育課の主管ではあるが，県立図書館員が同乗してい
た事例もある。また，福井県のように，「移動図書館は3係の中館外課が担当
しているが，本県移動図書館は正式には県社会教育課所属の移動公民館であっ
て（略）その運営等は社会教育課が担当し」[7]，移動公民館としての性格を有
している地域もあった。

　当時の図書館組織図（部署）や，それに伴う担当の人員数をみると，多くの
図書館では奉仕部門や館外奉仕部門の中で移動図書館活動の占める位置は大き
かった。移動図書館活動が分館や貸出文庫など都道府県内の図書館網形成の一
手段として位置されている図書館や，移動公民館のように社会教育活動として
位置づけられている図書館などがわかる。

2.3　移動図書館担当職員

(1) 傾向

　1954年調査と1956年調査には，「館員調査」の項目に移動図書館担当者の職
名，氏名，職種，年齢，本務・兼務の別，俸給，勤続年数，学歴などが記載さ
れている。このうち，館長と担当課長を除き，担当係長と係員を抽出して移動
図書館担当者の年齢を集計した。なお係員の中には，司書や主事などの職種の
ほかに，運転手，雇，嘱託，出納手もみられたが，これらの者も移動図書館に

携わっていたと考えられるため，集計に含めた。

1954年調査では66名，1956年調査では142名を抽出した結果，**表1**のように移動図書館担当者の年齢を整理した。これによると，平均年齢が30歳であり，20～30歳代で約8割を占めていた。男女の区分は不明であるが，調査票に記載された氏名から判断すると女性は極めて少数であった。また，運転手（もしくは技師）も各館1～2名配置される傾向にあった。

当時（1955年），図書館員の年齢構成[8]は，24歳以下（14%），25～29歳（27%），30～34歳（17%），35～39歳（11%），40～49歳（19%），50～59歳（9%），60歳以上（3%）であることから，**表1**と比較すると，移動図書館活動は若い男性が担っていたことがわかる。

(2) 「ひかり号」の担当者

それでは，「ひかり号」はどのような職員体制で運営されていたのであろうか。1954年調査において，千葉県立図書館の奉仕課には館外奉仕係以外に，館内奉仕係，郷土資料係，視聴覚資料係，海外資料係が組織され[9]，館外奉仕係には，移動図書館，分館，貸出文庫の各担当があった。このうち職員数が最も多い部署が移動図書館担当であった。「ひかり号」の担当者について1954年調査と1956年調査を抜粋すると，**表2**と**表3**に整理できる。

表1　1950年代の移動図書館担当者年齢

	1954年調査	1956年調査
平均	30.15歳	29.90歳
最高	58歳	53歳
最少	19歳	18歳
10歳代	2人（3%）	1人（1%）
20歳代	33人（50%）	83人（58%）
30歳代	21人（32%）	41人（29%）
40歳代	7人（11%）	14人（10%）
50歳代	3人（4%）	3人（2%）

表2　館員調査（1954年調査より）

職名	氏名	職種	年齢	勤続年数
館長	廿日出逸暁	司書	52	18年
担当課長	土屋栄亮	司書	42	20年
担当係長	鈴木武次	司書	31	5年
係員	大岩好昭	技師	27	5年
	藤堂良治	嘱託	30	4年
	大木宏	傭	25	4年
	伊藤誠	傭	23	7年
	初芝義雄	傭	22	7年
	高橋仁	嘱託	34	0.6年
	片岡吉之	嘱託	20	2年

表3　館員調査（1956年調査より）

職名	氏名	職種	年齢	勤続年数
館長	廿日出逸暁	司書	55	21年
担当課長	岩村三雄	司書	39	13年
担当係長	大岩好昭	技師	30	7.2年
係員	藤堂良治	嘱託	33	5.10年
	大木宏	嘱託	26	5.10年
	高橋仁	司書	37	2.9年
	伊藤誠	司書	25	6.2年
	片岡吉之	司書補	23	4年
	大田和東吉	司書補	24	1.2年

　これらの職員構成をみると，20〜30歳代の職員，勤続年数が2〜7年の男性で構成されていたことがわかる。

> 　1号車ができるので，征矢さんと大岩さんが1号車を担当しました。征矢さんは1年ぐらいで辞めてしまいました。（略）2号車ができるので，藤堂良治さん，大木宏さんが入ったんですね。（略）2号車は藤堂さんと大木さんでやりました。あとは3号車ができたときは片岡さんでした[10]。

　この当時の「ひかり号」の台数は，1954年度は3台，1956年度には4台が県内全域を巡回していた。1956年度の『日誌』[11]には，「搭乗者」として2人1組で氏名が記載されている。これらを号車ごとに整理してみると，特定の号車を主担当とする職員が固定され(以下，◎印)，サブとなる職員(以下，○印；五十音順)がローテーションで担当し，さらに臨時で担当する職員(以下，無印)で構成されていたことがわかる。

- ・1号車：◎大木(山崎)，○伊藤(大多和)[12]，○大田和，○片岡，高橋
- ・2号車：◎藤堂，○伊藤(大多和)，○大田和，○片岡，高橋，森田
- ・3号車：◎高橋，○伊藤(大多和)，○大田和，○片岡，藤堂
- ・4号車：◎大岩，○伊藤(大多和)，○大田和，○片岡，大木(山崎)，高橋

　◎の職員は，「ひかり号」の運転を担当していたと推測できる。また，運転手が欠けた場合は，他の号車の運転手が臨時に担当したことがわかる。当時，4台もの「ひかり号」をまさに移動図書館担当のチームとして県内各地を巡回していた。このことは，山崎宏のインタビューからもうかがい知ることができる[13]。

> 　車は大体決めてありましたよね。その方がやりやすいからね。でね，一緒に行く人は入れ替えたりするんですよ。そうすると，全体を掌握できますからね。それでね，車は，一つの地域に始めはね，この地域はこの車，としていたんですけど，全部の車が行くようにしました。

3. 「移動図書館人」の実践

　こうした移動図書館を担当する若い図書館員は，図書の入手が困難な農山漁村を移動図書館車で精力的に巡回し，地域住民から歓迎された。

3.1 「ひかり号」創設の信念

　「ひかり号」の巡回は1949年9月14日に始まる。第1回目の巡回は，大岩好昭（当時23歳）[14]が運転，館長の廿日出逸暁（当時48歳）が同乗したことに始まる[15]。

　　（略）千葉県のどんな辺鄙な処に住んでいても千葉市民と同じ様に図書が利用できる様，自動車で運んで行く計画だ。これを文化の水平運動とゆうんだよ。どうかね，移動図書館の運営に君の運転免許が役に立たないか[16]。

　大岩は廿日出から声をかけられ，1949年5月，千葉県立図書館に勤務した。当時は移動図書館車の予算が認められ，自動車の入手手続き中の時期であった。国内においてこれまでに移動図書館車製作の前例がない中，大岩は「東京中を探し廻って」[17]自動車の改造工場を探した。

　　自動車に本を積んで貸出して歩く —— その構造は，なぞといっても勿論，設計図とてなく説明しても仲々理解してくれなかった。その上，走りながら音楽をならし，ラヂオをかける。ボデーは，ツートンカラーに塗り分ける等，盛り沢山の注文に悲鳴をあげていた[18]。

　千葉県立図書館が千葉県知事宛に「商工省指定工場であり米軍払下自動車の改修工場でもあり工事条件及見積価格も当方と一致して」[19]いた近藤自動車株式会社へ自動車改造契約の要望を提出したのは1949年6月20日であった。すでに自動車は占領軍より入手していたが，「図書の陳列の出来るものに改造」するため，「運輸省千葉県道路監理事務所貿易公団等の指導に基づき」[20]5社[21]から見積価格の提示があった。この要望書には，「千葉県軍政部報道局長リンドバーグ氏が同図書館移動文庫は全国の見本として設置するので七月中旬に完成するやう要望して居ることを申添えます。」[22]ともある。

　こうした開架式の書架を装備した移動図書館車の巡回を開始したことについて，廿日出は次のように回想している[23]。

　　（略）私はすでに昭和13年に今の移動図書館のようなものを作ろうと計画し，県に予算を出したわけですが，もう臨戦体制に入っておったからでありますが最後の知事の査定で切られたのです。なぜそれを考えたかといいますと，当時臨海図書館というものを作っておりました。（略）2週間くらいするとまた更新するという形でそれに力を入れていったのです。段々やっていくうちに人間というものはどうも横着である。この横着者に対してどのような手を打つかが私の課題になって来ました。そこで移動図書館のようなもの発想ということになったわけなのです。

　この当時実施していた臨海図書館活動の延長として，動力（自動車）により図書を運搬する方法が考案されたことがわかる。廿日出がこの当時に移動図書館を発想したことは，1938年に「貨物自動車ヲ借上ゲ書棚ヲ取付ケ図書ヲ満載シテ」[24]巡回する構想があったことからもわかる。

　　（略）私が昭和5年ライプチッヒと大学の図書館学校にいる時に，図書館長をしていたブラウニングという人が話をしたのを思い出したのです。1900年にロンドンで自動車図書館を作ったというのです。ところがそれが真っ黒な塗装であったために囚人車，あるいは葬儀車に誤解されたのであったそうです。それでは千葉で作る自動車図書館は明彩を施して，少なくともツートン・カラーでいこうと考えました。（略）ところが自動車図書館というものを日本のメーカーは知らない。これには骨が折れました。いろいろな苦労をしました。移動図書館は私がやったという風に言われておりますが，そうではない。私も手伝いましたけれども，日本の図書館に関係している人たち，あるいはアメリカ人，いろんな人が知恵を貸してくれました。いろんな人の力添えがあってあれができたのです。困ったと思っても，困ったで投げては駄目なんです。人間には人間の個人的な限界がありますが，その限界に挑戦しなければならないのです[25]。

　もちろん「ひかり」号の創設ついては，海外経験を踏まえた廿日出の着想や

占領軍の影響や指導に焦点化される。しかし，廿日出の言葉からうかがい知ることができるように，いわゆる白紙の状態から，書架等を装備した自動車(モノ)としての形と，町村の受入組織等の巡回方式としての形をつくり，移動図書館車の巡回を成し遂げた「移動図書館人」の図書館に対する強い信念を忘れてはならない。同時に，自動車工場など数多くの関係機関・関係者を巻き込みながら創設した事実も見逃すことはできない[26]。このように，「ひかり号」には数多くの関係者の「思い」が込められていた。

3.2 地域と時間を共有

　実際の「ひかり号」の巡回について，大岩は，「ともかく現在のようなシステムが何もできていなかったものですから，毎朝7時半には出勤しました。帰りも現在のように5時前に帰館することがなく，いつもライトをつけて7時頃でした。」[27]と回想し，「二年程，図書館に泊り込んで若さにまかせて希望に燃えて張り切ってやった。」[28]と語っている。

　　　なんつったって，始めた頃は何もなかったでしょ。教科書もなければ参
　　考書もないしね。だから，大岩さんがよく言ってたんだけど，この仕事は
　　手探りしか方法がないから，積み上げないといけないからってことでね[29]。

「ひかり号」の巡回方法を現場で積み重ねる思いは，山崎(大木)宏も同じであった。いわば「ひかり号」の巡回方法(巡回ルート，巡回周期，利用者の組織化等)は定型的・制度的な枠組みであったが，実際の現場ではこの枠組みを基本にしながらも，「移動図書館人」がその場の状況に応じて柔軟に判断していた。

　　　大岩さんは僕とよく映画やなんかないときはその宿屋でね，地図，道路
　　地図を見てここことここは何分かかって，次のスケジュールをね，時間，巡
　　回の日程表組む場合のあれを，毎晩のようにやっていた[30]。

　20～30歳代の「移動図書館人」は，まさにチームとして「ひかり号」の巡回を地道に積み重ね，汗を流した。「ひかり号」の運転，図書の貸出・返却，ナトコ映写機の操作，演芸会の開催，エンジンやタイヤのパンク修理など，多岐

にわたる「ひかり号」の仕事は，冒頭に引用した鈴木の回想のように過重であった。しかし，多くの困難を乗り越えた彼らのエネルギーの源は，巡回先の地域住民との交流であった。

　　　昨夜は宿泊地で，ひかりを囲んで盆踊りをやりましてねえ…，これもひとつの仕事です。又，映写機一式も積んでいますから，希望があれば映画会も催します。（略）えゝ疲れますね。しかし一たんハンドルを握れば疲れもわすれますよ。それにひかりが来たといつて喜んで呉れる人々の顔をみると本当に嬉しいです。私はひかり一号の初めからずつとやつて来ましたが毎日々々に生き甲斐を感じます[31]。

　これは「ひかり号」巡回中の大岩を取材した記事である。さらに，「移動図書館人」は，図書館員としての職業をはるかに越え，地域に生きる住民と自然体で接し，地域に流れる時間を共有していた。

　　　大岩さん帰ってくるとね，例えば20ヶ所くらい巡回してくると，問題のないところは絶対無いわけですよ。どうしてほしい，というこっちの希望を書いて，相談を書けるようにハガキをね，よく書いていました。（略）今日こういうことがあったけどこうしてほしいとか，向こうに問題があればまた知らせてほしいとか[32]。

　地域に自然に溶け込んでいるからこそ，「移動図書館人」は手を差し伸べることができた。「ひかり号」の定期的な巡回や，町村運営委員会などの組織化という制度的な枠組みの一方で，「移動図書館人」と地域住民とお互いの考えや思いを伝えあう信頼関係が育まれていた。

　こうした「移動図書館人」の言葉から，移動図書館活動は公共図書館としての枠組みをはるかに越えていたことがうかがえる。地域住民の生活の中に本を届け，「図書館」を広げる強い志を持った図書館員が存在した。若い「移動図書館人」は，戦後初期の限られた図書と限られた予算，十分ではない自動車や劣悪な舗装状況にも関わらず，地域住民の期待に支えられ，独自の知恵やアイディア，さらにはチームワークで限界を乗り越えていた。

　もちろん千葉県の他にも，鈴木四郎，酒井隆(埼玉県立図書館)，高田克太郎，

栗原均(大阪府立図書館)，吉岡三平，磯崎高三郎(岡山市立図書館)，渡辺進(高知市民図書館)，蒲池正夫(徳島県立図書館) など，この当時，各地で移動図書館実践を拓き創造した数多くの「移動図書館人」が存在した。

4.「ひかり号」の広がり

　1950年代前半から都道府県立図書館を中心に移動図書館車の巡回が始まった。早期に巡回を開始(1949年9月) した「ひかり号」は各地の図書館から視察や照会を受け，その活動方法や車体の改造・装備方法は各地の図書館へ影響を及ぼした。

4.1　視察と照会
(1)「ひかり号」への視察
　「ひかり号」の巡回後数年の視察は，各地で移動図書館車の巡回を開始するため，自動車の改造概要や運営方法を尋ねるものであった。例えば，埼玉県立図書館「むさしの号」(1950年9月13日巡回開始) に携わった鈴木四郎は，次のように語っている[33]。

　　私と遅塚さんだったと思いますが館長から移動図書館を始めたいのだけどもどうしたらよいかと聞かれて，千葉県へ車を見に行ったのが昭和25年だと思いますが。
　　(略) 廿日出館長に吹かれたんですよ。千葉県は，その頃生存状態だったものが，移動図書館を始めたら生活になったと言うんだよ。何で移動図書館1台位動いたからといって，千葉県の民度が生存から生活までに行くというのは難しいと思ったけれども，その意気込みだけは立派だという感じであてられて帰って来ました。

　同じように，1950年8月1日に「あけぼの号」の巡回を開始した栃木県立図書館の石川昌一は，次のように回想している[34]。

　　昭和二十五年二月の県会常任委員会で，移動図書館の予算が「時期尚早である」「いや良い事業である」等々意見が出，当時の大橋館長が具体的に説明することになった。

急遽，私が一年前から実施している千葉県立図書館の調査を命ぜられた。私も図書館に勤めて二年にならず，当時二十一歳の若造だった。

翌朝千葉へ。当時の千葉県立図書館長は廿日出氏でドイツ帰りの紳士。マドロスをくわえて自信満々。「良い仕事ですよ」と車のこと，巡回コースのこと，貸出規則，貸出方法等を懇切に教えてくれた。急ぎ帰館してその晩のうちにまとめ，館長宅へととどけた。

これらの地域では，移動図書館車の巡回を開始する際，「ひかり号」の方法がモデルとなっていた。各地で移動図書館車の巡回が広がった後も，「ひかり号」への視察は続いた。例えば，1955年4月に視察をした東京都立青梅図書館長の久保七郎は次のように指摘している[35]。

どんな仕事でも従事する人に依って成績が左右されるが，この仕事は特に適任者を見出すことが肝要である。いかに立派な理想的な車，どんなによい資料が備はっても，その人を傅なければ失敗すると廿日出館長は力説される。

さらに，当時の「ひかり号」の『日誌』にも視察者や同乗者の記録も残されている[36]。例えば，1949年度と1950年度の『日誌』には次のような記録が残されている。

・高滝中学校　岡本先生(1949年11月5～6日)
・世界画報記者(1949年12月17～18日)
・日本ニュース社の自動車が「ひかり」号の活躍を終始数箇所に於いてロケーションを行った(1950年5月30～31日)
・訪問図書館運営状況視察のため，本県社会教育課員，埼玉県図書館員及市原郡牛久町訪問図書館ステーションマスター同乗す(1950年6月20～21日)
・出版ニュース社派遣記者三名同乗(1950年8月17～18日)
・豊田運営委員巡回見学の為(第二日) 同乗す(1950年10月16～17日)
・県会事務局　石橋氏(1950年11月9～10日)

1956年度になると，図書館職員養成所生徒実習(7月19～20日) の記録も存

在する。もちろん「ひかり号」に同乗せずに，千葉県立図書館へ訪問した関係者の存在も推測できるが，これらの『日誌』から，記者や県外図書館員のみならず，ステーションマスターや教員など千葉県内の「ひかり号」関係者も同乗していたことがわかる。

こうした「ひかり号」の同乗の様子については，記者による同乗記として，時系列的に出来事を追うルポルタージュなどからうかがい知ることができる。同時に，こうした同乗記には，廿日出のコメントが記載され，「文化の水平運動」という移動図書館活動の哲学が強調されていた。

> 私は，本を読むということは束縛から抜ける一つの方法だと信じています。だとしたらあらゆる束縛にがんじがらめになっている農漁村の人々こそ，迂遠な方法と感じるかもしれんが本を読まねばならない。本を読んで，どうして，足腰の立たなくなるほど働き続けても，生活は楽にならないのか。どんな力がそのような不合理な状況を強要しているのか，ということを見極めて欲しい。（略）だから喧嘩腰で予算を取る，いろいろな反対や不安を押しきって，車を走らせたのです[37]。

「ひかり号」を視察した数々の図書館員は，「ひかり号」の巡回方法や自動車の改造方法など実務に触れることに留まらず，廿日出をはじめとした「ひかり号」の「移動図書館人」から活動に対する強い自負と，移動図書館活動の哲学にも接していた。こうして「ひかり号」の具体的な方法とともに，廿日出らの信念も各地に運ばれた。

(2) 数々の照会

「ひかり号」への視察に限らず，文書や手紙などによって運営方法や自動車の装備を尋ねる照会も数多く存在した。千葉県立中央図書館所蔵資料の『館外奉仕関係公文書(管外)』には，次のような資料が残されている。

- ・青森県立図書館からの視察依頼(1952年12月)[38]
- ・東京都立青梅図書館・久保七郎より車体設計担当職員の視察依頼(1953年1月)
- ・福島県教育委員会より移動図書館運営の照会(1953年6月)[39]
- ・慶應義塾大学・ジョージア・シーロフからの視察依頼(1953年7月)

・岐阜県立図書館よりステーションマスター研修会の照会（1954年4月）[40]
・三重県立図書館より自動車の照会（1954年5月）[41]
・和歌山県立図書館より自動車の照会（1954年6月）[42]
・東京都立青梅図書館・久保七郎の視察依頼（1955年3月）
・栃木県立図書館からの視察依頼（1956年1月）
・大分県立図書館からの調査依頼（1956年12月）[43]
・東京都立青梅図書館へ千葉県立図書館職員の派遣（1957年2月）[44]
・岩手県立図書館・片岡佐太郎の視察（1959年2月）[45]
・群馬県立図書館から自動車1台増設のための調査表回答依頼（1959年11月）[46]

　この他にも，長岡市互尊図書館からの自動車書架設置の問い合わせ，農業朝日編集部からの取材申込み，慶應義塾大学の三田祭への登壇依頼，浪江慶より「村の図書室」シリーズ（岩波書店）を移動図書館や貸出文庫へ副本購入の依頼などもみられた。こうした数多くの照会は，「ひかり号」の自動車の装備や巡回方法が国内の移動図書館活動のモデルであることを示している。

4.2　運営方法への議論
(1)　移動図書館の研究大会
　全国各地に移動図書館活動が広がる中で，移動図書館の運営方法や課題などが議論・共有された以下の大会が開催されていた。

・1953年2月23～24日：第1回全国移動図書館運営協議会（岐阜県岐阜市）[47]
・1954年3月8～9日：第2回全国移動図書館連絡協議会（千葉県鴨川町）[48]
・1956年6月26～28日：第3回全国移動図書館研究大会（千葉県木更津市）[49]

　例えば，大阪府立図書館の「自動車文庫友の会」の創設は，こうした大会での情報交換が契機となった。同館で自動車文庫に携わった境惣治は次のように回想している。

　　私が千葉の全国移動図書館大会にいったとき，帰ってから友の会をつくろうと思って館長に報告したんですが「会費がいるようなものではむずか

しいね」というお答え……(笑い)。その後3年ほどして宮嶋君が木更津の大会にいき他府県の活躍の話をもってかえってきたんです。それから山を上げ，栗原さんが段取りをして……[50]。

(2) 千葉方式と徳島方式

これらの大会で大きな議論になった点のひとつに，「千葉方式」と「徳島方式」と称される巡回方法の相違があった。「ひかり号」のように一日数ヶ所のステーションへ短時間(40〜60分程度)停車，図書の貸出を中心とした月1回程度の定期的な巡回方法(「千葉方式」)に対して，徳島県立図書館の「文化バス」は一日に1町村2ヶ所程度，長時間(半日か一日)停車し，講演会や紙芝居などの文化活動を重視した巡回方法(「徳島方式」)が論争となった。

> 徳島　　従来移動図書館の奉仕形態について多くの問題があるにもかゝわらず甘く見過ぎていたようだ。巡回時の駐車時間が少ないこと，これ一つを見ても明瞭である。(略)もっと研究，教養方面の書物を多くし住民とのコミュニケーションを重視すべきだ。
> (略)
> 徳島　　駐車は1日1村3ヶ所程の駐車をし1村1泊が原則である。130ヶ村では1年に1回位しか巡回できないがその形態は本館に近いサービスを行なっている。
> 千葉　　図書館は県民全体に利用さるべきだ。(略)移動図書館は文化の水平運動である。地域社会に順応した文化活動なのだ。だから始めに文学書が多くともよい。次第に読書の眼が出来，読書の習慣が育成されれば文化方面の関心は高まり読書の程度も向上して来る。地域住民との多くの接触が読書指導に役立つことも必然的な結果であり，徳島の様に一日駐車は無意味なことだ。

これは1953年の第1回全国移動図書館運営協議会での議論である[51]。同様に個人貸出と団体貸出についても，「千葉方式」と「徳島方式」とに関連する議論となった[52]。

> 岡山　　個人貸出と団体貸出を行っているが，個人の方を優先的に取り

　　　　扱っています。

千葉　　　個人貸出が原則であり個人を対象にしている。

富山　　　団体に入り得ない様な人を対象にしている。

北海道　　個人を対象にした方がよい。

徳島　　　個人貸出を止め一町村に終日車を置き学校においては教科の方とも関連して実施する。また各ステーションには配本所をもうけている。だから一括団体貸出の方に賛成する。しかし配本所を中心に巡回し個人貸出も行っている。

　　　　　（略）

埼玉　　　個人を対象に貸出していたが借りる人がだんだん少なくなってきた。これは時間の関係だろうと思うが調整の結果一括貸出を希望している。

　「千葉方式」と「徳島方式」は，第2回全国移動図書館連絡協議会においても議論され，「巡回組織の根本は，移動図書館の機能をより有効に展開しうることを前提として考えるものであるから，地域社会の状況を考慮し，両者のいずれか，或いは，更に新たな巡回方法を考察して行うべきである。」[53]とまとめられている。この論争の結末は，1956年の第3回全国移動図書館研究大会において，徳島県立図書館の絹川元一が「サービス形態から見た移動図書館の反省」と題した報告に終える[54]。

　　　総合的サービスとして，散発的でなく，継続的に1本化して行う千葉のようなやり方で，移動図書館の貸出と配本所を統一した形でやってみようとして家庭文庫を始めた。（略）移動図書館サービスの充実というものは，そう云う固定的な施設への転化にあると考えて，この図書館設置を31年度の重点目標にしたのである。

　すなわち「徳島方式」の挫折と「千葉方式」への転換であった。ここでは，労働量の問題や公民館図書部との連携，長野県のPTA母親文庫の配本組織などについても絹川から指摘された。各地域で移動図書館の巡回開始から約5年が経過し，利用者の固定化や，配本所の設置など配本網の強化，さらには町村図書館設置なども議論されるようになった。

(3)　千葉県立図書館のイニシアティブ

　「千葉方式」と「徳島方式」の議論の他に，この 3 回の研究大会の議論において目立つのは千葉県立図書館の「移動図書館人」によるイニシアティブであった。

・アメリカに於いては 1 台の寿命は 9 年から15年位と書いてある。何れにしても中古車は修繕費に要るから止めるべきじゃなかろうか[55]。
・後援会は有った方がよい。会費は月額より年間の方がよい負担は耐えられ^{ママ}ない程の高額はいけない。（略）私は行政監査を受けたが検察庁^{ママ}では自発的で少額であるから閲覧料ではなく従って違法ではないと云った[56]。
・本県では運転手がすべての責任者になっている。（略）係員が免許をとるべきだと思う[57]。
・27年度は90万円 4 週間巡回で 1 町村当り 1 冊増加の割合になる。鮮度を保つためには巡回期間を短くして運営委員会が次の巡回までの間に貸出を行わないことにし，純然たる個人貸出をしたらよい[58]。

　これらは，全て第 1 回全国移動図書館運営協議会での千葉県立図書館員の発言を抜粋したものである（発言者は不明）。廿日出や大岩も次のように発言した記録が残されている。

　　廿日出（オブザーバー）　　豊中さんから三輪車をと云うお話しがあったが，東京並千葉の交通事故の80％迄は三輪車で，三輪車に相当積載した場合，反動というか非常にスリップするらしい。（略）三輪車が使えれば安くできると思うが，本質的に無理があるようである。その辺を考慮して相当研究されることをお勧めする[59]。
　　廿日出（オブザーバー）　　移動図書館の運営については，私は何処までも運営組織の面を加味して，緊密な連絡を取ることが本当だと思う。（略）私は千葉に厄介になっておる以上，運営組織については，行政組織の上に乗せるというか，緊密な連絡のもとに進んで行く，この見解については，何等疑問を持っておらない[60]。
　　大岩（千葉）　　千葉ではマスターの職務内容を，箇条書きにして流している。（略）学校はステーションとして不適当だと思う。最初は学校

が多かったが，なるべく学校から外している[61]。

　「ひかり号」の活動実績に基づいた千葉県立図書館員による具体的で断定的な発言が目立つ。これらの研究大会では，移動図書館車の購入，後援会等の組織，自動車の運転手，ステーションマスターの職務など，移動図書館活動の具体的な方法が議論され共有された。移動図書館活動に情熱を注ぐ図書館員も多い中，千葉県の「移動図書館人」の発言から，活動に対する信念を背景に，自らが移動図書館活動を始めたという自負が伝わる。

　なお，これらの移動図書館に関する研究会は，その後，日本図書館協会公共図書館部会に移動図書館分科会として1963年度に発足することにつながる。

5．移動図書館活動の「現場」

　「移動図書館人」が語る熱い言葉に触れると，写真をみているように当時の情景や「人」の表情が思い浮かぶ。確かに当時の移動図書館には，自動車の積載冊数や巡回の範囲・日数，駐車時間など数多くの限界があった。しかし，「係員の若々しいエネルギーで，何事も突破し解決することができた」[62]と大岩が語るように，限られた条件下にも関わらず，若い図書館員が創意工夫して移動図書館活動を拓き，地域住民とともにその限界を克服していた。こうした移動図書館の「現場」について，鈴木四郎は次のように回想する[63]。

> 　移動図書館はね，市町村に出て行って対話をして，あの頃だったら，夜，映画会となって町村の職員や村の人と協力してスクリーンを張る丸太を組んで会場の設営を行う，また，町村の三役と酒を酌み交わし，読書会で青年と話し合うといった，多角的な人格が要求されるんですね。単に図書館学の理論だけでは駄目なんで，全人間的に自分というものを試される訳です。

　仮にモノ（自動車）や仕組み（方法・制度）が確立したとしても，実際に自動車を走らせ，地域住民と接する「人」の存在なしには，移動図書館活動は成立しない。当時の移動図書館は，地域に本を届けるという物理的な手段であるとともに，地域に文化を運び，「移動図書館人」の熱い思いをも運んでいた。

　図書館関係者による「ひかり号」への視察においても，巡回方法や自動車の

改造技術に限らず，視察の過程で廿日出をはじめとする「移動図書館人」の信念に触れ，それらが全国各地の図書館に運ばれた。移動図書館の研究大会においても，移動図書館車の装備や巡回方法に関する数々の議論とともに，各地の「移動図書館人」の思いが会場に運ばれ，担当者同士のつながりとともに，移動図書館活動に対する自負が形成された。

　確かに1950年代前半という時代は，各地で移動図書館車の巡回を開始したばかりであるため，巡回方法，ステーションマスターの役割，利用者の組織化など，移動図書館活動の具体的・実務的な運営方法の確立に注力され，自動車で図書を運ぶこと自体に目新しさが伴った。戦後の混迷した時代に，各地で「ひかり号」の方法がモデルとして広がり，移動図書館活動が「一点豪華主義的」[64]傾向となったことは否めない。したがって，なぜ移動図書館を実施するのか，という理念や目的については，各地で独自に，そして十分に検討されることはなかったといえよう。だからこそ，1950年代前半から「千葉方式」の理念と方法が各地に拡大し，「徳島方式」と論争になった。徳島県立図書館の「文化バス」は，徳島県立図書館による移動図書館活動ではなく，新憲法の精神を実現するために設立された徳島県憲法記念館の理念を地域に運ぶ「文化バス」[65]として明確に位置づけられていた。

　移動図書館は，「移動図書館人」の思いとともに，「図書館」の理念を地域に運んでいた。さらに，当時の「移動図書館人」が拓いた移動図書館の現場と信念を，時代を越えて現在の私たちに運んでいる。

注

1）鈴木武次「"ひかり"断片」『千葉県移動図書館ひかり二十年史』千葉県立中央図書館編，1970.3．p.129-131．引用は p.129.

2）「移動図書館職員名簿」同上 p.147参照。

3）鈴木四郎，石井敦編『ブック・モビルと貸出文庫』日本図書館協会，1967.2，251p.（シリーズ・図書館員の仕事，15）引用・参照は p.15-16.

4）［第二回全国移動図書館運営協議会編］『全国移動図書館要覧』1954，1冊.

5）石川敬史「移動図書館史研究ノート：1950年代前半における予備的考察」『情報社会試論』5，1999，p.5-30.

6）日本図書館協会公共図書館部会編『全国移動図書館要覧』1956，105p.

7）［第二回全国移動図書館運営協議会編］，前掲4），福井県の部分を引用した.

8）文部省調査局統計課編『社会教育調査報告書　昭和30年9月15日現在』1956.3.（指定統計第83号）

9）1956年調査には，館内奉仕係と館外奉仕係の2係となっている.

10）鈴木武次インタビューより（2012年6月3日）.

11）1956年度の各号車の『日誌』を参照した（千葉県立中央図書館「ひかり号」関係資料）.

12）伊藤誠は大多和誠と推測する．同様に，大木宏は山崎宏と推測する（「移動図書館職員名簿」前掲2））.

13）山崎宏インタビューより（2011年8月28日）.

14）大岩昭好『来し方：移動図書館と共に』里岬，1999.4，82p.

15）前掲1）『千葉県移動図書館ひかり二十年史』p.52.；『昭和二十四年度日誌』1949（千葉県立中央図書館所蔵「ひかり号」関係資料）

16）大岩昭好「私と図書館とのつながり(1)」『ひかり』13(1)，1966，p.6.

17）大岩昭好「館外奉仕の曙」前掲1）『千葉県移動図書館ひかり二十年史』p.132-134.　引用は p.133.

18）同上.

19）千葉県図書館長「千図第四十八号　移動図書館用自動車改装工事自由契約認承願」1949.6.20.（鈴木武次氏資料）

20）同上.

21）櫻興業株式会社，日本自動車株式会社，トヨダ自動車株式会社，近藤自動車株式会社，京濱運保株式会社の5社．飯豊自動車株式会社，日産自動車株式会社は，「工事不能」にて見積価格の記載はなかった（同上参照）.

22）千葉県図書館長，前掲19）.

23）廿日出逸暁「移動図書館と私」『昭和47年度全国移動図書館研究集会報告書』日本図書館協会公共図書館部会事務局編，1973.5，p.94-96.

24）「昭和13年度移動図書館予算要求書」前掲1）『千葉県移動図書館ひかり二十年史』p.31.

25）廿日出逸暁，前掲23），引用は p.95.

26）近藤自動車株式会社の近く住んでいた林靖一（東京都立日比谷図書館）も援助したという記録も興味深い.（千葉県立中央図書館創立30周年記念事業後援会編『千葉県立中央図書館三十年略史』1956.3，129p.　参照は p.107.）

27）「車輪の上の10年（座談会）」『ひかり』10(1)，1960.4，p.6-7.

28）大岩昭好「私と図書館とのつながり(2)」『ひかり』14(1)，1966.11，p.7.

29）大多和誠，山崎宏インタビューより（2011年9月11日）．山崎宏の発言.

30）同上.　大多和誠の発言.

31）「訪問図書館ひかり号同乗記」『出版ニュース』(137)，1950.9上旬，p.7-9.　引用は p.8.

32) 山崎宏インタビューより(2011年8月28日)。

33)「移動図書館 OB 大いに語る」『埼玉の移動図書館：30周年記念』埼玉県移動図書館運営協議会編，1980.9，p. 15-26. 引用は p. 16.

34) 石川昌一「移動図書館が発足するまで」『あけぼの：栃木県移動図書館三十年記念誌』栃木県立図書館，栃木県移動図書館連絡協議会編，1981.3，p. 53.

35) 久保七郎「千葉県立図書館移動図書館見学記」『むらさき号だより』(12)，1955.5，p. 1-3. 引用は p. 2.

36)『日誌』の各年度を参照(千葉県立中央図書館「ひかり号」関係資料)。

37)「真実を山へ海へ：千葉県移動図書館「ひかり号」に同乗して」『新しい教室』8(10)，1953.10，p. 9-16. 引用は p. 10.

38) 青森県立図書館長「青図第一八〇号 図書館視察について」1952.12.25.

39) 福島県教育委員会教育長「二八教社 移動図書館の運営調査について」1953.6.1.

40) 岐阜県立図書館長「昭二十九岐図第一三八号 移動図書館ステーションマスター研修会の実施内容等について照会の件」1954.4.28.

41) 三重県立図書館長「三図乙第三号 貴館ブックモビルに関する件(照会)」1954.5.16.

42) 和歌山県立図書館長「和県図第三号 移動図書館用自動車につき御照会の件」1954.6.14.

43) 大分県立大分図書館長「大図発第九十号」1956.12.11.

44) 千葉県立図書館長「移動図書館運営状況視察の為職員派遣について」1952.2.21.

45) 岩手県立図書館長「三四岩図号外 図書館運営視察について」1954.2.5.

46) 群馬県立図書館長「移動図書館自動車について(依頼)」1954.11.12.

47) 文部省社会教育局編『移動図書館の実態』1953.11，72p. 本書の末尾に第1回の記録が掲載されている。

48)『第2回全国移動図書館連絡協議会報告』[1954](千葉県立中央図書館所蔵「ひかり号」関係資料)。日程表では第1日～第3日とあるが，期日として「昭和29年3月8日－9日」と記述されている。

49) 日本図書館協会公共図書館部会編『全国移動図書館研究大会報告』1956，105p.

50)「友の会を語る」『大阪府自動車文庫友の会10周年記念誌』大阪府立図書館編，1966.10，p. 5-12. 引用は p. 5.

51) 文部省社会教育局編，前掲47)，引用は p. 65-67.

52) 同上. 引用は p. 53-55.

53)『第2回全国移動図書館連絡協議会報告』，前掲48)，引用は p. 34.

54) 日本図書館協会公共図書館部会編，前掲49)，引用は p. 64-68.

55) 文部省社会教育局編，前掲47)，引用は p. 39.

56) 同上. 引用は p. 46.

57) 同上. 引用は p. 60-61.

58）同上．引用は p. 62.

59）日本図書館協会公共図書館部会編，前掲49），引用は p. 24.

60）同上．引用は p. 34.

61）同上．引用は p. 35.

62）大岩昭好，前掲17），引用は p. 134.

63）「移動図書館 OB 大いに語る」，前掲33），引用は p. 26.

64）山口源治郎「7.2.1　日本」『図書館情報学ハンドブック』第2版，図書館情報学ハンドブック編集委員会編，丸善，1999，p. 707-719. 引用は p. 718.

65）石川敬史「徳島県憲法記念館の理念を運ぶ「文化バス」の活動：1950年代前半を中心に」『社会教育学研究』52(2)，2016. 9，p. 1-11.

第4章 「ひかり号」の源流と実現への道：
アメリカとの関わりを中心に

中山　愛理

1．はじめに

　訪問図書館「ひかり」（以下，「ひかり号」）が開始された当時，千葉県図書館長だった廿日出逸暁は，「ひかり号」の導入を「千葉の中央図書館が先頭を承わったブック・モビールは夢を仕事に実現したものとして歓喜の日課を私たちに与えた」[1]と評している。廿日出館長にとって，「ひかり号」は夢であったのである。本章では，千葉県図書館（その後，千葉県立中央図書館へ改称）と廿日出館長の夢であった「ひかり号」が開始された直後までを対象とする。

　千葉県立中央図書館の「ひかり号」関係資料には，「ひかり号」導入に関する文書資料がいくつか含まれていた。「ひかり号」導入時の状況は，『創立二十五周年記念 千葉県図書館要覧』[2]や『千葉県移動図書館ひかり二十年史』[3]やCIE（Civil Information and Educational Section）関係文書からも窺い知ることができる。これらの資料をもとに，「ひかり号」導入にあたり日本とアメリカがどう関わり，どのような認識をもっていたのかを検討していくこととする。

2．千葉県図書館における移動図書館着想の源流

　「ひかり号」導入に至る状況を導入直後に『創立二十五周年記念 千葉県図書館要覧』のなかで振り返って，「わが訪問図書館『光号』はアメリカのブック・モービルの直訳的の模倣ではない，その名を耳にすること久しく，よい文化は日本で育て上げたかつたのであるが戦争の悲劇がしばらく私たちを足踏みさせていた」[4]とあるように，千葉独自の文化活動としての移動図書館の実現を図りたいと考えていたことがわかる。だが，1949年まで実現できずにいた。

　千葉県において，移動図書館の着想は廿日出館長に端を発する。廿日出館長は，1931年3月ライプチヒ大学図書館学校を卒業した。ドイツで図書館学を学ぶなかで，「ブック・モビールが新進の図書館機能として次第に台頭し普及の一途をたどるものであることをよく知っていた」[5]とされる。廿日出は後年「私が昭和5年ライプチッヒと大学の図書館学校にいる時に，図書館長をしていたブラウニング[6]という人が話をしたのを思い出したのです。1900年にロンドンで自動車図書館を作ったというのです」[7]と振り返っている。このことからドイツ留学時代に自動車図書館を知っていたことになる。ただし1935年2月の『図書館雑誌』に廿日出館長は「独逸の図書館事情(其一) ライプチヒ図書館学校」[8]というタイトルで自らが卒業した図書館学校のカリキュラムなどを紹介しているが，それを見る限りは移動図書館について詳しく学んだことまでを確認することはできない。

　また1935年の7月『図書館雑誌』に小松正一の「アメリカに於ける Book Wagon 事業に就いて」という記事が掲載され，そこで日本の現状を踏まえれば，「Book Wagon が最も理想と思惟し，その実現を提唱し切望して止まぬ」[9]と指摘した。おそらく廿日出館長は欧米の文献を手にする以外にも，この記事を目にしていたと考えてよいだろう。いずれにしても，廿日出館長は，諸外国の移動図書館の状況をよく理解していたと考えられる。

　その廿日出館長は，「図書館を県市民によく知ってもらうこと，即ち図書館が自分たちのものだという気持ちで，何かにつけ気軽に図書館に出入りするように仕向けること」[10]を重視していた。しかし，県内の図書館の状況はそれとは程遠かったのである。

　こうした状況に対し，廿日出館長がどのような認識をもっていたのかが，「ひかり号」開始後に受けた取材回答の以下の部分[11]から確認することができる。

　　五年待とうが，十年待とうが，十五年待とうが一向に房州の山の中の人は本を読みにきてくれない。私の考えが甘かったんだ。(略) 千葉市の図書館で待っていたんじゃ，決して本を読んでくれやしない。中央図書館を利用するのは，館から五里四方の人に過ぎない。どうしたら良いか (略) 分館を立てるという考え方もある (略) がそれも数は制限され，その利用者もまた分館の周囲だけに限られる。結局山の中へ，海っぺりへ，本を持ちこまなくちゃ駄目だ。(略) こうして，この移動図書館が考案されたわけ

なのです。

廿日出館長は，千葉県の農山村に住む人も含めてすべての人が実質的に図書館へのアクセスをできるようにすることが大切であると就任当時から考えていたようである。廿日出は，1937年1月から3月にかけて千葉県内の町村図書館，私立図書館へ頻繁に視察と指導をしており[12]，その貧弱な状況を目の当たりにし，このまま各図書館の自主性に任せていたのではいつまでたっても利用されないことになってしまうことに気づいたのであろう。

また，廿日出館長は「ひかり号」導入から約23年後の「移動図書館と私」という講演[13]で，当時取り組んでいた貸出文庫では不十分であることを振り返っている。

> 当時臨海図書館というものを作っておりました。これは地元の観光協会と一緒になって県の図書館が貸出文庫をそこへお送りする。2週間くらいするとまた更新するという形でそれに力を入れていったのです。段々やっていくうちに人間というものはどうも横着である。この横着者に対してどのような手を打つかが私の課題になって来ました。そこで移動図書館のようなもの発想ということになったわけなのです。

その考えを実現する方法として，県の図書館が主となって直接サービスするという発想に至らせたと考えられる。

このような廿日出の認識のもとで，1町村1館主義の推進に向け図書館に対する認識を高める必要性と臨海図書館にみられる貸出文庫の課題とを解決する具体的な方策として，1937年移動図書館の実現に向けて動き出したとされる[14]。そして，1938（昭和13）年度の県立図書館予算要求に移動図書館費を計上したのである。しかしながら，予算は認められず移動図書館は日の目をみることはなかった。つまり，海外の移動図書館に関する情報は得ていたが，それを日本流にして実現するまでには至らなかったのである。

移動図書館が実現しないなかでも，廿日出館長は千葉県民への図書館の周知と図書の利用促進に努めていたことが1941年の写真週報「動く図書館　千葉県」[15]では確認できる。そこではオート三輪などの車も活用し，理髪店，傷痍軍人千葉療養所，千葉市厚生館銃後作業所など人の集まる場所に届けられ，利

用している様子が写し出されている。こうした活動が継続されていたことは『千葉県立中央図書館三十年略史』[16]でも言及されており，「ひかり号」を生み出す素地となっていったと考えられる。

3．「ひかり号」導入にむけた日米の連携・協力

　「ひかり号」の導入当時，日本を占領統治していたアメリカの協力があったことは良く知られている[17]。General Headquarters（以下，GHQ）による占領のなかで，1946年7月に全国を8地区に分けて設置された地区軍政部のもとに都道府県ごとの軍政部がおかれた。GHQ の出先機関として位置づけられる「都道府県におかれた軍政部は，占領軍による命令が政府・地方庁によって履行されているか監視する」[18]役割があり，「地方軍政組織と日本側行政機関との一体化」[19]を図るための組織であった。地方軍政部の位置づけ上，地方軍政部から都道府県へ直接の指導・介入ができないはずであったが，実際は異なっており，千葉県でも直接的な指導や介入がみられた。1947年には，「千葉軍政部に民間情報教育課が設置され，5月には民間人のブラウン[20]が課長として着任し，新学期制の実施や社会教育の普及などに対応した」[21]という。なお，1949年7月に軍政部は，民事部に名称変更されている。

　千葉軍政部は，洋書を並べた軍政部図書室やナトコ映写機で CIE 映画の上映支援を担うフィルムライブラリーの設置支援のほか，図書館経営講習会の講師派遣などを行った。廿日出館長は，こうした千葉軍政部との関係のなかで後述する千葉軍政部報道課長ウォルター・リンドバーグ（Walter E. Lindberg）をはじめとする GHQ 千葉軍政部の高官と知己を得る機会をもつことができた。そして，軍政部による千葉県図書館への「指導」[22]という名の協力体制を構築したうえで，移動図書館の導入のため日本政府や千葉県側との折衝を進めていった。こうした経緯を以下，時系列でみていく。

　4節で後述するアメリカ側に残された「ひかり号」に関する特別報告書の一部となっている GHQ 千葉民生班1949年8月23日付の千葉県教育委員会及び千葉県図書館が移動図書館部門を創設したとの報告[23]には，「ひかり号」開始までの経緯が参考情報として記されていた。そこでは，

　1949年4月，民間情報官（Civil information officer）は県図書館長に"ブッ

クモビル"に関して，提案を行った。図書館長側は熱心で即座に応じた。
直面した主要な問題は，車両の確保であった。この目的を達成するために，
米軍車両を払い下げ，放出することを依頼する文書が最高司令官（Su-
preme Commander）へ提出された。文書は，日本の行政府が公表し，取
り組みを始める前に回答された。

県図書館長は，車の放出のため，運輸省へ願いを提出した。願いは認めら
れ，米軍の払下車両が250,000円で購入された。

と報告されている。

アメリカ側の報告書では，民間情報官が廿日出館長に提案したこととなって
いるが，実際は異なっているようである。廿日出館長は，民選知事として就任
した川口為之助千葉県知事の公舎に呼ばれ「何かやってみたいことはないか，
あれば言ってみなさい。知事が直接そう言ってくれました。（略）読書による
新しい知識が必要な時代に僻地へ自動車で資料を提供したい。つまり自動車図
書館を持ちたいと言ったのです」[24]としていることから，川口知事の就任した
1947年4月21日から，移動図書館費を計上した1949年度予算要求書が作成され
た1948年秋[25]までの間に廿日出の中で計画が動き出したといえる。このことか
ら民間情報官が提案したとされる1949年4月以前の少なくとも1948年秋以前か
ら「ひかり号」に向けた準備は始まっていたと考えてよいだろう。こうした準
備は，廿日出館長が主導したことが前出の「図書館長の側は熱心で即座に応じ
た」という表現やリンドバーグ報道課長による「ひかり号」開始直後の市原高
校における講演で「私たちは過去数ヶ月間，こゝにおいでの廿日出さんと訪問
図書館の企画を努力工夫したのであります」[26]という発言，当時の館員に対す
るインタビュー調査で館長は「すごい人であった」[27]と回想されていることか
らも伺える。

廿日出館長は，移動図書館実現のために必須の車両を調達するために，リン
ドバーグ報道課長らに対して米軍車両の払い下げが叶うよう話をした。それを
受けてリンドバーグ報道課長が中心となって，先に示したようなGHQ内で
米軍車両の払い下げ依頼文書が回覧され車両放出に至ったと考えられる。

車両の入手に目途が立つと車両の改造についても考えられることになった。
これに関連して「ひかり号」関係資料には，1949年5月付の「米国輸入払下自
動車改造許可申請」[28]という廿日出館長名から運輸大臣大谷晋三宛の文書が残

されていた。払下げられた米軍車両ウエポンキャリアを移動図書館として改造する許可を申請するもので，別紙の図版には改装内容が記されている。

こうした状況は，アメリカ側に残された特別報告書の項目13[29]からも裏付けることができる。

> 13. ブックモビルを改装し，運行する以前に，3つの許可が必要であった。車両の購入は，運輸省と文部省が協議して承認された。車両の改装は，運輸省千葉道路運送管理事務所により承認された。ガソリンの割り当ては，同事務所により承認された。

実際に出来上がった「ひかり号」は，あずき色，鶯色などが使われていたが，この段階では車両を群青か栗色にし，黄色をあしらう計画であったことも確認できる。こうした車両の受け入れ，改造のための日本側の準備が進む状況が，『千葉県移動図書館ひかり二十年史』には，4月22日の文部大臣に対する自動車配布申請から6月15日鉱工品貿易公団大阪支部より自動車発送までの時系列が示されている。この記述のうち，「ひかり号」関係資料にはそのうち6月部分の経緯が書かれた文書[30]が残されており，同書の記述を裏付けるものといえる。

発送された自動車が届くと改装工事を行うことになったが，工事不能，当方の条件に添わず，9月末でなければ出来ないなどの理由で6社に断られたこともあり，近藤自動車との自由契約に至ることになった文書[31]が「ひかり号」関係資料の中に残されていた。この文書の中には，千葉軍政部と連絡を密にしていたこと，千葉軍政部報道課長リンドバーグが7月中に完成することを要望したことが記されている。

こうした状況は，

> ブックモビルの綿密な計画は県図書館長と民間情報官により策定され，車両改装のための入札が行われた。最低入札は近藤自動車株式会社（東京都豊島区雑司ヶ谷7丁目1000番地）からされた。入札は320,000円であった。その後の変更や計画に追加し，400,000円に増加した。

とアメリカ側の文書でも裏付けられる。このアメリカ側の文書では最低入札と

あるが，実際は自由契約であったわけである。アメリカ側は，細かな点まで把握していなかったのかもしれない。

米軍車両が払下げされ，千葉県側に渡った1949年6月より，アメリカ側に残された文書で「ひかり号」の導入についての月次報告が確認できるようになる。1949年6月の千葉民事部（Chiba Civil Affairs）の報告項目 E-2 民間情報活動（Civil Information Activities）の通し番号7メディア開発（Media Development）において，リンドバーグ報道課長が次のように記している。

> ブックモビル：計画は，最近，払い下げられ放出された占領軍の車両をブックモビルに改造するものであった。書架に加えて，移動式映写機，スクリーン，拡声装置，簡易展示ラック一式も準備される予定である。こうしてこのブックモビルは移動図書館（mobile library）としてだけではなく，移動情報車両（mobile information unit）としても奉仕する予定である。この車両は，他の情報メディアにより十分満たされていない遠方地域での活用のためのものである[32]。

翌1949年7月の報告では，図書館の項目のもとで，リンドバーグ報道課長が「ひかり号」の開始準備が整った旨を次のように記している。

> 移動図書館は完成し，1949年8月15日頃始動する予定である。この車両は約1,500冊の図書，映写機，スクリーン，拡声装置，簡易展示三脚を含む予定である。運行経路が計画され，最初の1カ月は実験的に運行される予定である。図書館のない遠隔地域が主眼におかれている。拡声装置は情報プログラムを売り込み，ブックモビルに注目を集めるために使われるだろう。この車両は，きらびやかな色彩に塗られ，大いに注目を集めるだろう。運用手順を含めた車両の計画立案は県図書館長（Ken Librarian），民間情報官，連合国総司令部民間情報教育局図書館担当官（SCAP CIE Library Consultant）が協力してきた[33]。

こうして，移動図書館が完成し，8月8日に命名式，開設祝賀会が開催されたと『千葉県移動図書館ひかり二十年史』には記されている[34]。この式典の様子の一端は，廿日出館長が「進駐軍の人たちにも確かにニュース・ヴァリュー

はあったのだ」[35]と記した通り，「ひかり号」関係資料の中に残されていた1949年8月27日付の米軍新聞 *Pacific stars and stripes*, Vol.5 No.205に掲載された移動図書館（Book Mobile）[36]という記事から伺うことができる。

　ショウ（Colonel Show）は，「情報に通じた市民が民主国家を最も守る」，「千葉の人々はブックモビルをこの目的に向け準備しなければならない」と式典で日本人出席者に話した。

　リンドバーグは，車両完成までに直面した困難についていくつか報告し，日本の図書館のために英語図書を集めることについて，民生班（Civil Affairs Team）の要請を強調し付け加えた。彼は「人々は熱心な読者である。多くが英語図書の読書を熱望している。われわれは自身が運営する図書館のために英語図書を調達することができると思われる」と述べた。

　ブックモビルの開始式典の際に，フェアウェザー女史は数名のアメリカ人から提供された子どものための［英語の］教科書を贈呈した。この式典で，日本人の子どもを見て，視察旅行に出かける際に新たな英語の教科書をしきりに買いあさった。

＊点線及び［　］は，筆者

　ほぼ同様の内容は，1950年2月の *Library Journal* に掲載された「日本初のブックモビルが巡回に出発した」[37]という記事でも確認することができる。

　ショウ中佐は，移動図書館のお披露目式に出席した日本人に向けて「情報に通じた市民が民主国家を最も守る」，「千葉の人々はブックモビルをこの目的に向け準備しなければならない」と述べた。ウォルター・リンドバーグ氏は移動図書館（traveling library）準備のために直面したいくつかの困難について話すとともに，日本の図書館のために英語図書を集めることについて，民政班の要請を強調した。彼は「人々は熱心な読者である。多くが英語図書の読書を熱望している。われわれは自身が運営する図書館のために英語図書を調達することができると思われる」と述べた。

　ブックモビルのお披露目式の際に，フェアウェザー女史はアメリカ人より提供された子ども向けの教科書を贈呈した。

＊点線は，筆者

　式典に出席したアメリカ側の千葉民事部長のショウ中佐，リンドバーグ千葉民事部報道課長，フェアウェザー（Jane Fairweather）民間情報局図書館担当官は，「ひかり号」導入に協力したアメリカ側の中心人物であり，「ひかり号」の意義や今後も協力していく旨を示した。

　なお，米軍新聞 *Pacific stars and stripes* の記事と *Library Journal* の記事を比較してみると，式典の様子は点線で引いた部分以外，もとの英文はほぼ同じであった[38]。このことから，*Library Journal* の記事は，米軍新聞 *Pacific stars and stripes* の記事内容を参考にして書かれたと推察される。

4. 「ひかり号」導入に対するアメリカ側の評価

　「ひかり号」に対するアメリカ側の評価はアメリカ側に残された文書で確認することができる。だが，「ひかり号」導入にアメリカ側で一番尽力したと思われるリンドバーグ報道課長は，1949年8月，「ひかり号」の開始について以下のように簡潔に報告したに過ぎなかった[39]。

　　ブックモビル：千葉県ブックモビルは当月開始された。Hikari（光）の名称のもとで巡回する，車両は図書館施設や多くの情報活動から疎遠な地域を訪問する予定である。この件については，特別報告書を提出する。

　この報告書では，「ひかり号」の開始とひかりを "light" と表記していたことが確認できる。また，リンドバーグ報道課長が，この時記した特別報告書は1949年9月26日付アール・W. スミス（Earl W. Smith）による：成人教育課CIE，GHQ のジョン・M. ネルソン（John M. Nelson）宛の特別報告書として残されている。この特別報告書は，8月23日付で千葉民政班が作成し，ブックモビルの写真，ブックモビルの計画書，ブックモビルの仮ルートに関する資料が添付されていた。関東地方民政管区主任の間で回覧され，最終的な宛先として第8軍司令官が記されていた。同特別報告書は，「ひかり号」導入に至る状況を時系列で記すとともに，項目5から項目9で出来上がった「ひかり号」の概要を記している[40]。

　　5. ブックモビルは，外から手にとれる最大1,000冊を収納できる書架を備えている。各側の3つの書架は，3段に区切られ，それぞれの書架

はカバーで覆われた移動可能な収納箱になっている。これらの移動可能な収納箱は，詰め替えのために中央図書館に持ち出すことができる。収納箱や図書は，取り外し可能な棒で水平に保たれており，側面のドアは水平に2つの部分に分けられている。下の部分は，書架から下向きに開き，上の部分は上向きに開き日よけとしての役目となる。それぞれの停車時，赤と白のキャンバス地の日よけは悪天候から守るために側面へ広げられる。車両は，夜間停車のために適正な照明が備えられており，図書館員1名と運転手兼任の図書館員1名により運用されている。

6. 車両の内部は，ナトコ映写機，スピーカー，スクリーン，映画フィルムのために特別に作られた収納スペースがある。そこには，図書館用品の収納棚や特別な図書館カードファイルの引き出しも備えられている。

7. 付属の蓄音機を備えた拡声装置は，100,000円で購入され，常設された。この拡声装置は，ブックモビルへの注目を引くだけではなく，県の情報プログラムと結びついた放送にも活用された。県知事や県職員により短い談話が録音され人々に放送する計画である。

8. 図書：ブックモビルに積載された1,000冊の図書に加えて，県中央図書館から7,000冊をもってくることができ，輸送料を課した。この金額は，それぞれの集落を訪問するための資料の一定のストックを保障するものである。図書は以下のように選ばれた。その内訳はフィクション40％，職業関係20％，健康や公衆衛生の手引書20％，児童書20％であった。それらは，すべての年代や職業の人々の関心にあった図書を提供することになるだろう。

9. スケジュール：70の集落を巡る試験的なルートが計画された。ブックモビルは，月に21日間運行される見込みで，図書を補充するために，1日おきに県中央図書館に戻ってくる。常設案内板がそれぞれのサービスステーションに設置されるだろう。案内板は，訪問の日時といっ

た情報を提供するだろう。

そして，特別報告書の項目10から項目12には「ひかり号」に対する当時のアメリカ側の評価が記されていた[41]。

10.　現在のところ，ブックモビルは県の宣伝ツアーをおこなっている。ブックモビルの施設を活用する方法について議論をし，試運転が車両への関心を引き起こすために，各地で会合がもたれた。関心は予想を上回るものである。好奇心の大きさを差し引いても，純粋な関心は車両のための支出を正当化するのに十分である。

11.　日本で最初のブックモビルなので，この冒険的取組みは当然ながら賭けのようなものであった。しかしながら，それは，変化の激しい社会において保障となり，彼らの権利と義務を負うのによい状況を作り出し，より情報に通じた市民を創造する目的が成功するかもしれないし，有効であるかもしれないことが明らかである。他県からの関心が既に現れており，他の移動図書館の改装が行われているように思われる。これに関連して，近藤自動車株式会社の宣伝目的とした車両改装の100,000円の損失を付け加えることができるかもしれない。

12.　ブックモビルが完全に無料でないことは残念である。県条例は，貸し出し1冊ごとに5円の料金を求めている。

この特別報告書では，8月13日から15日にかけて行われたデモ[42]で，県民から「ひかり号」が受け入れられている様子を費用対効果の面からアメリカ側は高く評価していたこと，日本最初の移動図書館である「ひかり号」は，市民が情報を入手するために有効な手段であることの高評価をしていたことが確認できる。

一方で，「ひかり号」が利用者に対して，1冊につき，5円の貸出料金を徴収したこと[43]に否定的な評価を与えている。このように，アメリカ側は千葉県図書館の「ひかり号」に対して一定の評価を与えながらも，不十分な点があるとの認識をもっていたのである。

5．「ひかり号」導入後

　「ひかり号」導入後，占領軍政策の占領終結に向けた関与縮小の方針を反映してか，千葉軍政部との目立った関係を示す記録は，「ひかり号」関係資料には残されていない。それに代わるかたちで「ひかり号」関係資料には慶應義塾大学に開設された日本図書館学校へアメリカからやってきたロバート・ギトラー（Robert L. Gitler）やジョージァ・シーロフ（Georgia Sealoff）などの教師との関わりを示す書簡がいくつか残されている。ここではそのうち「ひかり号」に直接関わりのあるものをみておくことで，ギトラーやシーロフらが「ひかり号」の活動をどのように評価していたのかについて書簡の日付順を追って確認しておく。

　ギトラーとシーロフからの書簡のうち，最も古い日付のものは1952年12月22日付のギトラーから柴田等千葉県知事宛の英文書簡であった。そこには，同年3月16日のひかり友の会大会へ東京から金森徳次郎と参加したこと，その際に千葉県副知事の説明を聞いたことなどを記したうえで，廿日出館長が移動図書館に関する取り組みを拡大した点，それが市民を知的にすることに貢献した点を評価することが記されていた[44]。

　その次の書簡は1953年3月11日付のギトラーから廿日出館長宛の英文書簡であった。そこには，昨年は参加したひかり友の会大会に今年はシーロフも参加できなくなってしまったことが残念であるとの旨が記されていた。そして，機会があればまた招いてほしいとも伝えている。最後には，廿日出館長が日本の図書館学発展に貢献していることを評価し，ギトラーとシーロフも協力したいと申し出ていた[45]。

　続いて，1953年7月16日付のシーロフから廿日出館長あての英文書簡には，3月のひかり友の会大会に参加できなかったことが残念であることを伝えたうえで，7月20日から25日までの間で「ひかり号」のサービスの様子を視察したいと要請している[46]。

　その後，1954年3月8日から10日まで，鴨川町で第2回全国移動図書館協議会が開催され，シーロフが開会式で祝辞を述べるとともに，日本図書館学校の授業資料を活用し講演を行った[47]。

　それに関連する1954年3月18日のシーロフから廿日出館長あての英文書簡には，協議会の成功に対する祝意や廿日出の心遣いに対する謝辞を述べている。

そのうえで，この協議会の意義を理解しているだろうと記している。協議会では，抱えている問題を1つずつ解決していくために，3日間の会議で1つの問題を突き詰めていくことをアドバイスしている。そして，間もなく入手できる見込みのシェンク（Gretchen Knief Schenk）の *County and regional library development*[48]のコピーを千葉で行っている素晴らしい仕事に対する敬意を表す小さな証として送りたいと思っていることを伝えている[49]。

　これらの一連の書簡からは，日本図書館学校のギトラーとシーロフが「ひかり号」の活動を高く評価しており，積極的に行事に参加するだけではなく，活動改善のためにアドバイスを与えるなどの協力を行っていたことが確認された。

6．おわりに

　本章では，「ひかり号」の導入に至るまでに，日本とアメリカがどう関わり，どのような認識をもっていたのかをみてきた。その結果以下の5点が確認された。1点目は，「ひかり号」導入に向けて，千葉県図書館に対してアメリカ側が組織的に支援していたことが，報告書から確認された。2点目は，「ひかり号」の状況についてアメリカ側は必ずしも正確に把握していたわけではなかったことが確認された。3点目は，「ひかり号」開始をアメリカに伝えた *Library Journal* の記事は，米軍新聞 *Pacific stars and stripes* の記事とほぼ同じ英文を含むことが確認された。4点目は，アメリカ側は，「ひかり号」を新たな図書館サービス手段として導入したことに対して，高く評価する一方で，貸出料金徴収に対しては否定的な評価をしていたことが確認された。5点目は，「ひかり号」導入後は，日本図書館学校のアメリカ人教師らからその活動に対する高い評価を得るとともに，改善に向けたアドバイスを得るなどの協力が行われていたことが確認された。

　こうした事実は，日本初の移動図書館として「ひかり号」が開始されるためには，廿日出館長による図書館を千葉の農漁村の人びとにも使ってもらいたいという考えをもとにした発案とそれを実現するためのアメリカ側の組織的な指導というかたちでの支援が合わさることが必要不可欠であったことを物語っている。

注

1）廿日出逸暁「訪問図書館ひかり号に寄す」『千葉文化』（40），1950.3，p.1.

2）千葉県図書館『創立二十五周年記念 千葉県図書館要覧』千葉県図書館，1950，73p.

3）千葉県立中央図書館『千葉県移動図書館ひかり二十年史』千葉県立中央図館，1970，212p.

4）千葉県図書館，前掲2），p.42.

5）千葉県立中央図書館，前掲3），p.29.

6）ここで言及されたブラウニングという人物は，Otto Heinrich Julius Glauning（1876年8月5日–1941年8月15日）のことで1921年から1937年までライプチヒ大学図書館長を務めた。

7）廿日出逸暁「講演：移動図書館と私」『昭和47年度全国公共図書館研究集会報告書：付録公共図書館部会総会資料』日本図書館協会公共図書館部会事務局，1973.5，p.95.

8）廿日出逸暁「独逸の図書館事情(其一)ライプチヒ図書館学校」『図書館雑誌』29(2)，1935.2，p.39–44.

9）小松正一「アメリカに於ける Book Wagon 事業に就いて」『図書館雑誌』29(7)，1935.7，p.288.

10）千葉県図書館史編纂委員会『千葉県図書館史』千葉県立中央図書館，1968，p.94.

11）「真実を山へ海へ：千葉県移動図書館「ひかり号」に同乗して」『新しい教室』8(10)，1953.10，p.10.

12）千葉県図書館史編纂委員会，前掲10），p.444.

13）廿日出逸暁，前掲7），p.94.

14）千葉県立中央図書館，前掲3），p.30.

15）内閣情報局「動く図書館 千葉県」『写真週報』(162)，1941.4，p.18-19.

16）千葉県立中央図書館創立三十周年記念事業実施委員会『千葉県立中央図書館三十年略史』千葉県立中央図書館三十周年記念事業後援会，1956，p.103-104.

17）千葉県図書館史編纂委員会，前掲10），p.132.

18）千葉県史料研究財団編集『千葉県の歴史. 通史編. 近現代3』千葉県，2009，p.48.

19）阿部彰『戦後地方教育制度成立過程の研究』風間書房，1983，p.14.

20）ここで言及されたブラウンという人物は，Vernon Brown のことと思われる。ブラウンは，千葉県内で吹奏楽などの指導も行っていた。

21）千葉県史料研究財団編集，前掲18），p.259.

22）廿日出逸暁「前進する訪問図書館」『教育と社会』5(1)，1950.1，p.55.この記事で「リンドバーグ課長の良き御指導」と表されていることが確認できる。

23）Headquarters Chiba Civil Affair Team, "Mobile library unit," 23, Aug.1949, p.1.

24）廿日出逸暁，前掲7），p.94.

25）千葉県立中央図書館，前掲 3 ），p. 30.

26）リンドパーク「訪問図書館の運営は文化国家の社会事業」『千葉文化』（34），1949. 9，p. 2.

27）鈴木武次氏インタビュー（2012年 6 月 3 日）

28）「米国輸入払下自動車改造許可申請」（千葉県立中央図書館所蔵「ひかり号」関係資料）

29）Headquarters Chiba Civil Affair Team，前掲11），p. 3.

30）「館外奉仕関係公文書（管外）」（千葉県立中央図書館所蔵「ひかり号」関係資料）

31）「移動図書館用自動車改装工事自由契約承認願」1949. 6. 20（千葉県立中央図書館所蔵「ひかり号」関係資料）

32）Chiba Civil Affairs, Team, "Annex E-2 Civil Information Activities," Jun.1949, CIE (A) 01286

33）Chiba Civil Affairs, Team, "Annex E-2 Civil Information Activities," Jul.1949, CIE(A) 01287

34）千葉県立中央図書館，前掲 3 ），p. 44.

35）廿日出逸暁，前掲21），p. 54.

36）無署名，"Book-Mobile," *Pacific stars and stripes.* 5(205), Aug.1949, p.6.（千葉県立中央図書館所蔵「ひかり号」関係資料）

37）Robert H. Sykes, "Japan's first bookmobile takes to the road," *Library Journal.* 75(4), Feb.1950, p.349-350.

38）このほかにも，米軍新聞 *Pacific stars and stripes* の記事と *Library Journal* の記事を比較してみると，アメリカにおける開始年を1907年とする誤りや赤，白，青に塗装されたひかり号（ 1 号車）の色の誤りなどの記述が共通している。

39）Chiba Civil Affairs, Team, "Annex E-2 Civil Information Activities," Jul.1949, CIE(A) 01290

40）Headquarters Chiba Civil Affair Team，前掲11），p. 1-2.

41）Headquarters Chiba Civil Affair Team，前掲11），p. 2-3.

42）千葉県立中央図書館，前掲 3 ），p. 47.

43）1950年 4 月以降の図書館法後は訪問図書館ひかり号友の会費という形式で徴収された。

44）Robert L. Gitler 発，Shibata Hitoshi 宛，1952年12月22日付英文書簡（千葉県立中央図書館所蔵「ひかり号」関係資料）

45）Robert L. Gitler 発，Hatsukade Itsuaki 宛，1953年 3 月11日付英文書簡（千葉県立中央図書館所蔵「ひかり号」関係資料）

46）Robert L. Gitler 発，Hatsukade Itsuaki 宛，1953年 7 月16日付英文書簡（千葉県立中央図書館所蔵「ひかり号」関係資料）

47）『第二回全国移動図書館協議会』（千葉県立中央図書館所蔵「ひかり号」関係資料）

48）Gretchen Knief Schenk, *County and regional library development.* Chicago, American Library Association, 1954, 263p.

49）Georgia L. Sealoff 発，Hatsukade Itsuaki 宛，1954年3月18日付英文書簡（千葉県立中央図書館所蔵「ひかり号」関係資料）

第5章　CIE映画『格子なき図書館』 二つのシナリオ

小黒　浩司

1. はじめに

　CIE（Civil Information and Educational Section）映画『格子なき図書館』は，第二次世界大戦後の図書館改革の諸相を伝える好個の資料として知られている。筆者も日本図書館文化史研究会の1996年度第4回例会で「CIE映画『格子なき図書館』について」と題して報告を行ったことがある。この報告は『読書相談』2巻7号（1950.9）に掲載された同映画のシナリオ（以下，読書相談本）と，映画『格子なき図書館』をビデオテープにダビングしたもの（日本図書館協会所蔵）を主な資料として論じた。

　このビデオ版の『格子なき図書館』の解説（ナレーション）は英語であり，加えて画質・音質ともに良好ではなく，検証も十分でなかった。その後同映画の日本語版が発掘され，2014年に日本図書館協会によってDVD化された[1]。また，このDVD版製作チームの一員でもある三浦太郎は，新潟県立図書館（以下，新潟県立）が上記読書相談本とは異なるシナリオ（以下，新潟本）を所蔵していることを明らかにした[2]。

　この新潟本の複製を，筆者は同館企画協力課冨岡哲也氏のご厚意により入手することができた。本章では，映画『格子なき図書館』の二つのシナリオ，さらにDVD版『格子なき図書館』との比較・検証から，同映画の成立過程と千葉県立中央図書館による訪問図書館「ひかり号」（以下，「ひかり号」）が戦後図書館に及ぼした影響を考察する。

2. 劇映画から記録映画へ

2.1 新潟本の概要

　新潟本は，ガリ版印刷の B 5 判で本文20ページ。標題紙には「格子なき図書(仮題)」と記されている。カット数は53で，読書相談本の157に比べると約 3 分の 1 である。まだタイトルも正式決定していない段階の草稿と思われる。

　1 ページには日本映画社の演出担当(下村健二) など，この映画の製作関与者が列記されているが，製作(藤本修一郎) と脚本(吉見泰) は手書きで後から書き加えたとみられる[3]。米国側担当(**CIE**) の総指揮の下，日本側担当(文部省か) がおおよその構想を具体化し，それに基づいて下村が筋書きを考え，藤本と吉見が加わって，最終的なシナリオを作成していったと推定される。

　下村健二(1902〜1993) は戦前からの映画人で，当初は劇場用映画の撮影・監督・脚本に携わった。初監督作品は『漂泊の剣士』(原作・脚本も，1928)。1940年代になり文化映画に転じ，『新しい図書館』(1949) も作品の一つである。藤本修一郎(1909〜) も戦前からの映画人で(第 1 回監督作品は1937年の『軍国の女神』)，1938年文化映画社に入り，1947年日本映画社教育映画部長となった。文化映画・記録映画の製作に多数携わり，1964年の東京オリンピックや1970年の日本万国博覧会の公式記録映画の製作にも加わっている。吉見泰(1913〜2003) は，記録映画・科学映画の脚本，演出，監督として著名で，『ミクロの世界』(監督・脚本，1958)，『原子力発電の夜明け』(脚本，1966) などを手がけた[4]。

　読書相談本は横書き二段組みで，左段はカットの場所その他の説明，右段は解説となっていて，解説者(宮田輝) の説明内容が「です・ます」調で載っている。読書相談本の冒頭には「このシナリオの読み方」が記されているが，このシナリオは「普通の劇映画とちがうところがあります。」として「登場人物があまり会話をせずに，解説者が代つて登場人物の行動を説明したり，その時の心理を説明します。」と記している。これに対して，新潟本は縦書き二段組みで上段はカットの場所その他の説明，下段は解説であるが「である」調となっていて，解説者が「狂言回し」の役割を果たすという映画の進行方法もまだ明確になってはいない。

　新潟本の場合，二つの「劇」から作られている。つまり「普通の劇映画」仕立てである。ところが，読書相談本ではそのうち一つが全面削除(詳細は次項)，

もう一つもかなりの場面を削除している(詳細は次々項)。前述のように，下村，藤本，吉見が相談して，日本の「進歩的な図書館」を実録風に伝える映画に作り変えていったと思われる。

2.2　削除された部分

　新潟本では，宮城県図書館(以下，宮城県立) を舞台に次のような筋の劇が挿入されている。しかしこの部分は読書相談本では削除され，実際の映画には採用されなかった。

　　28児童室
　　　映画が終つて暗幕がとり払われている。
　　　明るくなつた部屋。折鶴や図画などが飾られてある。
　　　児童室らしい机のやわらかな配置。低い棚に仕切られた書庫が開放されてある。
　　　子供たちが棚の一方の入口から入つて自由に本をえらんでいる。
　　　本を持つて一方の出口から出て来た子供が，そこのデスクの係りの人に，貸出しの記帳をしてもらう。
　　　その背後の閲覧席では，子供たちが，何の気がねもなく，くつろいで，自由に本を楽しんでいる。
　　　姉さんが勉強しているその傍らで，一しよについて来たのだろう，その小さな可愛いゝ妹が入つて来る。係りの婦人が小声で
　　　「いらつしやい」
　　　とやさしく迎える。
　　　その子は本の相談を持ちかける。
　　　うなずいて聞いていた係の人は，その子を連れて書庫に入る。
　　　（ナラタージュ）
　　29夜，児童室の書庫を整頓している彼女。本が一冊ないのに気づく。
　　　探すがやはり見当らない。
　　30そこの貸出台の所で，係員たちが集まつて，みんな，心を痛めている。
　　31或る家の部屋
　　　男の子が挿絵入の冒険小説に読みふけつている。本には図書館のブツクナンバーがついている。

32夜，児童室の書庫

その本がもとの所に収つている。係りの彼女，それに気づいて，嬉しそうに，つとその本をとり，開くと，昨日子供が読んでいたのと同じ頁の挿画が出る。

彼女の口もとに嬉しい微笑が浮かんでいる。

（ナラタージュ終り）

33もとの児童室

係の人

「時間が来たから，今日はおしまいにしましよう。また明日ね。」

それまで残つていた子供たち，乱れた椅子をちやんと整頓して，帰り仕度をする。

　以上のように28から33の部分は，児童室で導入された「開架式」の状況とそこで懸念される資料の紛失問題をナラタージュ（回想によって過去を再現する）という手法も用いて描かれている。今日から見ると，「開架式」導入の意義について説得力があるとは思えない。このことが全面削除の理由かもしれない。

　また，ここで描かれている「開架式」は「安全開架式（safe-guarded open access）」で，「閲覧者は，自分で書架から本を取出して本を選ぶことができるが，座席につく前に館員の検閲を受け，貸出しの記録を提出しなければならない」。これに対し「そのまま検閲を受けずに閲覧できる」のが「自由接架式（free open access）」である[5]。

　この映画の製作担当者は，「開架式とは何か」を正確に把握していなかったのかもしれない。これは後述する「移動図書館」に対する理解も同様である。なお，二つのシナリオともに「開架式」という語は使っておらず，「書棚が自由に解放」などの表現になっている。

　そしてもう一つこれも後述するが，この映画にいう「格子（bars）」とは，たんに図書と利用者を隔てる金網や壁だけを指すのではないということである。従来の日本の図書館が抱えていた有料制をはじめとする利用を阻んでいたさまざまな障壁全体が「格子」なのであるという認識が十分でなかったとも思われる。

2.3　圧縮された部分

　映画『格子なき図書館』のプロローグは，竹田という会社員が仕事の関係で

図書館に調査に行くが，目録の不備と閉架式のため思うように資料を探すことができず，「格子なき図書館」を夢想するという一幕劇である。この大筋は新潟本も同じであるが，読書相談本に比べて一部圧縮されている場面がある。

　まず新潟本では，竹田は二つの図書館をまわって資料を探すのだが2館とも思ったような資料にたどり着けない。これが読書相談本では1館での出来事に縮められている。

　また新潟本では，資料を探しあぐねた竹田が出納台の職員に相談するのだが，これに対して1館目の職員は2「さあねえ，カードでもつとよく探してくれませんかね。」と素っ気なく対応し，2館目の職員も12「もう一度，カードをひきなおしてくれませんかな。」と，これもまたにべもない態度を示す。この職員の不親切な接遇部分は読書相談本では削除されている。

　また，新潟本の11閲覧室は戦前期日本の図書館の館内の雰囲気を伝える部分であるが，このカットの説明は以下のようになっている。

　　　席に坐つた竹田さんがまわりを見まわすと ——
　　　見上げるような高い窓，陰鬱（いんうつ）。そして，四方の壁にはられた「静粛」の二字が高い所からいかめしく威圧してくる。
　　　そんな中で本を読む人々は，みんな冷たい谷底に押しこめられた人たちのようだ。本を読みだした竹田さんは，机が手垢でべとつくので気持ちが悪い。紙を出して拭くと埃と垢で真黒くなる。（略）

この映画の製作担当者の図書館体験を反映したものだろうか，図書館に対してかなり悪い印象を示している。読書相談本でこの部分に相当するのが29閲覧室の場面であり，その説明は，「この閲覧室は古い図書館の見本のようなものです。／陰気で重苦しくて，楽しく本を読んだり勉強したりするにはまつたく不向きです。」と，相当圧縮されたことがわかる。

　こうした圧縮や改変は，全体の上映時間と後述する新潟県立と「ひかり号」部分の増強の兼ね合いから行われたものと思われるが，戦前の日本の図書館への批判を控えめにしようとする意図もあったかもしれない。

3．宮城県図書館部分

　新潟本では，宮城県立部分は20から33まで14カット。そのうち前述のように

28から33の6カットが削られた。さらに後述のように，新潟県立が増強され「ひかり号」部分が加えられる。つまり読書相談本での同館部分の存在は，相対的に相当低下することになる。

　1949年8月加藤宗厚（当時国立上野図書館長）は宮城県立を訪問し，その活動状況を『図書館雑誌』に「宮城県図書館を観る」と題して報告している。加藤は視聴覚資料をも活用した児童サービスや貸出文庫などの活動を紹介し，「私を感激せしめたものは職員諸氏の優秀さとライブラリアンシップとである。」と述べる。加藤はまた「私は見た。現在の日本図書館の高い水準の一つを行く宮城県図書館の溌剌たる姿を！」とも述べ，同館を激賞する[6]。

　宮城県立が「格子なき図書館」のロケ先の一つに選ばれたのは，加藤の推薦があったと推定される。しかし新潟本と読書相談本の同館の取り上げ方の変化は，同館に対する評価の変化が関係しているのかもしれない。同館では，1949年11月より図書閲覧を有料とし，金2円の徴収を始めた。また第一読書室での一部図書の「自由接架式」開始は1950年7月，図書の個人館外貸出の再開は1951年4月であり，映画『格子なき図書館』の撮影後のことである[7]。

　一方，閲覧室（開架）→児童室（開架）→映画会→視聴覚ライブラリー→児童室という流れは，新潟本，読書相談本ともに変わっていない。開架式だけでなく，児童サービスと視聴覚資料を重視する姿勢は，次の新潟県立部分にも顕著である。

4．新潟県立図書館部分

4.1　新潟県立図書館の戦後改革

　新潟県立の図書館改革は，1949年9月22日の渡辺正亥館長就任以後に本格化する。10月，分類を日本十進分類法に切り替え，翌50年1月15日には普通閲覧室を男女共用の「自由接架式」（実際は安全開架式）に改めた[8]。新潟県立の取り組みは，同年2月の『図書館雑誌』に武田虎之助（文部省）によって紹介され，また同時に渡辺館長によっても報告された[9]。これが大きな契機となって，『格子なき図書館』のロケ先に選定されたとみられる。新潟県立と日本映画社との製作打ち合わせ会は，宮城県立での撮影の三日後の1950年4月7日に行われ，8日〜12日に撮影が実施された[10]。

4.2 補強された部分

表1は、新潟県立部分の新潟本と読書相談本を対比したものである。新潟県立の開架式の導入などの新たな取り組みを順番に紹介していくという大筋に変化はない。しかし宮城県立とは異なり，49を除いて（次項参照）削除された場面はない。逆に増強された部分が複数あり，それが製作担当者の強調したい部分と考えられる。

まず「開架式」であるが，宮城県立部分での大幅削除を補完するような場面はない。むしろ目録の利用法を丁寧に説明することで，利用者が直接書架で資料を探すだけでは十分でないことを示そうとしたのかもしれない。

カットが増え強調された部分としては，まず図書館の PR 活動が挙げられる。63・64で百貨店のショーウィンドーから図書館の利用をいざない，86で新着図書の展示，87〜89ではテーマを定めての図書の展示が紹介されている。

次に視聴覚資料とそれを活用したサービスがある。96a・b 絵画の展示や90ピクチャーファイル，95ラジオを聴いての討論が新たに加えられた。また視聴

表1　新潟県立図書館部分の比較

新　潟　本	読書相談本
	63・64百貨店のショウウィンドウ
34図書館外観	65・66図書館全景と館内図
35社会科勉強室	67・68社会科勉強室
36特別研究室	
37一般閲覧室（開架）	69〜74普通閲覧室（開架）
	75〜79目録の利用法
38会議室（図書館委員会）	80・81会議室（図書館委員会）
39会議室（図書館の運営に関する会議）	82〜85会議室（図書館の運営に関する会議）
40新規購入図書	86新刊の棚
	87〜89季節ブック等の棚
	90ピクチャファイル
	91・92資料の更新
41音楽室	93・94音楽室
	95ラジオをきく人々
42絵画の展示	96a・b 絵画の展示
43児童室（紙芝居）	97〜107児童室（人形劇）
44児童室（手工）	108〜115児童室（手工）
45視聴覚ライブラリー	116〜121視聴覚ライブラリー
46事務室（打ち合わせ）	122事務室（打ち合わせ）
47オート三輪	123〜125巡回文庫
	126〜128巡回文庫運搬シーン（オートバイ）
48公民館	129〜132b 公民館
（49移動図書館）	132巡回文庫運搬シーン（舟）
	133〜136巡回文庫運搬シーン（人が背負う）

覚ライブラリーの活動も，116～121のカットを使って詳細に紹介されている。
　また児童サービスも，97～107の人形劇，108～115の手工と，それぞれ大幅に増強されている。児童サービスの重視は，前記の視聴覚資料とともに宮城県立部分とも共通しており，この映画全体の重点といえる。なお，巡回文庫部分も，相当カット数が増えているが，このことについては最終節で論じる。

4.3　削除された部分

　新潟本の場合，新潟県立部分の最後は次の49のカットであるが，この部分は読書相談本では全面削除となっている。この部分を寸劇と考えれば，新潟本は三つの劇仕立てであったといえる。

　　49へき村の地に移動図書館の自動車がやつて来る。
　　　走り出して来て，車をわつと取り巻く村の人たち，子供たち。
　　　ガタンと後尾の扉が開いて，ギッシリつまった書庫がのぞく。
　　　――
　　　本を返して，新しい本と取りかえてもらう人たち。
　　　一人のおかみさんが出て来て，係員に言つている。
　　　「小さい子供が，よく腹をこわしますので，今度は漢方薬のことでも書いた本を持って来ておくんなまし」
　　　係員
　　　「よしきた，きつと持つて来るぜ，おばさん」
　　　車の中でレコードが鳴り出す。
　　　明るい音楽が車のまわりの人山を越え，へき村の部落に流れてゆく。
　　　楽しい青空コンサートだ。

　新潟県立の巡回文庫については詳細不明であるが，1949年12月に「巡回文庫担当者会議」が開催されている。自動車文庫「みずほ号」の運行開始は，1962年6月であった[11]。『格子なき図書館』に登場するのは，後部に二輪の荷台が付いている「オートバイ」であり，上の49のような場面を撮影することは不可能であった。何らかの事情から新潟県立で「移動図書館」が運行しているという間違った情報が，映画の製作担当者に伝わっていたのかもしれない。当時の交通事情や情報環境を考えるとやむを得ないことであるが，事前調査(ロケハ

ン）も不十分な状態で，シナリオが書かれ現地に向かったと思われる。

あるいは「移動図書館」や「巡回文庫」といったことの定義が未熟だったのかもしれない。「移動図書館」とは，自動車など動力を用いて図書を運搬するものととらえ，新潟県立（あるいは後述する鹿児島県立も）での撮影が企画されたとも考えられる。

1952年刊行の『図書館ハンドブック』初版では，「貸出文庫（巡回文庫）」とは，「通例として，一定の容器に数十冊の図書を納めて図書館に登録した各所の団体又は個人に対して送付し閲覧させる方法で」ある[12]。つまり図書館が担うのは資料（の入った容器）の運搬である。

「移動図書館」とは，「公共図書館が図書を利用しにくい地域の住民に対して，何らかの移動手段を用いて図書館資料を運び，図書館員による図書館サービスを提供する方式。」である[13]。肝心なのは，職員が貸出しをはじめ，読書相談，簡易なレファレンスなどのサービスを直接提供することであり，移動手段は自動車でなくともよい。

当時の映画製作担当者に，こうした理解を求めるのは酷であろう。その頃の日本の図書館関係者にも，「移動図書館」と「巡回文庫」の差異を明確に理解していた人は少なかったのではなかろうか。そもそも当時の館界では，「移動図書館」という呼称は一般的ではなかった。前引の『図書館ハンドブック』初版では「ブック・モビル（自動車文庫）」であったし[14]，「ひかり号」も当初は「訪問図書館ひかり」であった。

「ブック・モビル（book mobile）」，「移動図書館（mobile library）」，「貸出文庫（巡回文庫）」の区別，図書館サービス上の意義・位置づけが一定程度確立したのは，『中小都市における公共図書館の運営（中小レポート）』（1963年）以後であり，東京都日野市立図書館の「ひまわり号」（1965年）の登場や『ブック・モビルと貸出文庫』[15]の刊行（1967年）を待たなければならなかった。

たとえば当時の図書館関係の辞典類を見ると，中村初雄編『実務必携図書館用語辞典』（1951年）では，「文庫自動車（Book mobile）」で立項し，「図書を搭載して巡回文庫として奉仕出来るように設計仕立てた貨物自動車。図書巡行車ともいう。」としている[16]。また植村長三郎編『図書・図書館事典』（1951年）では，「巡回文庫（Travelling library）」の項で，「米国に行われつつある車輌文庫（Waggoon library）及び自動車文庫（Book Mobile）等の方法も含む。（略）車輌文庫は馬車などを図書陳列用に改造し，地方の町に出向いて，扉を開くと

中に新刊書や農村青年男女に適するものを接架し得るようにし往来で貸付ける組織である。(略) 自動車文庫は乗用自動車を改装して同様のことが行われる。(略)」としている[17]。

　先に『図書館ハンドブック』の初版[18]を引いたが，その後の『図書館ハンドブック』では，改訂版・増訂版(ともに1960年)[19]，4 版(1977年)[20]では，「ブック・モビル」で立項している。ところが 5 版(1990年)[21]になって「移動図書館」となり，6 版(2005年)[22]に至って「図書館サービス」部分での記述が消えてしまう。

5.「ひかり号」の追加

5.1　エピローグ部分の変更

　新潟本の場合，この49の場面で新潟県立部分が終わり，50日本地図に場面が転換し，51から53のカットで終了となる。つまり50から53がエピローグ部分である。しかし読書相談本では，137から152に新たに「ひかり号」部分が追加され，153からエピローグ部分が始まり，157で終了となる。

　本項では，エピローグ部分の比較・検討を先に行い，最後に「ひかり号」追加の意味を考える。

　表2 は新潟本と読書相談本のエピローグ部分を比較したものである。読書相談本では，「ひかり号」部分の148から149の個所に次の解説が重なるかのように示しているが，映画『格子なき図書館』では，153の個所で解説されている(後掲**表3** も参照)。

　　すでに仙台，新潟，千葉，金沢，京都，高知，鹿児島，長野，静岡，兵庫，
　　滋賀の図書館は書棚を自由に解放し視聴覚の教具の利用を人々にすすめ文
　　化の宝庫としての図書館を人々に知らせるなど，読書をはばんでいた障害
　　を取り除きにかかつているのです。
　　すなわち格子なき図書館として生まれかわつてゆくのです

　新潟本では，50日本地図の次に51鹿児島県立図書館(以下，鹿児島県立) の外観に場面が切り替わり，続けて52・53の場面となる。したがってこの52・53は，鹿児島県立での撮影を予定していたと考えられる。だが同館での撮影は行われなかった模様であり，新潟本では予定されていない「ひかり号」部分が137

から152に追加される。なお，新潟本53に相当するのが読書相談本154から157であるが，この部分の撮影場所は不明である。

表2　エピローグ部分の比較

新 潟 本	読書相談本
50日本地図 　仙台，新潟，金沢，高知，鹿児島の地名が記 　入される。 51鹿児島県立図書館の外観。 52新しい図書館 　自由に気易く入ってゆく人々 53閲覧室 　開放された書庫で自由に本をえらぶ人たち。 　熱心に本の相談に応じている係の人 　明るい席で熱心に調べ物をしている学生。 　農業の本を書棚の中からえらんでいる百姓。 　明るい日射しをうけて洋裁のデザインのノー 　トをとっている女性。 　読書にふける学者。 　楽しそうに一冊の本を見合つている二人の子 　供の明るい顔。	153日本地図線画 　進歩的な図書館の所在地，仙台，新潟，千葉， 　金沢，京都，高知，鹿児島，長野，静岡，兵 　庫，大津が現れる 154本を読んでデザインする女 155本を読む女 156本を読む老人 157本を読む紳士

5.2　消えた鹿児島県立図書館部分

　鹿児島県立も，戦後図書館改革の先頭を歩む図書館として早くから注目される存在であった[23]。戦後初期の取り組みとしては，1947年6月の「鹿児島県立図書館職員組合」結成[24]，8月の館舎に同居中の鹿児島市警察署の館外立ち退き運動[25]などを挙げることができる。11月に久保田彦穂（椋鳩十）が館長に就任し，改革が加速する。

　1949年3月に配本車（ジープ型トラック）を購入し，貸出文庫の配本を開始した[26]。このジープは軍政部から払い下げを受けたもので，『図書館雑誌』に掲載された報告によれば「貸出文庫」という名称で「館員が随伴して読書会，座談会等を行つて積極的サーヴイスをする由」と伝えられていたが[27]，書架を搭載した車両（「すばる」2号）の導入は1960年4月のことである。

　また映画の製作当時の1950年頃，鹿児島県立には大閲覧室，児童室，労働文庫室，アメリカ読書室（アメリカン・リーディング・ライブラリー），盲人室の5つの閲覧室があったが，労働文庫や児童室は「オープンであるが」，大閲覧室の「開架式」は設計案を練っている段階であった[28]。鹿児島県立の開架式導入は，1951年5月である[29]。

　さらに児童室，労働文庫室，アメリカン・リーディング・ライブラリー，盲人室は無料であったが，大閲覧室は有料（入館料一人1円）であった[30]。児童室・労働文庫室は個人貸出しを実施していなかった[31]。

　鹿児島県立での撮影が見送られ，「ひかり号」に白羽の矢が立てられたのは，第一には鹿児島県立の上記のような状況が原因であろう。また新潟県立での撮影後，「移動図書館とは何か」ということに関して関係者の間で再検証が行われ，ロケ先を変更することになったとみられる。

5.3　「ひかり号」部分の特徴

　宮城県立，新潟県立の撮影が1950年4月上旬に連続して行われた後，「ひかり号」の撮影は約1か月を経過した1950年5月16・17日に実施された[32]。この1か月の間に，下村ら日本映画社の担当者は，宮城県立・新潟県立での撮影の結果をふまえ，CIE，文部省の助言を受けながら，鹿児島県立に代わる3館目のロケ先を選考し，新潟本を大幅に見直して，読書相談本を作成していったと推定される。

　新潟県立部分の後半，巡回文庫をオートバイに乗せて運び（126〜128），公民館部分をはさんで（129〜132b），さらに舟を使って（132），人が背負って（133〜136）運搬する模様が，ほとんど解説もなく音楽を背景として延々と続く。それは，次の「ひかり号」部分（137〜152）の序章の役割を果たしているように思われる。

　「ひかり号」部分は，新潟県立とエピローグ部分の間の2分ほどの分量である。この部分も解説は少なく音楽を背景にして「野を過ぎ山を越え谷を渡つて遠く離れた町や村に，明るい文化をおくりこむのです。」との解説とともに，「ひかり号」の走行シーンが続く（137〜143）。さらに「こうして図書館の利用はもはやその附近に住む人々にだけの利用にとどまりません。」との解説にあわせてその書架が開かれ，利用者が図書を手にとって選ぶ様子が映し出されている（144〜151）。そして人々に見送られて「ひかり号」が走り去り（152），エピローグ部分へと場面が転換する。

　戦後，千葉県立中央図書館でも分類法の切り替えや分館設置などの改革が行われているが[33]，読書相談本や映画『格子なき図書館』ではまったく取り上げられていない。宮城県立や新潟県立に共通する視聴覚資料や児童サービスを重視するシーンもない。海沿いの道を，あるいは谷底の道を走る「ひかり号」の

姿と，そこに集まる利用者と職員の様子だけが映し出されている。

　宮城県立と新潟県立部分では，図書館の多様なサービスが映し出された。これに次いで「ひかり号」部分では，そのサービスが館外へと拡張していくことが示された。「開架式」を導入するだけでは「格子なき図書館」は実現しない。「格子なき（without bars）」とは，ただ図書と利用者を隔てる金網や壁を取り外すことだけではない。利用を阻んでいたさまざまな障壁を乗り越え，積極的に図書館が，図書館員が館外へ出なければならない。「ひかり号」はこうした呼びかけのために登場したといえよう。

5.4　「ひかり号」登場の背景と意義

　「ひかり号」に用いた米軍トラックの払い下げには千葉軍政部報道課長のウォルター・リンドバーグ（Walter E. Lindberg）などが関わった。1949年 8 月の「ひかり号」の命名・披露式には，リンドバークや CIE 図書館担当のポール・J・バーネット（Paul J. Burnette）などが参列し，その誕生は，米軍の機関紙 *Pacific Stars and Stripes* で報じられた。また1950年 2 月には *Library Journal* にも掲載された[34]。

　「ひかり号」の存在は，アメリカ側関係者に広く知れ渡っていた。したがって鹿児島県立に代わって「ひかり号」が映画で取り上げられることにとくに異存はなかったと思われるし，あるいはアメリカ側からの働きかけがあったのかもしれない。

　また「ひかり号」の登場は，千葉県内，日本国内でも大きな話題となっていた。「訪問図書館ひかり」の名は，県民に公募され決定した[35]。改装を終えた自動車は，白銀に塗られたスピーカーからラジオ放送を流しながら銀座を経由して千葉県に回送され，その模様はニュース映画の題材として撮影されたという[36]。前記の命名・披露式には，文部省の雨宮祐政事務官や日本図書館協会の有山崧事務局長などが列席し[37]，その登場は，『図書館雑誌』の「トショカンニュース」欄で速報された[38]。

　したがって日本側関係者にとっても，「ひかり号」の登場にとくに抵抗はなかったと思われる。もちろん「格子」とは図書館の利用を阻むもの全体の表象であるとの理解が前提であるが。

　『ブック・モビルと貸出文庫』では，ブック・モビルの図書館サービス上の意義として，「(i)機動性（移動性）」と「(ii)PR 性」の二つを挙げている[39]。「ひ

かり号」の誕生から映画『格子なき図書館』への登場に至る過程をみると，「ひかり号」はこの二つの意義を先駆的に示したといえる。「ひかり号」そのものが，戦後図書館改革の象徴であり，時代の先端を行く存在であった。

6．おわりに

　映画『格子なき図書館』の日本語解説を聴くと，読書相談本の解説と若干の異同があることがわかる。表3は，読書相談本と映画『格子なき図書館』解説の間で，大きな異同があった部分である。最終的に「開架式」の問題とともに，「入場無料」に力点を置くかたちで，シナリオが完成されたように思われる。これは図書館法が制定され，無料公開（第17条）が定めれられたことを受けての修正と考えられる。

表3　読書相談本と映画『格子なき図書館』解説のおもな異同

読書相談本	映画『格子なき図書館』の解説
65自由な新しい図書館は古い建物の中にでも作ることができます。この図書館は大正のはじめ，1914年頃建てられたものですが，その内容を改善して，今日では最も新しい図書館になりました。	新しい図書館は古い建物の中にでも作ることができます。この図書館は大正のはじめ，1914年頃建てられたものですが，その内容を改善して，今日では書棚が自由に読者に解放されており，しかも入場無料の近代的な図書館になりました。
150暗く古く単に書物の倉庫に過ぎなかつた日本の図書館も書棚の自由に解放された明るい図書館へと徐々にとは云へ着実に変わりつつあるのです。	暗く古く単に書物の倉庫に過ぎなかった日本の図書館も書棚の自由に解放された図書館へと徐々にとは云へ着実に変わりつつあるのです。書棚は自由に解放され入場も無料となり，しかも読者の便宜のため夜も遅くまで開館されています。
153〜155すでに仙台，新潟，千葉，金沢，京都，高知，鹿児島，長野，静岡，兵庫，滋賀の図書館は書棚を自由に解放し視聴覚の教具の利用を人々にすすめ文化の宝庫としての図書館を人々に知らせるなど，読書をはばんでいた障害を取り除きにかかつているのです。すなわち格子なき図書館として生れかわつてゆくのです	すでに仙台，新潟，長野，千葉，静岡，金沢，大津，京都，神戸，高知，鹿児島の図書館はすべての参考資料を自由に読者に解放し，また図書館の価値と利用方法を人々に知らせるなど，読書をはばんでいた障害を取り除きにかかつているのです。全国のすべての公立図書館が，このような格子なき図書館に生まれかわるのも間近いことでしょう。

　いささか細かいことであるが，**表4**は読書相談本での「進歩的な図書館の所在地」（153）の排列を，新潟本（50）と映画『格子なき図書館』解説の該当部分とを比較したものである。所在地の排列は，おおむね北からの順序となっており，その点で読書相談本の長野，静岡，兵庫，滋賀の4か所は異質である。

読書相談本完成の直前に，この4か所が急きょ付け加えられたと想像される。これは何を「進歩的な図書館」と考えるかをめぐって，製作者の間での議論に加え，あるいはアメリカ側の関係者からの指示，さらには日本の関係者からの意見などが寄せられ，二転三転してシナリオが作られていったことを示唆するものであろう。

　以上のことから，新潟本と読書相談本の間の別のシナリオ，また読書相談本のあとの完成版のシナリオの存在が推定できる。また冒頭に記したように，英語版の解説のフィルムも存在する。今後，新潟本，読書相談本以外の第3の，あるいは第4のシナリオが発掘され，より詳細に映画『格子なき図書館』成立に至る過程が解明されることを期待したい。

表4　「進歩的な図書館の所在地」の排列（下線は筆者）

新潟本	読書相談本	映画『格子なき図書館』の解説
仙台	仙台	仙台
新潟	新潟	新潟
	千葉	長野
京都	金沢	千葉
金沢	京都	静岡
高知	高知	金沢
鹿児島	鹿児島	大津
	長野	京都
	静岡	神戸
	兵庫	高知
	滋賀	鹿児島

注

1）『映像でみる戦後日本図書館のあゆみ』製作チーム編『映像でみる戦後日本図書館のあゆみ：『格子なき図書館』と『図書館とこどもたち』』日本図書館協会，2014

2）三浦太郎「CIE 映画「格子なき図書館」の成立に関する考察」『明治大学図書館情報学研究会紀要』(6)，2015.3，p. 11-18.

3）なお，新潟本では録音と音楽担当も空欄となっているが，読書相談本では録音・松崎新一，作曲・鈴木林蔵，演奏・大映株式会社，とそれぞれ記されている。

4）製作関係者については，『日本映画監督全集』キネマ旬報社，1976；佐藤忠男編『日本の映画人：日本映画の創造者たち』日外アソシエーツ，2007；「日本映画データベース」(http://www.jmdb.ne.jp/)［引用日：2016-10-22］等を参照。

5）『図書館ハンドブック』改訂版，日本図書館協会，1960，p. 686. なお，1952年刊の同書初版では，安全式開架を「イギリス式接架」(p. 452)，自由開架式を「アメリカ式接架」(p. 453) と称している。

6）加藤宗厚「宮城県図書館を観る」『図書館雑誌』43(9)，1949.9，p. 127.

7）『宮城県図書館年表：創立百周年記念』宮城県図書館，1981，p. 18-20. なお，映画の撮影は，1950年4月1日から4日である。

8) 新潟県立図書館編集『新潟県立図書館創立100周年記念誌』新潟県立図書館，2016，p. 71
　　-72.

9) 武田「新潟県立図書館は生き返つた」，渡辺「新潟県立図書館の現況」『図書館雑誌』44
　　(2)，1950. 2，p. 5-7.

10) 新潟県立図書館，前掲 8)，p. 72.

11) 新潟県立図書館，前掲 8)，p. 70，84.

12) 日本図書館協会編『図書館ハンドブック』日本図書館協会，1952，p. 488.

13) 日本図書館情報学会用語辞典編集委員会編『図書館情報学用語辞典』第 4 版，丸善出版，
　　2013，p. 9.

14) 『図書館ハンドブック』の27と77項。なお，この項目の執筆は廿日出逸暁である。

15) 鈴木四郎，石井敦編『ブック・モビルと貸出文庫』日本図書館協会，1967。なお，同書
　　第 1 篇「ブック・モビル」の協力執筆者の一人が千葉県立図書館の大岩好昭であるが，具
　　体的な分担部分は不明である。

16) 中村初雄編『実務必携図書館用語辞典』同学社，1951，p. 6.

17) 植村長三郎編『図書・図書館事典』文徳社，1951，p. 302.

18) 日本図書館協会前掲12).「図書館奉仕」の章と「図書館施設」の章に，それぞれ立項(増
　　訂版も同じ)。

19) 日本図書館協会編『図書館ハンドブック』増訂版，日本図書館協会，1960

20) 日本図書館協会ハンドブック編集委員会編『図書館ハンドブック』第 4 版，日本図書館
　　協会，1977.「利用者サービス」の章と「施設」の章に，それぞれ立項。

21) 日本図書館協会編ハンドブック編集委員会『図書館ハンドブック』第 5 版，日本図書館
　　協会，1990.「図書館サービス」の章に，「移動図書館」で立項。

22) 日本図書館協会図書館ハンドブック編集委員会編『図書館ハンドブック』第 6 版，日本
　　図書館協会，2005

23) 『鹿児島県立図書館史』鹿児島県立図書館，1990，p. 67-87.

24) 鹿児島県立図書館編『戦後職員組合の活動』鹿児島県立図書館，1947

25) 鹿児島県民生労働部労政課編『鹿児島県労働運動年表(1945年～1960年)』鹿児島県民生
　　労働部労政課，1967，p. 39.

26) 前掲23)『鹿児島県立図書館史』p. 77-80.

27) 「鹿児島県立図書館の報告」『図書館雑誌』43(1)，1949. 1，p. 15.

28) 岡積聖「一九五〇年司書部の動き」『鹿児島県立図書館報』(6)，1950. 3，p. 8.

29) 久保田彦穂「開架式運営について」，入部兼弘「開架式・接架式閲覧を始めるまで」『南
　　の窓』(2)，1951，p. 1-7.

30) 久保田彦穂「鹿児島県立図書館運営方針」『鹿児島県立図書館報』(6)，p. 2.

31) 岡前掲28)，p. 8.

32) 『千葉県移動図書館ひかり二十年史』千葉県立中央図書館, 1970, p. 136. なお, 千葉県図書館史編纂委員会編『千葉県図書館史』(千葉県立中央図書館, 1968) 所収の「千葉県図書館史年表」では, 5月30-31日に「日映映画「格子なき図書館」に採録のため県立図書館の B.M 活動情況を同社にて撮影。」としている (p. 460)。また, 「ひかり号」の『日誌』(千葉県立中央図書館所蔵「ひかり号」関係資料) も, 5月30・31日である。このような撮影日のズレは, 天候不良のため2回撮影できず「やつと五月卅, 卅一日, 三回目のロケに至つて成功した」ことが理由と思われる。(土屋 [栄亮] 「映画で全世界にお見得するブックモビル」『千葉文化』(43), 1950.6, p. 2.) なお同記事では, この映画を「総司令部視覚教育官ジヤドソン氏指導の下に企画中」としている。この「ジヤドソン氏」とは Franklin B. Judson であろう。

33) 千葉県立中央図書館の分館設置の経緯については, 第2部第2章「千葉県立中央図書館, 廿日出時代の図書館政策」を参照。

34) 「ひかり号」とアメリカの関係については, 第2部第4章「「ひかり号」の源流と実現への道」を参照。

35) 「ひかり号」呼称の公募から決定への経緯は, 第1部第3章「千葉県立図書館「ひかり号」利用者の分析」を参照。

36) 前掲32)『千葉県移動図書館ひかり二十年史』p. 38-39, 44, 46, 55.

37) 同上, p. 40, 44.

38) 「動く図書館「ひかり号」」『図書館雑誌』43(7・8), 1949.7・8, p. 113. また, 廿日出による「千葉県中央図書館のブック・モビール経営理論と実際」が44(7), 1950.7, p. 38-41. に掲載されている。

39) 鈴木四郎, 石井敦, 前掲15), p. 15-16.

第6章 移動図書館の役割・意義とその展望：
アウトリーチ・サービスの観点から

久保田正啓

1. はじめに

　2011年3月の東日本大震災以降，被災した人々のもとへ本を届ける活動をする移動図書館が話題になることが多くなった。近年，移動図書館が一時期よりは注目されているのを感じることができる。しかし，1950年代からの公立図書館が所有する移動図書館車の台数の経年変化を見ると（**図1**を参照），1970年代から1980年代にかけて大幅に増加し，1990年代中盤が最も多く，その後減少傾向にあることがわかる。2007年以降は微減となっているが，いずれにしろ移動

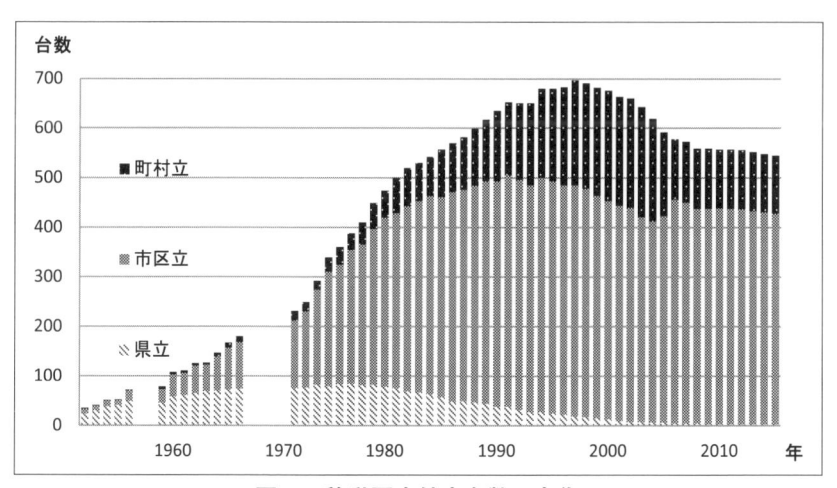

図1　移動図書館車台数の変化

『日本の図書館』各年版より（データの無い年は記載の無かった年）

図書館車数は，すでにピークを過ぎて減少している。雑誌では「(移動図書館は)図書館網が整備されるにつれて利用が落ち込み，次第に影の薄い存在になっていく例が多いようです」[1]と書かれたり，図書の中で「自動車文庫の廃止」[2]を主張する図書館関係者が現れている。移動図書館の必要性は低下しつつあるのだろうか。

1.1 研究の動機と目的

　例えば，1995年の公立図書館数は2,264館[3]であるが，20年後の2015年の公立図書館数は3,241館[4]であり，約1.43倍の増加である。ある程度固定館(建物の図書館)が設置されると，地理的なサービス空白地域は減少することになる。その結果，かつては固定館の代わりとして活発に利用された巡回ステーションが少なくなり，移動図書館の貸出冊数は低下する。このことにより，それ以前と比べると移動図書館の貸出コストが悪化したと見られた。そして，排気ガス規制の変更や行財政改革の影響も受けた。公立図書館の移動図書館車数は，最も多かった1997年は697台[5]であったが，2015年は545台[6]となっている。2015年までの数値には新たに増加した移動図書館車も含まれている。したがって，この間，少なく見積もっても152台以上の移動図書館車が削減されたことになる。このように移動図書館の廃止を判断する公立図書館が相当数あった。

　筆者は，この判断が公立図書館の目的から見て非合理ではないかと疑問を持っている。移動図書館の役割は，固定館がある程度建設されたのち，それでも残る空白地域へのサービスと並んで，「社会的・環境的に不利益を被っていて，図書館利用から疎外されている人々」のところに出かけていく活動(本章では，これをアウトリーチ・サービスの一つとして捉える)にあるのではないか。不利益を被っていて図書館利用から疎外されている人々のところに出向く活動は，「誰にでも」図書館利用の機会を保障するという公立図書館の根本の在り方につながっており，移動図書館がアウトリーチ活動に取り組むことは，非常に重要である。本章では，アウトリーチ・サービスの観点から見た移動図書館の役割と意義と今後の展望を明らかにすることを目的とする。その際，レイ・オルデンバーグ(**Ray Oldenburg**)の「第三の場(サードプレイス)」の概念を用いる。

2．移動図書館とアウトリーチ・サービスの概念規定

2.1　用語の定義

2.1.1　移動図書館

　移動図書館は、「(1)利用者の近くまで車などで移動し(2)資料と職員を運び(3)貸出し、レファレンスなどの図書館サービスを提供する図書館」[7]（数字は引用者による）と定義される。この3つの要素がすべて満たされているものを移動図書館という。

　では、移動図書館の役割・意義について先行する文献を検討したい。

　1977年に出版された『図書館ハンドブック』第4版では、移動図書館の目的として以下の4点をあげている。

　　　(1)人口密度が低く、分館を設置することができない地域や、分館から遠隔の地に居住する人びとに対して、図書館サービスを行きわたらせること。
　　　(2)市街地において、（略）分館からの直線距離はそう遠くはないが、鉄道・河川・幹線道路その他の障害物等によって、時間的あるいは心理的な距離が隔たっている地域の住民に図書館サービスを保障すること。
　　　(3)身体の障害、高齢その他の事情により、本館、分館を訪れることのできない人びとに図書館サービスを保障すること。
　　　(4)図書館網完成前に、できるだけの図書館サービスを提供するための、分館の暫定的代替としての役割を果たすこと[8]。

1970年代に移動図書館の目的として(3)をあげているのは先見的である。しかし、この文献はハンドブックの1項目であるので、それを挙げた理由や根拠までは書かれていない。

　前川恒雄は2006年刊行の『新版 図書館の発見』の中で移動図書館の役割について、以下のように述べている。

　　　1960年代後半から、移動図書館は市民に歓迎され利用も大きく伸びたが、これは移動図書館が分館の役割を担わされていたからである。（略）しかし、移動図書館本来の働きは、分館を建てるには人口が少なすぎる地域にサービスするためである[9]。

森耕一は1976年の『公共図書館』で，移動図書館の役割を以下のようにとらえている。

> さて，移動図書館は，どういう役割と機能をもっているだろうか。アメリカ図書館協会の基準は，(1)未奉仕地域に図書館サービスを導入するため　(2)恒久的な図書館施設を維持できない地域に継続的なサービスをするため　(3)分館に適した位置を決定するための3つを挙げている。(1)は，移動図書館にかぎらず，あらゆるサービス拠点の増設についていえることである。(3)は，移動図書館としては一時的な使われ方で，いずれは分館にとって代られる。結局，移動図書館本来の役割は(2)にある。人口密度が高くないために，分館の維持管理費にみあうほどの図書館需要がない地域に対するサービス手段が，移動図書館なのである[10]。

以上をまとめると，先行文献から把握できる移動図書館の主な役割とは，(1)固定館を設置するには人口が少なすぎる地域や，固定館から距離が離れていたり地理的・施設的障害物により来館しにくい地域に図書館サービスをすること，(2)固定館が設置されるまでの暫定的代替としての役割を果たすこと，(3)心身の障害，高齢などの環境的・社会的理由から固定館を訪れることのできにくい人に図書館サービスを保障すること，の3点である。

2.1.2　アウトリーチ・サービス

アウトリーチとは，どのような活動を指すのかについて『図書館情報学用語辞典』第4版では，「施設入所者，低所得者，非識字者，民族的少数者など，これまで図書館サービスが及ばなかった人々に対して，サービスを広げていく活動」[11]と定義している。さらに「社会的に不利益をこうむっている人々の多くが，そのまま図書館の未利用者であるという事実が図書館の側の責任として問題にされ」[12]と説明されている。

中山愛理は，エレノア・F. ブラウン(Eleanor F. Brown)の著書を引用して，アウトリーチ・サービスの8つの対象層を紹介している。すなわち，「1）経済的に不利益を被っている人々，2）身体的に障碍がある人々，3）精神的に障碍がある人々，4）人種隔離の影響を受けている人々，5）刑務所や病院，その他施設内にいる人々，6）高齢者(足腰が弱く外に出ることが困難な人)，7）児童へのサービス，8）英語を母語としない人々」[13]である。

　以上の2者から考えると，アウトリーチ・サービスとは，これまで図書館サービスを全く，または不十分にしか受けられなかった社会的・環境的に不利益を被っている人々に，図書館が能動的に工夫をこらす活動である。そしてその目的は，不利益を被っていて図書館利用から疎外された人々に図書館サービスを提供することである。

2.2　役割と意義についての先行研究

　日本の移動図書館の役割と意義をアウトリーチ・サービスの観点から詳細に検討した研究は，管見の限りでは見当たらなかった[14]。「これからの移動図書館の役割はアウトリーチだ」ということが意見として発言されるのは聞いたことがあるし，スローガン的に書かれているのを目にしたことはある。近年に図書館情報学のテキストとして出版された図書の中には，移動図書館のアウトリーチ的役割を指摘しているものもある[15]。本章は論考として，アウトリーチ・サービスの観点から見た移動図書館の役割と意義は何か，を記述する。

3．アウトリーチ・サービスと移動図書館の役割

　これまで移動図書館の役割としては，「固定館から離れているか，固定館を建てるには人口が少なすぎる地域にサービスすること」と「固定館の暫定的な代替を果たすこと」の2つの役割が先行してきた。移動図書館の役割は，2.1.1.のまとめで述べた「(3)心身の障害，高齢などの環境的・社会的理由から固定館を訪れることのできにくい人に図書館サービスを保障すること」もあり，アウトリーチ・サービスの目的と共通するものである。

3.1　移動図書館の役割の検証

　「不利益を被っている人々」への活動そのものは公立図書館では以前から行われてきた。視覚障害者へのサービスは固定館での長く多様な実践がある。その国の言葉を母語としない人にも「多文化サービス」が行われてきた。一方で，図書館がアウトリーチ・サービスに取り組むにあたって，移動図書館の活用も有効な手段である。

　実際のところ，移動図書館は「不利益を被っている人々」へのサービスにおいて役割を果たすための特徴を備えている。第1に移動図書館は，来館してもらうのを待つのではなく，「不利益を被っている人々」のところへ出かけてい

けることが挙げられる。第2に，「不利益を被っている人々」の身近に図書館（固定館）を設置する方法より低い経費でアウトリーチ・サービスに着手できることである。第3に，対象となるところに素早く出向いて図書館サービスを提供できる移動図書館の柔軟性は，アウトリーチ活動に取り組むうえで効果的である。

3.2　移動図書館の課題

　一方で移動図書館は万能ではない。移動図書館の弱点としてよく挙げられるのは，(1)訪問する日・時間が限定されてしまうこと，(2)雨や雪などの気象条件に影響を受けやすいこと，(3)積載していく本の量が限られること，の3点がある。

　(1)(2)は移動図書館の弱みとして，ついて回るものである。少しでもこの弱点を補うためには，(1)については，巡回間隔を可能なかぎり短くして巡回頻度を週に1回以上とすることが望ましく，なるべく長時間滞在することが重要である。(2)を克服する方法は，訪問先に施設があれば施設内に資料を持ち込んで貸出を行うなどの工夫が必要であろう。(3)も移動図書館の永遠の課題である。しかし，移動図書館には，積載していく本を積み替えられるという特徴がある。たしかに一度に持っていく本の数は限られるが，訪問する場所ごとにそこの利用者のよく利用する分野，ニーズの高い資料をそろえていくことで，資料数が限定されることの弱みを，ある程度は補うことができる。

4．アウトリーチ・サービスを行う移動図書館と「第三の場」

　一般的にアウトリーチ・サービスを行うのに移動図書館を使用する意義は，図書館を利用することができない「不利益を被っている人々」のところへ出かけて行って，その場で図書館資料やサービスを提供することにより，人々の知る権利を保障することである。これは，すべての住民の知る自由を保障するという公立図書館の使命に関わる重要な意義であるが，他の方向からの検討も可能であろう。ここでは「第三の場（サードプレイス）」をとりあげる。

4.1　第三の場（サードプレイス）

　「第三の場（サードプレイス）」は，アメリカの都市社会学者オルデンバーグの提示した考えである[16]。オルデンバーグは，住民の生活における「たまり場」

がどのように形作られているかの研究を行った。久野和子は「第三の場」を次
のように紹介している。

　　　「第三の場」は「インフォーマルな公共の集いの場」であり，住民がい
　　つでも誰でも自由に出入りでき，おもしろく陽気に会話を楽しめる地元の
　　場所のことである[17]。

この考え方は最近日本でも注目されている。
　オルデンバーグは「第三の場」に共通する特徴を8つ挙げている[18]。その8
つを端的にまとめたものがあるので，以下に引用する[19]（数字は引用者による）。

　　　(1)「個人が思いのまま出入りでき，誰ももてなし役を要求されず，全員
　　がくつろぎ，心地よく感じる」中立地帯にある。
　　　(2)「一般住民がアクセス可能で，形式張った会員資格や排除の基準を設
　　定しない」平等主義にして包み込む場である。したがって，それほど身近
　　でも親密でもない他者と交流し合える社会的ネットワークの拡大を促進す
　　る。
　　　(3)会話を主要な活動とする。－オルデンバーグが説明するように，「第
　　三の場を最も明示する特徴は，話が楽しいとか，活気があり，生気に満ち，
　　華やかで魅力的ということである」。(略)
　　　(4)アクセスしやすく，協調的である。最良の第三の場とは，ほとんど
　　いつでも1人で行けるし，知り合いが見つかると確信できる場をいう。
　　　(5)「常連」や「客仲間」を持つ。(略) 新参者と信頼を育みながら，「そ
　　の場でくつろぎ，陽気な雰囲気をつくる」ことである。
　　　(6)建物は目立たない。「概して簡素で」印象に残らない外観をしている。
　　そうした建物は「集まる人の気取りの除去に役立ち」，その利用者の日常
　　にとけ込ませる。
　　　(7)陽気な，遊び場的な雰囲気を持続している。(略)
　　　(8)家を離れた時のもう1つの家である。(略)「家とは根本的に違う設
　　定だが，第三の場は，心理的な快適さや支援を与えるという点で，良い家
　　庭と極めて似ている」。

4.2 8つの特徴との照合

久野は，大阪府立生野高等学校図書館の図書企画実行委員会等の調査から得られた結果と8つの特徴を詳しく照合・検証し，生野高校図書館には図書企画実行委員会によって「第三の場」の特徴を持つ空間が創出されていると結論付けている[20]。

ここで，アウトリーチ・サービスを行っている移動図書館の空間が，「第三の場」の特徴とどのくらい適合しているかを検討する。筆者は大阪府枚方市の移動図書館で，6年の間直接業務に携わった。その経験を考察の基としたい。

(1)の「個人が思いのまま出入りでき，誰ももてなし役を要求されず，全員がくつろぎ，心地よく感じる中立地帯にある」という点についてである。訪問先の施設のどこかを借りて貸出場所を設営するときは，玄関近くのロビーの一角や廊下の広い部分を使うことが多い。それらの場所は公共的なスペースであり，利用者は気兼ねなく訪れることができる。施設の事務所の中のような管理的な雰囲気もなく，中立地帯にあるということができる。持っていく資料についても，利用者に対する図書館員の態度も中立である。

(2)の「一般住民がアクセス可能で，形式張った会員資格や排除の基準を設定しない。平等主義にして包み込む場である。したがって，それほど身近でも親密でもない他者と交流し合える社会的ネットワークの拡大を促進する」であるが，移動図書館の資料は訪問先に滞在している人ならだれでも借りることができる。貸出場所で知り合い親しくなったという利用者もいた。枚方市の場合は貸出を訪問先の人々だけに限ることなく，近くの地域に住む一般住民も利用できるようにしている。訪問先の人々同士の交流はもちろん，一般住民との交流も行われていた。また，平等であることは図書館の基本的な原則だ。移動図書館車をどこかに駐車して貸出を行う場合でも，集会所の近くなど，利用者がアクセスしやすい場所が選ばれる。

(3)の「会話を主要な活動とする。オルデンバーグが説明するように，第三の場を最も明示する特徴は，話が楽しいとか，活気があり，生気に満ち，華やかで魅力的ということである」についてである。会話が「主要な」活動とは言えない。しかし，中立地帯で面白そうな様々な資料を前にしていると，自然に明るい会話が行われることが多い。そのため，活気があり生気に満ち魅力的な場となる。普段は立場の違う施設職員と入所者が，本を選んでいる人同士という平等な関係で，業務中にされるのとは違う話ができると話してくれる利用者

もいた。しかし，オルデンバーグは第三の場において「快活な会話」をかなり重要視しており[21]，(3)の特徴がアウトリーチ・サービスを行っている移動図書館の空間に適合していると判断するのは難しい。

　(4)の「アクセスしやすく，協調的である。最良の第三の場とは，ほとんどいつでも1人で行けるし，知り合いが見つかると確信できる場をいう」については，移動図書館に本を借りに行くという行為は1人で行えるものである。そして，そこに行けば知り合いがおり，協調的である。「いつでも」という点は，「第三の場」は訪問者がほぼいつでも訪れることのできる場所を前提に考えられているが，アウトリーチ・サービスを行っている移動図書館は訪問する時間が非常に限られているため，この部分は検証する場合に注意が求められる。

　(5)の「「常連」や「客仲間」を持つ。新参者と信頼を育みながら，その場でくつろぎ，陽気な雰囲気をつくる」という点であるが，貸出利用は，ほとんどが常連で占められる。しかし初めて借りに来た人を排除するようなことはなく，逆にどこにどのような資料があるかや貸出カードの作り方を教えたりしながら，くつろぎ陽気な雰囲気が形作られる。

　(6)の「建物は目立たない。「概して簡素で」印象に残らない外観で，集まる人の気取りを取り去り，その利用者の日常にとけ込ませる」についてである。貸出場所は日常生活の範囲内にあり，気取りなどは必要ない。また，「地味」であることも重視されている。服装もそれに含まれており，訪れる人が普段の格好であることが要素の一つとして挙げられている。移動図書館の利用者は，貸出場所に普段着でやってくる。

　(7)の「陽気な，遊び場的な雰囲気を持続している」であるが，雰囲気は決して陰気ではなく，陽気である。借りたい本を選ぶのは楽しい行為であり，利用者たちがワクワクしている様子が伝わってくる。そして，その場所に「また来よう」と思わせるものがあることが，この特徴に当てはまるかどうかの一つの基準になる。(5)でも触れたように，ほぼ毎回のように返却・借出しに来る利用者が多いことから，この特徴に該当するといえる。

　(8)「家を離れた時のもう一つの家である。家とは根本的に違う設定だが，第三の場は，心理的な快適さや支援を与えるという点で，良い家庭と極めて似ている」という点については，「心理的な快適さや支援を与える」ことは実現されていると思われる。ここでオルデンバーグは，心理学者デイヴィッド・シーモン（**David Seamon**）の著作を引用しながら「家らしさ」をかなり広い意味で

とらえている[22]が，移動図書館の訪問先が「もう一つのわが家」とまで感じられるかどうかは，断言できない。

　以上のように，アウトリーチ・サービスを行っている移動図書館の空間は，相当程度「第三の場」の特徴を有している。完全に当てはまったのは(1)(2)(5)(6)(7)の5つであった。(3)は特徴の主要な要素である「会話」が当てはまらなかった。部分的に当てはまったのは(4)(8)の2つであった。

　邦訳書『サードプレイス』の解説で，日本文化研究者のマイク・モラスキー（Michael Molasky）は，「オルデンバーグが第二章で挙げているサードプレイスの特徴」を考慮するに当たって「それぞれの社会特有の状況に合わせてサードプレイスの概念を調整する必要もあるだろう。」[23]と述べている。このことから，アウトリーチ・サービスを行っている移動図書館の空間も「第三の場」となる可能性を持っているということができるだろう。

4.3　特に適合性が高い点

　あわせて，アウトリーチ活動に該当しない一般ステーションよりも，アウトリーチ・サービスを行っている移動図書館の空間の方が「第三の場」として適合の度合いがより高いことを，何点か指摘する。

- ・病院では患者と，看護師や医師や病院の管理スタッフが，高齢者施設では入居者と，介護に関わる職員や施設のスタッフが，管理される側と管理する側という立場ではなく，図書館資料を仲立ちにして気軽に平等な関係で話をすることがよくあった。
- ・保育園では，各クラスの幼児全員が，同時に同じ書架から同じ条件で本を選んでいた。家庭では触れられる本の量に差がある子どもたちの読書環境の格差を縮小する場になっていた。
- ・小児病棟に入院中の子どもたちは，遊ぶときも親とか1人で遊ぶことが多いそうである。移動図書館の職員が来て，お話し会をしたり，プレイルームに置いてある本を入れ替えたときは，1冊の本を囲んで3人や5人の子どもが集まる光景がたびたび見られた。明るい会話や陽気な遊びの場となっていた。
- ・経験的な感覚ではあるが，「常連」の比率は，一般ステーションよりアウトリーチ・サービスを行っているステーションの方が高い。

これらは特徴(1)，(2)，(4)，(5)，(7)において，アウトリーチ・サービス

を行っている移動図書館の方が「第三の場」としての適合性が高いことを示している。

　これらにより，アウトリーチ・サービスを行っている移動図書館の空間が「第三の場」と言い得ることを示した。

4.4　「第三の場」の個人的利益

　オルデンバーグは『サードプレイス』の中で，「第三の場」によって個人が受ける恩恵を挙げている[24]。久野は，それを日常生活において良き「第三の場」を持つことの個人的利益として，まとめている[25]（数字は引用者による）。

　　良き「第三の場」がもたらす個人的利益
　（1）社交性，会話技術の向上
　（2）生身の人びとの存在・会話が生み出す楽しさ，面白さ
　（3）身体的，実体的，対面的なコミュニケーション
　（4）居心地の良さ，ストレス解消，心の慰め，帰属意識などの精神的支え
　（5）多種多様な人びとに認められることによる大きな自信と活力
　（6）話題や情報や人の目新しさがもたらす刺激と好奇心
　（7）人間性や人生観についての肯定的見方
　（8）場の雰囲気がもたらす人生のよろこび，精神的健康
　（9）多種多様な人びととの出会いと友情関係
　（10）仲間同士の情報交換と相互援助の獲得／共同体の生活の知恵についての学び
　（11）知的フォーラム（人生や哲学，政治などを自由に討議できる場）への参加
　（12）個人的なオフィスとしての活用

アウトリーチ・サービスを行っている移動図書館の空間では，特に（2）（3）（4）（6）（8）（9）（10）の個人的利益が得られ，利用者の生活に活気と潤いをもたらしている。

5．移動図書館によるアウトリーチ・サービスの今後の展望

　最後に，移動図書館によるアウトリーチ・サービスの，これからの課題や可能性と思われるものを，展望として挙げたい。

5.1　意義としての「第三の場」の充実

　4.2.以降で，アウトリーチ・サービスを行っている移動図書館の空間が「第三の場」と言えることを提起した。この「第三の場」であることの意義を意識した運営が必要である。日常の貸出・返却の場でも「第三の場」の8つの特徴に，より留意したサービスが求められる。また，さらに付加すべきものの例として，施設などでの行事が挙げられる。病院での「お話し会」を行っている移動図書館は多いし，高齢者施設で回想法を含めた行事の事例も見られる。多くの移動図書館で，このような活動の実施を通して，アウトリーチ・サービスを行う移動図書館が「第三の場」の空間として充実していくことが重要である。

5.2　未実施の対象者層への取組の検討

　2.1.2.で取り上げたブラウンのアウトリーチ・サービスの8つの対象者層と日本の公立図書館の移動図書館での実践を対比させると，日本語を母語としない人々や経済的に不利益を被っている人々を主な対象者層と意識した日本の移動図書館の活動は，筆者の知る限りではあまり行われていない。もちろん移動図書館が全ての対象者層への活動に取り組まなければならないわけではないが，自治体の中にいる対象者の状況を把握したうえで，取組が必要かどうかを常に検討することが大切である。

5.3　インターネットの接続，デジタル・リテラシー，デジタル資料への対応

　例えば国勢調査は，2015年からインターネットでも回答できるようになった。高齢者の中にはインターネットにより回答したかったが，インターネット環境が無いために回答できなかった人がいたそうである。近年，税の申告も web の活用がなされており，金融や保険の分野でもインターネットを利用することにより割引や手数料が低廉になるケースが多くなっている。インターネットを利用したくても利用環境がない人ややり方が分からない人で，図書館に行くこ

ともできない人に向けての，インターネットへの接続，デジタル・リテラシーへの対応,デジタル資料・情報の提供が,移動図書館によるアウトリーチ・サービスにとって重要になってくる。

　海外の事例になるが，エドモンド公共図書館には，「リテラシー・バン」が配備されている[26]。この活動は，インターネットにつながる設備のある自動車により，インターネットへの接続，タブレット端末による電子書籍の貸出，子どもから高齢者までを対象として，リテラシー教育やコンピュータの個別指導などを提供している。日本の移動図書館によるアウトリーチ・サービスにも加えられるべき活動である。

6．おわりに

　本章では，現在の日本での移動図書館の必要性は低下しつつあるのかという問題意識のもと，アウトリーチ・サービスの観点から見た移動図書館の役割を整理した。また，すべての住民の知る権利を保障するという公立図書館の基本的な意義に加えて，「第三の場」という新たな意義を加えることができるかどうか検討した。そして，オルデンバーグの著作を基に，アウトリーチ・サービスを行っている移動図書館の空間が「第三の場」と言えることを示した。最後に，移動図書館によるアウトリーチ・サービスの今後の展望を指摘した。

　本章は『図書館界』67巻5号に掲載された「アウトリーチの観点から見た市立移動図書館の役割と意義」を改題し，加筆・修正を行った。

注

1）『みんなの図書館』関西編集部「特集にあたって（特集：BM は今）」『みんなの図書館』（250），1998.2，p.1.

2）渡辺幹雄『地域と図書館』慧文社，2006，p.219.

3）日本図書館協会図書館調査委員会編『日本の図書館　統計と名簿　1995』日本図書館協会，1995，p.14.

4）日本図書館協会図書館調査事業委員会編『日本の図書館　統計と名簿　2015』日本図書館協会，2016，p.20.

5）日本図書館協会図書館調査委員会編『日本の図書館　統計と名簿　1997』日本図書館協会，1997，p.22.

6）日本図書館協会図書館調査事業委員会編，前掲 4），p. 24.

7）図書館用語編集委員会編『最新図書館用語大辞典』柏書房，2004，p. 13.

8）伊藤峻「D ブックモビル」『図書館ハンドブック』第 4 版，日本図書館協会，1977，p. 351.

9）前川恒雄，石井敦『新版 図書館の発見』，日本放送出版協会，2006，p. 99.

10）森耕一『公共図書館』雄山閣，1976，p. 129-130.

11）日本図書館情報学会用語辞典編集委員会編『図書館情報学用語辞典』第 4 版，丸善出版，2013，p. 1-2.

12）同上，p. 2.

13）中山愛理『図書館を届ける』学芸図書，2011，p. 222.

14）アメリカの移動図書館をアウトリーチの観点から詳細に検討した論文は存在する。
中山愛理「アメリカ公共図書館におけるアウトリーチ・サービスの歴史」『図書館情報学研究』（3），2005. 2，p. 9-32.

15）例えば，金沢みどり『図書館サービス概論』第 2 版，学文社，2016，p. 156.

16）オルデンバーグ，レイ『サードプレイス－コミュニティの核になる「とびきり居心地よい場所」』みすず書房，2013，480p.

17）久野和子「場としての図書館：その価値と研究－『第 3 の場』に焦点をあてて－」川崎良孝編著『図書館トリニティの時代から揺らぎ・展開の時代へ』京都図書館情報学研究会，2015，p. 325.

18）オルデンバーグ，前掲16），p. 64-97.

19）この部分は，次の論文でオルデンバーグの「第三の場」の特徴をまとめている箇所を引用した。
フィッシャー，カレン・E［ほか］「場としてのシアトル公立図書館」ブッシュマン，ジョン・E.／レッキー，グロリア・J. 編著『場としての図書館』京都大学図書館情報学研究会，2008，p. 203-204.

20）久野和子「「第三の場」としての学校図書館」『図書館界』63(4)，2011. 11，p. 305-307.

21）オルデンバーグは，前掲16）の第 2 章「サードプレイスの特徴」の中で，会話を「サードプレイスの基本的かつ持続的な活動」と位置付けており，その後 9 ページに渡って会話の重要性について述べている。（p. 74-82.）

22）オルデンバーグは，前掲16）で「家らしさ」をシーモンが説明する 5 つの基準を用いて，広く検討している。（p. 93-97.）

23）オルデンバーグ，前掲16），p. 479-480.

24）同上，p. 98-130.

25）久野，前掲17），p. 328-329.

26）「リテラシー・バンで地域を巡回」『カレントアウェアネス-R』，2014. 7〈http://current.ndl.go.jp/node/26657〉．［引用日：2016-12-01］

第 3 部

資　料

ひかり号（4号車）

1．戦後移動図書館実践史：
千葉県立図書館「ひかり号」担当者の山崎宏氏，大多和誠氏へのインタビュー記録をもとに

石川　敬史，大岩　桂子

1．はじめに

　移動図書館とは，「公共図書館が図書館を利用しにくい地域の住民に対して，何らかの移動手段を用いて図書館資料を運び，図書館員による図書館サービスを提供する方式」[1]であり，戦後は高知県や千葉県で早期に開始されたといわれている。千葉県の移動図書館「ひかり号」[2]は，General Headquarters（以下，GHQ）の払下げによるトラックの改造車で，自由に図書を選択できる外向きの書架やスピーカーが装備され，1949年9月に巡回を開始した。

　現在，著者らは1950年代前半の「ひかり号」の活動に焦点を当て，図書館員がどのような意志で実践を積み重ね，地域住民に何をもたらしたのかを検討している。戦後移動図書館活動を検証することによって，移動図書館の意義とともに，地域に位置する図書館のあり方や，図書館と地域住民との関係性を考察できよう。これまでに著者らは，「ひかり号」の研究視角を整理し[3]，さらには映画会活動を分析した[4]。そこで，ここでは，資料ではうかがい知ることができない事柄を明らかにするため，これまでの調査で実施した「ひかり号」に携わった元図書館員へのインタビュー記録の一部を用いて分析した。

　すでに，1990年代頃よりフィールドワーク[5]やオーラル・ヒストリー[6]などの定性的な研究手法に注目が集まっている。図書館史研究においても，『中小都市における公共図書館の運営』（略称『中小レポート』）の調査[7]を代表例に，最近では安藤友張[8]，小林卓[9]などが鋭い視角によるインタビュー調査と記録化を着実に行っており，著者らもこうした研究手法の長短を踏まえ研究を進め

ている。

かつて宮本常一は，1972年に「調査地被害」を報告し，「人文科学が訊問科学に」と指摘した[10]。

> （略）ある大学の調査団がやってきた。そして訊問型の調査が行われたらしい。根ほり葉ほり聞くのは良い。だが何のために調べるのか，なぜそこが調べられるのか，調べた結果がどうなるのかは一切わからない。（略）「そんなことを調べて何にするのだ」と聞いても「学問のためだ」というような答えだけがかえって来る。村人たちがその言葉を聞くと，そうかと思って協力したというが，「疫病神が早く帰ってくれればよい」と思ったそうである。ところが調査に来たのは，この仲間だけではない。それから一，二年してまた別の大学が，同じようなことを調べに来た。

1950〜1960年代の話であるが昔話として扱うことはできない。1990年代に入っても，民族学の領域ではあるが，同様の指摘がなされている[11]。もちろん図書館においても，図書館員が仕事をつくりあげている複雑な状況への深い洞察と配慮が必要である。このことを踏まえながら，今後も元図書館員や利用者へのインタビューを継続しつつ，「ひかり号」関連資料の分析を進めていく。

なお，紙数の都合上，本稿に記載したインタビュー記録については内容を整理して掲載し，年の表記は西暦で統一した。

2．略歴

インタビュー対象者の大多和誠，山崎宏の略歴は下記の通りである（本文は敬称略）。

2.1　大多和誠氏

1931年5月31日生まれ。1949年の高校生時代，自宅付近（市原郡）に「ひかり号」の巡回があり，館長の廿日出逸暁や職員の大岩好昭が自宅に宿泊する機会があった。これが契機となり，千葉県立図書館の採用試験を受験し，1950年4月15日に採用された（伊藤誠）。1958年3月31日まで「ひかり号」を担当し，その後は館内奉仕課等で勤務した。

2.2　山崎宏氏

　1929年6月18日生まれ。1950年7月15日千葉県立図書館に採用され，「ひか
り号」の移動図書館担当になった。採用当時は，山崎宏（大木宏）とともに大
岩好昭，藤堂良治（山崎と同日採用）の3人が「ひかり号」担当であった。以
後，1970年代まで「ひかり号」を担当し（館外奉仕課長等歴任），館内奉仕課長
等を歴任した。

3．インタビューの分析

2011年9月11日（日）

大多和誠氏自宅（千葉県白子町）　13：00〜15：00

3.1　「ひかり号」との出会い

　大多和誠は「ひかり号」の利用者であり，その後，千葉県立図書館「ひかり
号」を担当する職員になった。

　「ひかり号」は，1949年9月14日から巡回を開始したが，8月13日から15日
まで試験巡回を実施した[12]。8月13日の巡回ルートに市原郡が含まれていたこ
とから，大多和誠の自宅（自治会長宅）へ館長の廿日出逸暁[13]，職員の大岩好
昭[14]が宿泊していたことがわかる。巡回先の宿泊場所として各地域の役員の自
宅に宿泊していたことは，市原郡に限らず，各地の巡回先でも同様であった。
宿泊先では，各地域のさまざまな話題や農家の近況などを聞く機会になり，図
書館員が地域の中に深く溶け込んでいたことがわかる。

　「千葉県訪問図書館ひかり友の会」による機関誌『ひかり』（以下，『ひかり』
とする）には，1952年2巻3号より，「ひかり号」を担当する図書館員が，「ひ
かり巡回町村」と題して各郡や町村の利用状況をはじめ文化，歴史などを毎号
執筆している。このことからも，「ひかり号」担当者は各地域の特色を熟知し
ていたことがうかがえる。まず，「ひかり号」巡回の初期から担当していた大
多和に「ひかり号」との出会いを聞いた。

　　　石　川：大多和さんの「ひかり号」との出会いや，「ひかり号」に携わっ
　　　　　　　た経緯をお聞かせいただけますか。
　　　大多和：私が図書館と出会ったのが1949年8月です。私が住む市原郡，現
　　　　　　　在の市原市に「ひかり号」が来たのです。高校は市原高校ですけ

れども，たまたま私が夏休みだったものですから，利用者になっ
たわけです。それが「ひかり号」との出会いです。それで，当時
は映画もやりまして，私の住んでいる集落でたまたま私の親父が
自治会長をやっていましてね。廿日出逸暁館長，大岩好昭さん，
もう一人が私の家に映画が終わってから泊まってくれたんですよ。
それで廿日出さんが，「この移動図書館は，農村地帯で文化も本
屋もない農村地帯に回らせるんだ」と。私は気安く廿日出さんっ
て申し上げましたけど，当時の館長さんが私の家に泊まって夕飯
を食べながら雑談しました。

3.2 「ひかり号」の利用者

「ひかり号」の巡回が始まった当時，自動車の数は非常に少なかった。千葉
県内の1952年の自動車台数は13,747台（うち大型貨物用四輪車は2,625台）であ
り，主に市部に集中していることから[15)]，自動車の存在は農村漁村部では珍し
く，「ひかり号」の存在が人を引きつけたといえる。『千葉県移動図書館ひかり
二十年史』には，「高らかにメロデーを奏でながら，ツートンカラーの当時と
しては派手な宣伝車スタイルで農村に向かったのであるから，素朴な農村の
人々を驚嘆させたことは想像以上であった。」[16)]とある。

「ひかり号」の利用者（1951年度）については**表1**の通りであった。男性が多
く，職業では農水産，教育，公務員で約80％を占めていた。他方で，「ひかり
号」利用者の年齢を示すデータは少ない。**表2**によると，1952年時点では20歳
代が最も多く，次いで10歳代[17)]，30歳代であった。しかし，大多和の証言から
わかるように，千葉県臨海部における工場の進出に伴う若手労働者の雇用，さ
らには「ひかり号」利用者の固定化から，しだいに利用者の年齢層が上昇した
ことが推測できる。

表1　「ひかり号」職業別登録者数（1951年度）（人）

	農水産	工鉱業	商交通	官公吏	教育	学生	その他	無職	計
男	4,689	403	696	2,173	2,141	377	174	475	11,133
女	1,615	77	163	1,145	1,293	326	142	859	5,615
計	6,304	480	859	3,318	3,434	703	316	1,334	16,748
％	37.6	2.8	5.1	19.8	20.5	4.2	1.8	7.9	100

典拠：文部省社会教育局編『移動図書館の実態』1953.11，p.14.

「ひかり号」に積載していた図書については，インタビューから，新刊書数が少なかったため，各ステーションで図書館員が「操作」していたことがわかる。社会環境の変化に伴い利用者層も変化する中で，図書館員は貸出方法など「ひかり号」の運用方法を柔軟に対応しながら利用者を追い求めていた。大多和と山崎は，当時の「ひかり号」の利用状況や積載している新刊図書について次のように語っている。

表2　「ひかり号」年齢別登録者数（1952年度）（人）

区分	男	女	計	％
19才まで	1,796	2,126	3,923	18.0
29才まで	5,670	3,190	8,860	42.7
39才まで	2,222	1,200	3,422	16.4
49才まで	1,794	746	2,540	12.3
59才まで	1,022	240	1,260	6.0
69才まで	402	98	500	2.4
70才まで	72	14	86	0.4
不明	106	48	154	0.7
計	13,084	7,662	20,746	100

典拠：千葉県立中央図書館創立30周年記念事業後援会編『千葉県立中央図書館三十年略史』1956.3，p.110.

石　　川：当時，地域の皆さんは「ひかり号」に対してどのような反応でしたか？

大多和：珍しかったですね。本屋も何もないんですから。小学校だって高校でもそんなに本は無いわけですから。

石　　川：自動車も珍しかった……

大多和：あぁ，車も珍しいですよ。

石　　川：どのような利用者が多かったですか。20歳代とか10代後半の方とか……

大多和：中年が多かったですね。中年が多くて，1955年くらいまでは若い人も多かったですけども。京葉工業地帯ができてから，若い人はマイクロバスに乗っていろんな作業に行ってましたよ。それで，利用者が減ってきちゃったので，最初は個人貸出しでやってたんですが，利用者が減ってきたので団体貸出しも併せてやるようになった。

大　　岩：「ひかり号」に積んでいたコレクションは，図書館に戻ってきたら全部交換するのですか？

大多和：出発する時，新刊書は少ししか買えませんからね。だから50，60冊ですよ。多くてね。で，車の中の書棚に入れておいて，ステーションに1冊か2冊ずつ出していく。それでないとね，その本がひと月3週間なら3週間，そこに留まってしまう。だから，そう

　　　　いう操作も我々がしました。

大　　岩：人気の本は複本もあったのですか？

山　　崎：複本？ありましたよ。車が3台の時には，だいたい3冊は買うん
　　　　です。

大多和：いわゆるベストセラーはね。それで，リクエスト制度もある程度
　　　　認めていました。

3.3　巡回ルート

　「ひかり号」の巡回ルートは，図書館員が実際に巡回しながら微修正を繰り
返していた。「ひかり号」の1号車は，GHQの払下げられたトラックの改造
車であったが，外部から巡回ルートに対する指導はなかった。図書館員が主体
的に県内の巡回ルートを開拓し，ステーションにおける運用方法も図書館員が
支援した。

　各ステーションにおける貸出冊数は，地域により異なっていた。これは，町
村の教育委員会，ステーションマスターの考え方に左右されたという。『ひか
り』各号に掲載の「ひかり号巡回予定表」によると，各ステーションでは30分
間の停車が基本であるが，40分間，60分間の地域もあることがわかる[18]。

　なお，各地域における「ひかり号」の受け入れ組織として，下記のものが
あった[19]。

①千葉県訪問図書館町村運営委員会（町村運営委員会）

　　「ひかり号」の受け入れ市町村が組織する委員会である。1949年8月に
　実施した試験巡回において，各地で組織されたことを起源とする。規約に
　は，役場代表，公民館代表，教育委員会代表など12名以上で組織され，ス
　テーションマスターの選定や映画会等の開催を協議した。

②千葉県訪問図書館地区協議会

　　運営委員会の上部組織である郡単位の協議会である。1949年11月に開催
　された地区協議会を起源とする。各町村の運営委員会の代表らで構成され，
　「ひかり号」の運営について協議した。

③千葉県訪問図書館中央運営委員会

　　1951年4月に設立した地区協議会の上部組織であり，委員は地区協議会
　で選出された。特に創立直後は，千葉県の財政悪化を背景に，「ひかり号」
　受け入れ市町村の負担金や後援会の創設について協議した。

④千葉県移動図書館後援会

　　中央運営委員会が1953年11月に創立した組織である。町村の運営委員会代表を委員とし，「ひかり号」の増設に対する市町村負担金をはじめ，ステーションの増設などについて協議された。

　こうした各地域での「ひかり号」の受入れ方法，さらには図書館員がどのように県内の巡回ルートを設定したのかを聞いた。

　　石　　川：ステーションによって，各地のステーションマスターの力というのですかね，それは「ひかり号」で巡回してもすぐに分かる……

　　大多和：分かる。

　　山　　崎：あらかじめ冊数が多いところは巡回の予定表を少し伸ばす……

　　大多和：時間をね。1ステーション最低30分ですけども，貸出数の多いところは40分，50分にしたり。ひかり号の機関誌がありますよね。最後のページに巡回表があるでしょ。停車時間が長いところは貸出数が多いところです。だから絶えずあの巡回表を作るときには，そういうことを調べながらね。

　　山　　崎：新しいところを巡回するときに一番困るんですよね。わーって人が来るとね。30分予定していたのが，もう倍くらいかかる。

　　石　　川：やはりステーションマスターの方が，その地区に「ひかり号」が来ることをどう周知するかによる……

　　大多和：そうそう。周知の方法をね。

　　石　　川：ステーションでは具体的にどのように周知をしていたのでしょうか。町の広報誌に載せるとか，放送するなどいろいろあったと思いますが……

　　大多和：放送というのは無いですから，教育委員会の職員やステーションマスターがいろんな団体に声をかけるかによって，貸出の成績は違いますよ。

　　石　　川：なるほど……青年団とか。

　　大多和：青年団とかいろいろね。教育委員会，社会教育課の人がみんな地域のリーダーを知ってるわけですから。

　　山　　崎：これはね，町村の教育委員会がね，こういうものに対してどういう姿勢であたるかということで決まるんですよ。

大　岩：「ひかり号」でステーションを回って，例えば30分停まって，何週間ごとに回るんですよと，それは初めからある程度準備されていたのでしょうか？

大多和：そこにステーションを作る場合，車を持っていき，時間を計るってことね。出発地からそのステーションまで何分かかるか。しかも，こういう事務がありますよ，机を出してくださいと，事前に……

大　岩：練習のような。

大多和：その町村に行って，説明をして，また次行って……

大　岩：そして新しいルートが作られる……

大多和：そうですね。あらかじめ市町村から申請をとってコースを決めていく。道路地図を見て何キロあるから20分くらいかかるな，とかね。そういう計算は我々がしたと。

大　岩：そこには CIE（Civil Information and Education－著者注）からの「こうしなさい」という指導ではなく，図書館のみなさんや，利用者の意見で決まっていたということですか？

大多和：はい。CIE の指導も全然……

大　岩：日々の試行錯誤の中で生まれた千葉方式といいますか，そういうことでしょうか。

山　崎：まぁ巡回から帰ってきて，まずいところは修正することがほとんどですね。

大多和：だから大岩好昭さんは，僕とよく映画会がないときは宿屋でね，道路地図を見て，こことここは何分かかってと，次の巡回表を組む話を毎晩のようにやってた。

大　岩：指導とかは全然無い。みなさんで考えて作ったという。

山　崎：何にもその……参考書が無い，見本もないから。

3.4　ひかり友の会

「千葉県訪問図書館ひかり友の会」は1951年４月に組織された。これは「ひかり号」利用者の組織であり，友の会の活動として機関誌『ひかり』の配布や見学会などが行われた。会費は図書１冊貸出につき５円であったが，1951年度の業務監査報告の中で指摘され[20]，1952年度からは年額30円となった。

　次の大多和の語りから，この友の会は館長の廿日出による着想であり，規約
などは上野の博物館（東京国立博物館）を参考にしてつくられたことがわかる。

石　川：「ひかり号」の機関誌『ひかり』がありますね。そこに利用者や
　　　　ステーションマスターが記事を書いていますが，図書館の職員の
　　　　方が依頼をして……

大多和：そうそう。あれは私が担当してましてね。編集会議がありまして，
　　　　出す度に会議をやりました。

山　崎：で，頼みやすい人とかね。利用者でね。

大多和：それでね，私4月に入って廿日出館長が「君，友の会って知って
　　　　るか？」って言うから「知りません」と言ったんだよ。そしたら
　　　　「君，上野の博物館行って」と。「博物館友の会ってのがあるから，
　　　　そこ行って勉強してこいよ」と。それで「千葉県の移動図書館ひ
　　　　かり友の会をつくろう。参考にするから」と。私1人でね，初め
　　　　て上野の博物館に行ったんですよ。そういう発足の過程があるん
　　　　です。

石　川：当時，博物館友の会というのは活発だったのですか？

大多和：規約などの資料をもらって，どういう事業をやっているのか。そ
　　　　の時は千葉県も美術館とかいろんな博物館もみんな友の会をそう
　　　　いう形で参考にしてつくったんですよ。いわゆる友の会の始まり
　　　　は上野の博物館の友の会を参考にしたと。

3.5　映画会・読書週間

　「ひかり号」は図書の貸出以外にも各地で映画会などを開催していた。映写
機はナトコ映写機[21]であり，CIE が各都道府県視聴覚ライブラリーに提供さ
れた。そして，主にアメリカ文化を伝える CIE 映画の上映を積極的に推進し
た。

　しかし，「ひかり号」における映画上映について，CIE からの指導はなかっ
た。むしろ各地域では CIE 映画よりも劇場映画が好まれる傾向にあり，図書
館員は地域の要望を踏まえながら映画の選定をしていたことがわかる。こうし
た映画会以外に，読書週間に限り「ひかり文化祭」として，NHK のど自慢の
合格者を招いた演芸会が1951年，1952年に開催された[22]。

　これらの映画会や演芸会は，地域住民を「ひかり号」に引きつけ新たな利用者をつくり，「ひかり号」の利用につなぐための一つの手段であった。しかしそれだけではなく，こうした「ひかり号」の文化的活動は，農山漁村の地域住民が集まる「場」となり，地域住民と図書館を着実につないだ。このような「ひかり号」が実施した映画会や演芸会について，次のように語っている。

石　川：ステーションで映画会ではなく，読書会などの活動はありましたか？

大多和：映画会やるとね，夜遅くなるんですよ。だからその後の座談会とか読書会はほとんどなかったですよね。

山　崎：電圧が低くてモーターが回らない。

大多和：だから映画が始まるのが8時頃じゃなかったですか。

山　崎：遅いときは10時近くなったり。だって電灯消してくれるのはさ……

大多和：結局ね，農村地帯は電圧が低いですから，近所の人たちにこれから映画会やりますから電気を消してくださいと，地区の人たちに言ってもらって，それからモーターがウーっと。ナトコですが。

山　崎：難しいね。図書館員が映画やるっていうのはね。そして夜はどこか，よその家に泊めてもらうんですよ。

大多和：民家とかね。

山　崎：青年団の役員の家だとかね。

大多和：山崎さんの家に私が泊まったり，個人の家に泊まったり，知っている職員の家に泊まったり。そういう宿泊の面ではなるべく安い旅館に。

大　岩：映画について，これは流しなさいとCIEから指導がありましたか？

山　崎：いや，やれば向こうが喜ぶわけでしょ。

大　岩：それは地元の方が？

山　崎：そう利用者。だから，やろうかっていう。

大　岩：なるほど。アメリカの映画が多かったわけですけども，後から劇映画や漫画があったというお話があったのですが，流しなさいと指導があったわけではないのですね？

山　崎：そうですね。あれはね，やってみてCIEの映画だけでは，どう

217

　　　　　もお客さんが納得しないという。なんとかその劇映画を借りることができないかとういことで検討して，確か，後援会[23]で少し補助したと思うんですよ。フィルムの借り上げ料ね。

大多和：そう。それでね，友の会が1950年にできてから予算的にね，映画会にも潤沢になってきて，フィルムや何かも……

山　崎：劇映画を借りれるようになって。

大多和：農村地帯では劇映画を要求したんですよ。納涼映画会とか，我々がその安いフィルムをね，千葉にあったんですよ，業者が。そこから借りて……

山　崎：一番多かったのは「野良犬」ね。

大多和：そうそう，三船敏郎の「野良犬」とか。ああいう映画っていうのは毎回やってるとセリフ覚えますね。

山　崎：笑っちゃいますねホント。

大多和：それからあと「金色夜叉」とか。ああいう劇映画が農村地帯では喜ばれてね。それで我々は劇映画も上映するようになりまして。それから，廿日出さんがやったのは「NHKのど自慢」。千葉県でのど自慢に合格した人たちを「ひかり号」に乗っけてステーションに行って，1曲歌ってもらう。読書週間の時ですよ。それによって新しい利用者が貸出登録して……

山　崎：貸出なんかそっちのけでね，そっちのお客さんがいっぱい来るから。

大　岩：1曲歌うことによってお金とかは……

大多和：ボランティア。要するにね，NHKの千葉支局の人が，アコーディオンの伴奏者と2人。だから3人「ひかり号」に乗って……

山　崎：それは読書週間の時だけですよ。のど自慢の第1回目で1位になった人が来ましたね。1947年ぐらいから始めたんですかね。のど自慢というのは。

大多和：横森良造さん。よく民放で出てたんですよ。アコーディオンの。

山　崎：鳴海日出男って人は確か……一番初めに合格した人じゃないかな。有名な。1，2回来ましたね。

大多和：NHKのど自慢で入選した人がひかり号の読書週間に協力してくれたんです。NHKはのど自慢の宣伝を兼ねたわけ。

山　崎：今でいうとカラオケやってる人よりは上手だったね。

3.6　自動車の修理

　「ひかり号」1号車は，GHQ の払下げられたトラック（アメリカ製）の改造車であったため，タイヤの規格が日本製自動車と異なり，図書館員は修理に苦労していた。

　当時の日誌（1951年1月15〜16日）には，「朝から小雪が降り，道路もすべり時間内に走行出来ず六合村に三十分延着す。（略）凍った道路が解けてスリップ。布鎌小学校生徒の応援を仰ぐ。」[24]とあり，定時の運行は難しく，地域住民の協力を仰ぎながら運行していたことがうかがえる。1951年の統計によると，千葉県内における県道・国道の舗装道は約8％にすぎず[25]，道路の多くは舗装されていなかった。

　なお，千葉県の移動図書館の場合，専属の運転手はおらず，「ひかり号」に同乗した図書館員2名のうち1名が自動車を運転した。こうした「ひかり号」自動車の維持・管理について聞いた。

　　石　川：移動図書館では本の貸出・返却，映写機の操作以外にも，自動車の修理など，どのような作業をしましたか？
　　大多和：エンジンがストップした時，自動車をいじったこともないのに，キャブ[26]にゴミが入ったからと言ってね。針金の細いので作業をしましたよ。道路が砂利道ですから，砂埃がすごいですから。今のように全部舗装ではないですから。
　　山　崎：とにかくお話になりませんよ。特にタイヤね。ボロボロになるとね，パンク屋さんもないんですよね。タイヤっていうのはもう，ほとんどなかったですから。外国からきたタイヤはサイズが違いますからね。もうあれは困りましたね。
　　石　川：パンクしたり車が故障して，次のステーションへ行けなくなったこともありましたか？
　　大多和：ありましたよ。
　　山　崎：もう，パンクは十何回もありましたね。

3.7　他地域への影響

　関東地区で早期に開始した「ひかり号」は他県に与えた影響が大きかった。したがって，「ひかり号」の運用方法が基礎となり他県に広がったことがわかる。例えば，栃木県では県立図書館の石川昌一が1950年に「ひかり号」を調査し，館長の廿日出より「車のこと，巡回コースのこと，貸出規則，貸出方法等を懇切に教えてくれた。」[27]とある。さらに埼玉県でも1950年に「ひかり号」を調査している。埼玉県立図書館の鈴木四郎は，「千葉県は，その頃生存状況だったものが，（廿日出が－著者注）移動図書館を始めたら生活になったと言うんだよ。（略）その意気込みだけは立派だという感じであてられて帰って来ました。」[28]と指摘している。

　移動図書館の具体的な運用方法は，1953年や1954年に開催された移動図書館の協議会で議論された。ここには各都道府県の館長や移動図書館担当者が全国から集まり，巡回ルート，町村の組織化と運営，図書の貸出方法など，各地域の実践的な課題に基づいて具体的な運用方法が意見交換された。その中で，移動図書館がステーションに1日中停車するという徳島方式も存在したものの，東日本地域では20～30分の短時間停車の千葉方式が与えた影響は大きかった。すなわち，千葉県と同じような巡回方法，さらには運営委員会など同じように町村を組織化し移動図書館を運用する傾向にあった。

　国内における1950年中頃までの移動図書館数は，**表3**の通りである。これによると，都道府県立図書館による移動図書館が戦後急速に広がっていることがわかる。しかし，長野県のように**PTA**母親文庫を実施し，移動図書館を実施していない県も存在した。そこで，他地域からの「ひかり号」視察の受入れや，他県に与えた影響を聞いた。

表3　移動図書館数の推移（台数）

年	合計	都道府県立図書館	市区町村立図書館
1949	3	3	0
1950	10	8	2
1951	20	15	5
1952	33	23	10
1953	40	28	12
1954	49	35	14
1955	53	37	16

典拠：日本図書館協会公共図書館部会移動図書館分科会，埼玉県立図書館編『全国移動図書館基礎調集計表（昭和39年2月1日現在）』1964.11. p.3.

　　石　　川：千葉県が移動図書館を早期に始めたことで，他県に与える影響は大きかったと思うのですが，例えば，埼玉や群馬などから見学に

　　　来たということは……

大多和：交流はありましたよ。

石　　川：頻繁にあったのですか？

大多和：1泊2日でひかり号に乗って，実地を回って，運営の仕方とか地元との関わり方を我々が指導したと言ったらおこがましいですけど。

山　　崎：よく来ましたね。

石　　川：全国移動図書館協議会でしたか，全国大会が岐阜[29]で行われたり，千葉[30]で行われたり。その中で多くの話題があったと思うのですが，徳島方式という，1日中ステーションに停車して，1年間に1回か2回しか来ないという方式がいいのか，千葉方式で1回数十分間の駐車で，月一回いろいろな村を回るのが良いのかという議論は……

山　　崎：当時はかなり話題になりましたよ。日本を二分する感じになったよ。結局，千葉方式が利用者のためになっていると言う人もいましたね。でも月に1度行くのと，年に1度行くかどうか分からないというのとね……それは話題になりましたね。

石　　川：やはり，関東ですと千葉方式……

大多和：そうですね。千葉方式ですね。みんな見学に来て，「あぁ，この方式で始めましょう」と手本となったわけですよ。千葉方式が教本に。だから，千葉方式から埼玉とか茨城，栃木，群馬というふうに移動図書館ができましたから。結局，千葉方式を手本にしてやった。

石　　川：移動図書館が埼玉や栃木に広がっていく中で，長野は独自に母親文庫をしていたなど，移動図書館をやっている地域とやっていない地域の議論はありましたか？

大多和：特に無かったですね。ただ，長野の館長[31]が言ってましたが，「長野はよ，千葉みたいな移動図書館つくったら，次に行くのに半日かかったんだよ。いわゆる長野の場合は移動図書館だとね，つまんねぇ，つまんねぇ」ってね……

石　　川：南北に長い……

大多和：効率が悪いんだよ。日帰りで行けるところなんて長野は何か所も

　　　無いよ。ということでね，長野は移動図書館をやらないと。これ
　　　は叶沢さんの持論でした。

4．おわりに

　戦後の移動図書館に携わった元図書館員のインタビューから，具体的な移動
図書館実践はもちろんのこと，資料では伺い知ることができない図書館員の意
志とエネルギーを読み取ることができる。

　1950年代前半，「ひかり号」を担当した図書館員は，図書の貸出以外に，自
動車の運転・修理，映画会・演芸会の設営，ナトコ映写機の操作，地域住民と
の交流など，活動は多岐にわたっていた。図書館員は実際に地域を歩き，住民
の表情と地域の空気を感じ，利用者の声を聞きながら移動図書館を創っていた。
他方，地域住民は，「ひかり号」への期待と希望を抱き，図書館員とともにそ
の活動を支えていた。

　加えて，当時は「ひかり号」が移動図書館活動の「教本」となり，他の都道
府県からの視察を受け入れ，具体的な活動方法が広がった。視察の受け入れは，
単に移動図書館の活動方法が他の都道府県に伝わるだけではなく，「ひかり号」
を担当する図書館員の意志とエネルギーも伝わることになり，「ひかり号」の
活動が各地の移動図書館実践の基礎を拓いた。

　戦後，混迷とした時代に，移動図書館を通して図書館員が地域に深く溶け込
み，地域住民との信頼関係を築きながら，図書館活動を積み重ねていたことが
わかる。このことは，積載する冊数や巡回日数など移動図書館の限界を乗り越
え，図書館員が地域と図書館を着実につないだことを意味した。図書館サービ
スが市場化され，そのサービスが売買の対象となる商品へ変質[32]されつつある
現在，地域と図書館をつないだ移動図書館実践から，見つめなおすべき図書館
の本質が隠れているのではないだろうか。

　インタビューの文字化には十文字学園女子大学・卒業生の中島賀子さんにご
協力いただきました。

注

1）日本図書館情報学会用語辞典編集委員会編『図書館情報学用語辞典』第3版，丸善，2007.12,

p. 9.

2）巡回開始当時は「訪問図書館ひかり」であった。本稿では「ひかり号」と統一した。

3）石川敬史，大岩桂子「戦後移動図書館活動の検証：千葉県立図書館「ひかり号」調査の概要報告」『図書館界』64(2)，2012.7，p. 154-163.

4）石川敬史，大岩桂子「移動図書館による映画会活動の分析：1950年代前半までの千葉県立図書館「ひかり号」を中心に」『図書館界』65(2)，2013.7，p. 126-134.

5）佐藤郁哉「秘伝とハウツーのあいだ：フィールドワーク技術論の可能性についての覚え書き」『民族学研究』58(3)，1993.12，p. 272-276.

6）御厨貴『オーラルヒストリー：現代史のための口述記録』中央公論新社，2002.4，207p.（中公新書，1636）

7）オーラルヒストリー研究会編『「中小都市における公共図書館の運営」の成立とその時代』日本図書館協会，1998.3，386p.

8）安藤友張「戦後日本における図書館史の一断面：三上強二氏インタビュー記録」『九州国際大学教養研究』19(1)，2012.7，p. 77-105.

9）小林卓，大井三代子「戦後の図書館学教育と女性司書(1)：鬼頭當子と大学図書館」『実践女子短期大学紀要』34，2013.3，p. 121-142.

10）宮本常一「調査地被害：される側のさまざまな迷惑」『探検と冒険』朝日新聞社，1972.6，p. 262-278.（朝日講座，7）

11）安渓遊地「される側の声：聞き書き・調査地被害」『民族学研究』56(3)，1991.12，p. 320-326.

12）千葉県立中央図書館編『千葉県移動図書館ひかり二十年史』1970.3，p. 47.

13）廿日出逸暁の略歴は次の通りである。1929年4月ライプチヒ大学附属図書館，1933年1月日独文化協会資料室，1935年5月帝国図書館等を経て，1935年8月千葉県立図書館長。その後，1959年6月国立国会図書館連絡部長，1967年4月実践女子大学教授等を歴任。（廿日出逸暁『図書館活動の拡張とその背景：私の図書館生活50年』図書館生活50年記念刊行会，1981.2，390p.）

14）大岩好昭の略歴は次の通りである。1946年4月千葉県市原実業学校に勤務。この頃から牛久町読書倶楽部を結成。牛久町読書倶楽部結成に助言した廿日出の誘いもあり，1949年5月千葉県立図書館に勤務，移動図書館を担当。その後，館外奉仕課長，庶務課長，副館長等を経て，1981年館長に就任する。

15）千葉県総務部統計課編『千葉県統計年鑑：昭和28年第三期報』1954.2．参照は「10．管内自動車台数」p. 19.

16）千葉県立中央図書館，前掲12），p. 53.

17）「満15才以上」とある。（文部省社会教育局編『移動図書館の実態』1953.11，p. 13.）

18）『ひかり』1巻2号(1952.1)掲載の「ひかり号巡回予定表1月-3月」をみると，多く

のステーションは30分間の停車であるが,「本納　1.00-1.40」「南郷　12.30-1.20」「東陽 1.20-2.20」のようにステーションにより異なる場合もあった.

19) 千葉県立中央図書館, 前掲12), p. 60-67.

20)「昭和二十六年度監査報告」(千葉県立中央図書館所蔵「ひかり号」関係資料).

21)「ナトコ」とは, シカゴの映写機製造会社 National Company の略称.

22) 千葉県立中央図書館創立30周年記念事業後援会編『千葉県立中央図書館三十年略史』 1956.3, p. 111.

23) 千葉県移動図書館後援会のこと.

24)『昭和25年度日誌』(千葉県立中央図書館所蔵「ひかり号」関係資料).

25) 千葉県総務部統計課編『千葉県統計年鑑:昭和二十七年版』1953.3, 456p. 参照は「134. 路線別道路状況(昭和26年12月末現在)」p. 288.

26) 自動車のキャブレターのこと.

27) 石川昌一「移動図書館が発足するまで」『あけぼの:栃木県移動図書館三十年記念誌』 栃木県立図書館, 栃木県移動図書館連絡協議会編, 1981.3, p. 53.

28)「移動図書館 OB 大いに語る」『埼玉の移動図書館:30周年記念』埼玉県移動図書館運営 協議会編, 1980.9, p. 15-26. 引用は p. 16.

29) 1953年2月23~24日に開催された第1回全国移動図書館運営協議会(岐阜県岐阜市)の こと(文部省社会教育局, 前掲17)).

30) 1954年3月8~9日に開催された第2回全国移動図書館連絡協議会(千葉県鴨川町)の こと. なお, 第3回は全国移動図書館研究大会として, 1956年6月26-28日に千葉県木更 津市で開催された(日本図書館協会公共図書館部会編『全国移動図書館研究大会報告』1956, 105p.).

31) 当時の県立長野図書館長は叶沢清介であった.(石川敬史「叶沢清介の図書館づくり:PTA 母親文庫まで」『図書館人物伝:図書館を育てた20人の功績と生涯』日本図書館文化史研 究会編, 日外アソシエーツ, 2007.9, p. 141-161.)

32) 山口源治郎「図書館空間の市場化と知る権利保障:地域住民とともに共同空間をつくる」 『月刊社会教育』56(2), 2012.2, p. 4-10.

2. 千葉県立中央図書館所蔵 「ひかり号」関係資料目録

　本研究グループにて整理した562点に及ぶ「ひかり号」関係資料目録である。各資料を「**表 1　主題分類表**」にもとづき分類し，資料番号を付与した封筒に整理した。なお，複数の資料を紐で綴じたものやファイルでまとめられたものがあったため，出版者や年が複数に及ぶ記述や，出版者・年が不明なため，空欄となる場合がある。

　これらの資料は，千葉県立中央図書館に所蔵されているが，約40箱の段ボールに及ぶため，詳細は同図書館にお問合せのこと。

表1　主題分類表

分類記号	主題分類	主な資料
1	移動図書館車関係	自動車パンフレット，設計図，仕様書　等
2	機関誌『ひかり』	ひかり友の会機関誌『ひかり』バックナンバー　等
3	ひかり号に伴う行事等	ひかりの歌，5周年記念，20周年記念関係資料　等
4	ひかり号運行関係	日誌，出勤調査簿，運行計画表　等
5	ステーション関係	ステーションマスター，町村運営委員会資料　等
6	ひかり友の会関係	歳入歳出決算書　等
7	後援会関係	歳入歳出決算書，日計表　等
8	図書館関係	千葉県内図書館関係資料　等
9	移動図書館関係	移動図書館大会，実態調査，館外奉仕課関係資料　等
10	その他	参考資料，館外奉仕計画　等

No.	タイトル	出版者	年	備考
1．移動図書館車関係				
1	千葉県立中央図書館移動図書館車製作概要書（8号車）　車体略図添付　等関係資料	千葉県立中央図書館，各自動車メーカー		千葉県立中央図書館ひかり8号車製作概要書，自動車メーカー図面含
2	ひかり号（その他）設計図	千葉県立中央図書館，安全社会工業，	1962 1967	配色図，図面，書架図面，仕様書（S42），レントゲン車仕様（千葉県），福島県移動図書館図面，8号車製作概要書
3	堺市立図書館2号車設計図（案）	堺市立図書館		
4	（有）野口自動車幌内張製作所戸塚工場　封筒	野口自動車幌内張製作所		移動図書館車図面，オーディオ・アンプの各種パンフ
5	ひかり9号車コピー原紙	千葉県立中央図書館		千葉県立中央図書館移動図書館車製作概要書（9号車）原本
6	千葉県立中央図書館移動図書館車製作概要書（10号車）	千葉県立中央図書館，帝国自動車	1973	10号車関係資料，見積書あり
7	千葉県立中央図書館配本車仕様書　配本車関係資料	千葉県立中央図書館	1973	見積書あり
8	平成2年度移動図書館車の更新について　イスズ　ジャーニイ Q			柏市・四街道市・八街町，習志野市，青森県，成田市の移動図書館資料あり，林田製作所・京成自動車工業パンフ，自動車パンフ
9	移動図書館車の更新について三菱ローザ　日野 RL		1973？	行政文書・図面，改造仕様書
10	移動図書館車　設計図	各メーカー		アンプパンフ，バス・トラックパンフ類
11	移動図書館製作完成時指摘事項関係資料　下書き等			
12	10号車　封筒	千葉県立中央図書館，各自動車メーカー	1972？	図面，概要書，指摘事項，バスパンフ
13	11号車資料（日野）封筒	千葉県立中央図書館，各自動車メーカー	1973？	製作概要書，自動車パンフ，バス車体仕様書，図面，打ち合わせ記録等
14	移動図書館車製作関係	千葉県立中央図書館，各自動車会社	1970？	パンフ，見積書，図面あり
15	ひかり号ステーション関係資料			
16	千葉県立中央図書館移動図書館車製作概要書	千葉県立中央図書館	1973	封筒タイトル「BM標準車委」，そのほか文書も封入
17	千葉県移動図書館運営協議会会議資料		1972	

No.	タイトル	出版者	年	備考
18	都道府県立図書館所有車　移動図書館車調査報告書			
19	移動図書館調査結果　都立立川図書館		1973	
20	S37年千葉県中央図書館移動図書館車両製作要書設計図等安全工業(株)	安全車体工業株式会社	1962	
2．機関誌『ひかり』関係				
1	「ひかり」通号(創刊号～46号)			15号欠号
2	十冊文庫目録		1974	
3	千葉県立図書館要覧　71，72，75年		1971～75	
4	「ひかり」30号原稿			
5	「ひかり」34号原稿			
6	増加図書目録		1974	
3．ひかり号に伴う行事等				
1	[ひかりの歌]歌詞		1952	
2	"ひかり"のうた			歌詞
3	"ひかり"のうた　[歌詞]	印刷ビクターレコード		
4	ひかりの歌レコード特別会計　S28年～29年度	ひかり友の会	1954	
5	一号車運営委員会名簿		1952？	ステーション名簿
6	レコード受領書	ひかり友の会	1953	
7	ひかり号運営研究集会　調査表　昭和28年度		1954	
8	ひかり4号完成披露式出席者名簿　S30	千葉県立中央図書館	1955. 1. 14	
9	読書週間作品懸賞募集当選作(ひかり号の感想文)　S26年度	千葉県立中央図書館	1951	
10	一千葉県立移動図書館ひかり号を利用しましょう一[移動図書館ひかり号巡回についての放送依頼]	千葉県立中央図書館		
11	ポスター[移動図書館利用のための]	千葉県立中央図書館		
12	ひかりの歌レコード会計		1953	領収書中心
13	特別会計証拠書類5周年記念事業　巡回映画の部　S29年度	5周年記念事業実行委員会	1954	
14	千葉の図書館　"ひかり"6号車完成披露	千葉県立中央図書館	1962	5部
15	20年のわだち	千葉県立中央図書館	1969	5部

No.	タイトル	出版者	年	備考
16	S44年度千葉県移動図書館ひかり20周年記念事業決算証拠書類	千葉県移動図書館ひかり20周年記念事業実行委員会	1970	
17	移動図書館ひかり20周年関係綴	千葉県立中央図書館	1969	
18	移動図書館を利用しましょう			
19	千葉県移動図書館ステーション設置基準			
20	千葉県移動図書館「ひかり」号の利用申込受付	千葉県立中央図書館		
21	新刊書を読みたい人々のために	千葉県立移動図書館中央運営委員会？		
22	移動図書館ひかり号事業場(職場)ステーション設置について	千葉県立中央図書館	1958	
23	移動図書館ひかり号による事業場ステーション(職場対象)の設置について御案内	千葉県立中央図書館	1961	
24	病院巡回移動図書館(患者用)の実施に伴ふステーション設置希望の調整について	千葉県立中央図書館	1959	
25	第16回千葉県本を読むお母さんの読書感想文集	千葉県立中央図書館	1975	5部
26	千葉県移動図書館ひかり二十年史	千葉県立中央図書館	1970	5部
27	関東の皆様(S26.3.9)		1951	劣化
28	"ひかり"のうた			
29	BM全国大会廿日出講演			
4．ひかり号運行関係				
1	移動図書館出勤調査簿　S43		1968	
2	移動図書館出勤調査簿　S47		1972	
3	移動図書館出勤調査簿　S49		1974	
4	移動図書館出勤調査簿　S51		1976	
5	ひかり号巡回順路と日程・時間表1960年版		1960	
6	ひかり号カレンダー巡回順路と日程・時間表1960年版		1960	
7	ひかり号巡回日時(1コース)			
8	ひかり号出勤表　S41		1966	
9	ひかり号の便せん			
10	コース表原図			袋入り
11	ひかり7号運行計画表　S44,45年度		1969，1970	
12	1号車運営委員会名簿			

No.	タイトル	出版者	年	備考
13	日誌　S24		1946	
14	日誌　S25－1　号		1950	
15	日誌　S25－2　号		1950	
16	日誌　S26－1　号		1951	
17	日誌　S26－2　号		1951	
18	日誌　S27－1　号		1952	
19	日誌　S27－2　号		1952	
20	日誌　S27－3　号		1952	
21	日誌　S28－1　号		1953	
22	日誌　S28－2　号		1953	
23	日誌　S28－3　号		1953	
24	日誌　S29－1　号		1954	
25	日誌　S29－2　号		1954	
26	日誌　S29－3　号		1954	
27	日誌　S30－1　号		1955	
28	日誌　S30－2　号		1955	
29	日誌　S30－3　号		1955	
30	日誌　S30－4　号		1955	
31	日誌　S31　館外奉仕課内勤簿		1956	
32	日誌　S32－2　号		1957	
33	日誌　S32－3　号		1957	
34	日誌　S32－4　号		1957	
35	日誌　S33　館外奉仕課日誌		1958	
36	日誌　S34　館外奉仕課日誌		1959	
37	日誌　S31－1　号		1956	
38	日誌　S31－2　号		1956	
39	日誌　S31－3　号		1956	
40	日誌　S31－4　号		1956	
41	日誌　S32－1　号		1957	
42	日誌　S32－3　号（内勤日誌・五月起）		1957	
43	日誌　S33－1　号		1958	
44	日誌　S33－2　号		1958	
45	日誌　S33－4　号		1958	
46	日誌　S34－1　号		1959	
47	日誌　S34－2　号		1959	
48	日誌　S34－4　号		1959	
49	日誌　S34－2　号		1959	

No.	タイトル	出版者	年	備考
50	日誌　S35－4　　号		1960	
51	日誌　S35－5　　号		1960	
52	日誌　S36－5　　号		1961	
53	日誌　S36－4　　号		1961	
54	日誌　S36－5　　号		1961	
55	日誌　S37－2　　号		1962	背表紙は2だが，表紙は6号
56	日誌　S37－4　　号車		1962	
57	日誌　S37－5　　号車		1962	
58	日誌　S38－4　　号車		1963	
59	日誌　S38－5　　号車		1963	
60	日誌　S38－6　　号車		1963	
61	日誌　S39－4　　号車		1964	
62	日誌　S39－5　　号車		1964	
63	日誌　S39－6　　号車		1964	
64	日誌　S39－7　　号車		1964	
65	日誌　S40－4　　号		1965	
66	日誌　S40－5　　号		1965	
67	日誌　S40－6　　号		1965	
68	日誌　S40－7　　号		1965	
69	日誌　S41－4　　号		1966	
70	日誌　S41－7　　号		1966	
71	移動図書館出勤調査簿　S41		1966	
72	館外奉仕課　移動図書館出勤調査			
73	日誌　S41－5　　号		1966	
74	日誌　S41－6　　号		1966	
75	日誌　S41　「日誌」館外奉仕課		1966	
76	日誌　S42－5　　号		1967	
77	日誌　S42－6　　号		1967	
78	日誌　S42－7　　号		1967	
79	日誌　S42－8　　号		1967	
80	日誌　S43－5　　号		1968	
81	日誌　S43－6		1968	
82	日誌　S43－8		1968	
83	日誌　S44－5		1969	
84	日誌　S44－6		1969	
85	日誌　S44－7		1969	

No.	タイトル	出版者	年	備考
86	日誌　S44－8		1969	
87	日誌　S45		1970	
88	日誌　S45		1970	
89	日誌　S45		1970	
90	日誌　S46－6		1971	
91	日誌　S46－7		1971	
92	日誌　S46－8		1971	
93	日誌　S46－9		1971	
94	日誌　S46－5		1971	
95	日誌　S47		1972	
96	日誌　S47		1972	
97	日誌　S47		1972	
98	移動図書館出勤調査簿　S42		1967	
99	移動図書館出勤調査簿　S44		1969	
100	移動図書館出勤調査簿　S45		1970	
101	配本車日誌　S43		1968	
102	館外奉仕課日誌　S45		1970	
103	館外奉仕課日誌　S46		1971	
104	７号車運行計画表　S45		1970	
105	移動図書館貸出日報綴り　S44		1969	
106	移動図書館貸出日報綴り　S45		1970	
107	移動図書館貸出日報綴り　S46		1971	
108	移動図書館貸出日報綴り　S48		1973	
109	日誌　S47－7		1972	汚れ著しい
110	日誌　S48－10		1973	汚れ著しい
111	日誌　S46－7		1971	汚れ著しい
112	日誌　S46		1971	汚れ著しい
113	日誌　S45－7		1970	汚れ著しい
114	貸出統計表			汚れ著しい
115	貸出統計表			汚れ著しい
116	配本車運行日誌　S48		1973	汚れ著しい
117	巡回日誌　S49		1974	汚れ著しい
118	巡回日誌　S50		1975	汚れ著しい
119	巡回日誌　S51		1976	汚れ著しい
120	巡回日誌　S52		1977	汚れ著しい
121	巡回日誌　S54		1979	汚れ著しい
122	巡回日誌　S55		1980	汚れ著しい
123	ひかり号巡回日程表			
124	ひかり号燃料・走行距離メモ			

No.	タイトル	出版者	年	備考
5.　ステーション関係				
1	ステーション設置巡回計画表			
2	S27～35年　ステーション設置申請		1952～1960	
3	ステーションマスター必携 1968～70	千葉県立中央図書館	1968～1970	冊子
4	ステーションマスターメモ 1966～69	千葉県立中央図書館	1966～1969	冊子
5	ステーションマスターメモ 1961	千葉県立中央図書館	1961	冊子
6	ステーションマスターメモ 1963～65	千葉県立中央図書館	1963～1965	冊子
7	ステーションマスター名簿 S36	千葉県立中央図書館	1961	冊子
8	ステーションマスター名簿 S38	千葉県立中央図書館	1963	冊子
9	ステーションマスター名簿 S35	千葉県立中央図書館	1960	冊子
10	千葉県移動図書館関係名簿及び規約集　S33年　3冊		1957	
11	訪問図書館ステーションマスター研修会証拠書類　S36		1961	
12	ステーションマスター読書グループリーダー研修会要項 S36，S38	千葉県立中央図書館	1961，1963	
13	ステーションマスターメモ・必携　S46～48	千葉県立中央図書館	1965？	冊子
14	S40年度ステーションマスター研修会予備合同読書会特別会計証拠書類	千葉県立中央図書館	1965	
15	S41年度ステーションマスター研修会予備合同読書会特別会計証拠書類	千葉県立中央図書館	1965	
16	S42年度ステーションマスター研修会特別会計証拠書類	千葉県立中央図書館	1967	
17	S43年度ステーションマスター研修会特別会計証拠書類	千葉県立中央図書館	1968	
18	S45年度ステーションマスター研修会特別会計証拠書類	千葉県立中央図書館	1970	
19	S49年施設ステーション調査		1974	
20	自動車文庫要覧	岐阜県立図書館	1951～1954	
21	千葉県移動図書館後援会理事名簿　S35～37		1960～1962	
22	特別会計　S34年　見学会		1959	

No.	タイトル	出版者	年	備考
23	ステーションマスター申告書		1972	
24	千葉県訪問図書館ひかり友の会ステーションマスター研修会　特別会計証拠書類綴り　S38年		1963	
25	S32年7月移動図書館調査表　ステーションマスター研修会		1957	
26	移動図書館ステーションマスター研修会　評価集計表		1957.7	
27	千葉県訪問図書館町村運営委員会名簿	千葉県立図書館館外奉仕課		（ステーション一覧）
28	S48年度　ステーションマスター申請書綴り		1973	
29	S32〜37年度　移動図書館ステーション設置改廃報告綴り		1957〜1962	
30	S37〜48年度　移動図書館ステーション設置改廃報告綴り		1962〜1973	
31	S32年7月19〜20日　ステーションマスター研修会会計証拠書類綴り		1957	
32	S40〜42年度　ステーションマスター研究会　優良事業場見学利用者取り扱い要項		1965〜1967	
33	ステーションマスター必携　S54年度用	千葉県立中央図書館	1979	2冊
34	S40年度　ステーションマスター名簿		1965	
35	ひかり友の会員　房州見学会計証拠書類つづり		1957	
36	都市近郊　蔬菜園芸視察見学会計証拠書類		1957	
37	青梅図書館見学　会計証拠書類		1957	
38	ステーションマスター必携	千葉県立中央図書館	1972	
6．ひかり友の会関係				
1	S35年度　千葉県訪問図書館ひかり友の会予算関係綴り	千葉県立中央図書館	不明	やや古い資料
2	訪問図書館「ひかり」友の会組織関係綴り　読書会	千葉県立中央図書館	不明	やや古い資料
3	ひかり友の会　会費納入(28年度)	千葉県立中央図書館	1953	
4	S46年度　友の会決算証拠書類	ひかり友の会，千葉県立中央図書館	1971	
5	S34　友の会歳出入決算書	訪問図書館中央運営委員	1959	
6	S30　友の会歳出入決算書	千葉県立中央図書館	1955	

No.	タイトル	出版者	年	備考
7	千葉県訪問図書館ひかり友の会　S26年度歳入歳出決算証拠書類	千葉県立中央図書館	1951	
8	千葉県訪問図書館ひかり友の会　S27年度歳入歳出決算証拠書類	千葉県立中央図書館	1952	
9	千葉県訪問図書館ひかり友の会　S28年度歳入歳出決算証拠書類	千葉県立中央図書館	1953	
10	千葉県移動図書館ひかり友の会　S32年度歳入歳出決算書	千葉県立中央図書館	1957	
11	千葉県訪問図書館ひかり友の会　S33年度歳入歳出決算書	千葉県立中央図書館	1958	
12	千葉県訪問図書館ひかり友の会　S35年度歳入歳出決算書	千葉県立中央図書館	1960	
13	千葉県訪問図書館ひかり友の会　S36年度歳入歳出決算書	千葉県立中央図書館	1961	
14	千葉県訪問図書館ひかり友の会　S37年度歳入歳出決算証拠書類	千葉県立中央図書館	1962	
15	千葉県訪問図書館ひかり友の会　S38年度決算証拠書類綴	千葉県立中央図書館	1963	
16	S33年　ひかり友の会員郷土産業見学会関係書類綴（特別会計）	千葉県立中央図書館	1958	
17	ひかり友の会費週計票　[S32年度]	千葉県立中央図書館	1957	
18	ひかり友の会　S26〜32金銭出納帳	千葉県立中央図書館	1952〜1957	
19	千葉県訪問図書館友の会　S30〜36金銭出納帳	千葉県立中央図書館	1955〜1961	
20	ひかり友の会　S37〜45元帳	千葉県立中央図書館	1962〜1970	
21	S29年度友の会会費納入簿	千葉県立中央図書館	1954	
22	S30年度ひかり友の会会費納入帳	千葉県立中央図書館	1955	
23	S29年度特別会計証拠書類	千葉県移動図書館5周年記念実行委員会	1954	
24	紛失本代金領収書控　（箱入り）	千葉県立中央図書館	1967〜1972	実際の利用者カード有
25	S40年度優良事業場見学旅行特別会計証拠書類	ひかり友の会	1965	
26	S41年度優良事業場見学旅行特別会計証拠書類	ひかり友の会	1966	
27	S42年度優良事業場見学旅行特別会計証拠書類	ひかり友の会	1967	

No.	タイトル	出版者	年	備考
28	S43年度優良事業場見学旅行 特別会計証拠書類	ひかり友の会	1968	
29	S42年度県外視察 特別会計 証拠書類	ひかり友の会	1967	
30	S44年度県外視察 特別会計 証拠書類	ひかり友の会	1969	
31	S46年共同研修会	ひかり友の会	1971	
32	S40年度千葉県訪問図書館ひ かり友の会決算証拠書類	千葉県立中央図書館	1965	
33	S41年度ひかり友の会決算証 拠書類	千葉県立中央図書館	1966	
34	S42年度ひかり友の会決算証 拠書類	千葉県立中央図書館	1967	
35	S43年度ひかり友の会決算証 拠書類	千葉県立中央図書館	1968	
36	S44年度ひかり友の会決算証 拠書類	千葉県立中央図書館	1969	
37	S45年度千葉県訪問図書館ひ かり友の会決算証拠書類	千葉県立中央図書館	1970	
38	S39年度決算証拠書類綴り	千葉県立中央図書館	1964	
39	S38年度千葉県移動図書館ひ かり友の会優良事業場見学団 特別会計関係書類2冊	千葉県立中央図書館	1963	
40	S39年度千葉県訪問図書館ひ かり友の会中央運営委員会規約	ひかり後援会	1964	
41	S45年度友の会第10回優良事 業場見学会関係資料 浜松方面	ひかり友の会	1970	
42	S46年度千葉県移動図書館運 営協議会特別会計証拠書類	ひかり友の会	1971	
43	S47年度友の会領収書控え	ひかり友の会	1972	クリップでとめられて いる
44	S33〜45年度 元帳	ひかり友の会	1958〜1970	
45	S46〜47年度 元帳	ひかり友の会	1971〜1972	
46	大会出席表 千葉県訪問図書 館ひかり友の会 大会出席者 関係書類	千葉県立中央図書館	1952から	
47	S40年度 県外視察 特別会 計証拠書類		1965	
48	後援会規約		1952から	
7．後援会関係				
1	S30年度千葉県移動図書館後 援会歳入歳出決算書		1955	
2	S31年度千葉県移動図書館後 援会歳入歳出決算書		1956	

No.	タイトル	出版者	年	備考
3	S32年度千葉県移動図書館後援会歳入歳出決算書		1957	
4	S33年度千葉県移動図書館後援会歳入歳出決算書（証拠書類）		1958	
5	S34年度千葉県移動図書館後援会歳入歳出決算書		1959	
6	S35年度千葉県移動図書館後援会歳入歳出決算書		1960	
7	S36年度千葉県移動図書館後援会歳入歳出証拠書類		1961	
8	S37年度千葉県移動図書館後援会決算書証拠書類		1962	
9	S38年度千葉県移動図書館後援会決算証拠書類綴		1963	
10	S39年度千葉県移動図書館後援会決算証拠書類		1964	
11	S31年中央運営委員研修会会計証拠書類綴		1956	
12	昭和31年度千葉県訪問図書館歳入歳出決算書		1956	
13	昭和三十一年九月十二日二十二日　ひかり友の会工場見学会計証拠書類綴		1956	
14	S34年度千葉県移動図書館10周年記念事業歳入歳出決算書		1959	
15	千葉県移動図書館後援会中央運営委員会関係綴　S29〜34年度		1954〜1959	
16	千葉県移動図書館後援会金銭出納帳　S29〜40年度		1954〜1965	
17	昭和35年度〜46年度　千葉県移動図書館後援会負担金請求書控		1960〜1971	枝番あり
18	昭和35年度〜46年度　千葉県移動図書館後援会領収書控		1960〜1971	枝番あり
19	訪問図書館ひかり友の会・後援会日計表　S35年度		1960	
20	移動図書館友の会・後援会日計表　S36年度		1961	
21	移動図書館後援会日計表　S37・38年度		1962〜1963	
22	移動図書館後援会日計表　S38〜40年度		1963〜1965	
23	移動図書館後援会日計表　S40〜42年度		1965〜1967	

No.	タイトル	出版者	年	備考
24	移動図書館後援会日計表 S42〜43年度		1967〜1968	
25	S45年度特別会計証拠書類 優良事業場見学旅行		1970	
26	移動図書館後援会元帳　S36〜40		1961〜1965	
27	移動図書館後援会金銭出納帳 S26〜28		1951〜1953	
28	移動図書館後援会金銭出納帳 S29〜35		1954〜1960	
29	切手受払帳			
30	S30年度千葉県移動図書館後援会負担金領収書控綴		1955	
31	S31年度千葉県移動図書館後援会負担金領収書控		1956	
32	S32年度移動図書館後援会負担金		1957	
33	S33年度千葉県移動図書館会費領収書控		1958	
34	S34年度千葉県移動図書館後援会領収書控綴		1959	
35	S32年度移動図書館会費領収書控		1957	
36	S40年度千葉県移動図書館後援会決算証拠書類		1965	
37	S41年度千葉県移動図書館後援会決算証拠書類		1966	
38	S42年度千葉県移動図書館後援会決算証拠書類		1967	
39	S43年度千葉県移動図書館後援会決算証拠書類綴		1968	
40	S44年度千葉県移動図書館後援会決算証拠書類		1969	
41	S45年度千葉県移動図書館後援会決算証拠書類		1970	
42	S46年度千葉県移動図書館後援会決算証拠書類		1971	
43	理事，委員調査表承諾書 （[S44・45年千葉県移動図書館後援会理事就任委嘱承諾書，後援会加入・会費納入綴]）		1969〜1970	袋入り
44	S37年度千葉県移動図書館後援会特別会計証拠書類		1962	

No.	タイトル	出版者	年	備考
45	千葉県訪問図書館中央運営委員会 ［38年度］千葉県移動図書館後援会県外視察実施特別会計証拠書類		1963	
46	S46年度千葉県移動図書館後援会負担金額収書控		1971	
47	［S40～49年度］移動図書館後援会友の会綴		1965～1974	
48	後援会 ［S47年度領収書控］		1972	クリップ止め
49	［S44～46年度］千葉県移動図書館後援会 日計表		1969～1971	2冊
50	日計表未使用			2冊
51	［S39～46年度］後援会友の会関係		1964～1971	
52	S41～47後援会金銭出納帳		1966～1972	
53	S41～47後援会元帳		1966～1972	
54	全移研他県資料 山崎			
8.図書館関係				
1	S47年度全国図書館大会関係資料 千葉県	日本図書館協会ほか	1972	
2	S47年度全国図書館大会関係資料 29年～ 分館			
3	S31年度全国図書館大会証拠書類		1956	
4	公共図書館その他会議	千葉県立中央図書館	1972～74	
5	一般文書	千葉県立中央図書館	1973～80	
6	予算決算関係綴	千葉県立中央図書館	1966～71	大型のため袋なし
7	らいぶらりあん27(1988)・32(1991)・34(1993)	千葉県公共図書館協会	1986, 1991, 1993	
8	千葉県の図書館 H4年・5年・6年	千葉県立中央図書館	1992～1994	
9	［全国］館長会議資料 48年6月	千葉県立中央図書館 他	1973	
10	昭和55年度関東地区都県立図書館館長会議資料	関東地区公共図書館協議会	1980	大型のため袋なし
11	他県図書館資料 （滋賀, 関プロ利用者)		1970ほか	
12	関東地区公共図書館利用者団体連絡協議会資料		1973ほか	
13	S45年度関東地区公共図書館利用者団体連絡協議会 資料	関東地区公共図書館協議会	1970	
14	関東地区公共図書館利用者団体連絡協議会資料集	各県	1968～76	
15	日図協会費事務	日本図書館協会	1978	

No.	タイトル	出版者	年	備考
16	千葉県立図書館財政関係	千葉県公共図書館協会	1980	
17	JLA評議員選挙関係綴　S54～	日本図書館協会	1979～1990	
18	図書館年鑑編集委員会	千葉県立中央図書館	1974, 1985	
19	S54～57年日本図書館協会関係綴り	日本図書館協会	1979～1982	
20	S56～61年日本図書館協会関係綴り	日本図書館協会	1981～86	
21	全公図　関ブロ報告書綴り（領収書）	千葉県公共図書館協会	1986	
22	平成元年第2回優良図書館共同視察	千葉県公共図書館協会, 千葉県立図書館	1989	
23	平成元年第1回公立図書館初任職員研修会資料　（関係綴り）	千葉県公共図書館協会	1989	
24	平成元年第2回公立図書館初任職員研修会資料　（関係綴り）	千葉県公共図書館協会	1989	
25	図書館広域利用資料	川口市立図書館　他	1991ほか	
26	第31回千葉県公共図書館協会総会並びに公共図書館職員研修大会	千葉県公共図書館協会		
27	第32回千葉県公共図書館協会総会並びに公共図書館職員研修大会	千葉県公共図書館協会		
28	第34回千葉県公共図書館協会総会並びに公共図書館職員研修大会	千葉県公共図書館協会	1991	
29	図書館協議会綴	千葉県公共図書館協会	1987～1989	
30	平成元年度千公図書館協議会綴り	千葉県公共図書館協会	1989	
31	第1回優良図書館共同視察	千葉県公共図書館協会, 千葉県立図書館	1989	
32	平成元年第1回公共図書館長並びに千公図理事会綴り	千葉県立中央図書館	1989	
33	平成元年千公図職員表彰候補者の推薦	千葉県公共図書館協会	1989	
34	平成元年第3回初任職員研修会	千葉県公共図書館協会, 千葉県立図書館	1989	
35	平成元年図書館館長会議	千葉県教育委員会	1989	
36	平成元年第2回職員研修会	千葉県公共図書館協会, 千葉県立図書館	1990	
37	平成元年度県内公共図書館複写取扱い要項綴	八千代市立図書館ほか	1985ほか	
38	平成元年度第3回共同視察参加者名簿	千葉県公共図書館協会	1989	

No.	タイトル	出版者	年	備考
39	昭和62年度千葉県公共図書館会納入控	千葉県公共図書館協会	1987	
40	千葉公共図書館協会写真	千葉県公共図書館協会	1978	
41	平成元年度第1回公共図書館職員研修会の開催について	千葉県立図書館	1962	クリップ止め
42	平成元年度第1回公共図書館職員研修会関係綴	千葉県立図書館	1962	
43	平成元年度第2回公共図書館館長会議並びに千葉公共図書館理事会綴	千葉県立図書館	1962	
44	平成元年度第2回公共図書館研修会	千葉県立図書館	1962	
45	平成元年度第2回職員研修会	千葉県立図書館	1963	
46	平成元年度第1回公共図書館職員研修会	千葉県立図書館	1963	黒ひもの綴り
47	昭和63年　初任職員研修会資料感想文綴	千葉県図書館協会	1987	
48	千葉県公共図書館協会誌11号（1970年）		1970	
49	S47年度全国図書館大会千葉県資料		1972	
50	S44年関東地区公共図書館協議会公共図書館協会　―千葉県内の図書館における貸し出し券の共通化について―		1969	
51	S48～50年　県内図書館資料（山崎）		1973～1975	
52	歳入　歳出　予算概算書	千葉県立中央図書館　他		文書類
53	昭和36年度全国移動図書館大会誌		1961	
54	第十回関東地区都県立図書館運営協議会記録		1962	
55	昭和47年度全国図書館大会関係資料		1972	
9. 移動図書館関係				
1	配本所綴	千葉県立中央図書館	1972ほか	
2	配本所綴	千葉県立中央図書館	1968頃～1973	
3	団体貸出	千葉県立中央図書館	1972頃	
4	ひかり号巡回について［アンケート綴］　1～14コース	千葉県立中央図書館	1972？	
5	移動図書館利用者アンケート抜粋綴　昭和47年度	千葉県立中央図書館	1972	
6	配本所実態調査　昭和47年度（昭和48年1月20日調査）	千葉県立中央図書館	1973	

No.	タイトル	出版者	年	備考
7	配本所主任会議要項	千葉県立中央図書館	1973	10部
8	十冊文庫目録	千葉県立中央図書館	1972	8部
9	鹿児島県立図書館　読書運動の概況（昭和35年度調査）		1960	3部
10	ゴム印			ステーション・移動図書館等7個
11	千葉県移動図書館ひかり20周年記念大会関係資料	千葉県立中央図書館	1969	
12	館外奉仕関係公文書（管外）	千葉県立中央図書館	1952～60	廿日出先生の古い資料など
13	移動図書館関係記事	千葉県立中央図書館	1950～53	『ひかり』創刊号など
14	千葉県移動図書館5周年記念事業	千葉県立中央図書館	1954	
15	袋入り資料			古い資料いろいろ
16	全国移動図書館研究集会報告書　昭和45年度	日本図書館協会	1971	
17	全国移動図書館調査	千葉県立中央図書館	1969	
18	全国移動図書館実態調査綴昭和47年度	千葉県立中央図書館	1972	全国の図書館
19	［日誌（館内）］	千葉県立中央図書館	1958～59	タイトルなし
20	全国移動図書館［運営協議会報告？］　第1回		1953？	
21	全国移動図書館連絡協議会報告　第2回	千葉県立中央図書館	1949	
22	全国移動図書館基礎調査一覧	日本図書館協会	1964	
23	全国移動図書館研究大会報告1956	千葉県立中央図書館	1956	
24	全国移動図書館研究大会記録	千葉県立中央図書館	1956	
25	特別会計	千葉県立中央図書館	1955	［証拠書類］
26	移動図書館定期貸出　昭和62年度	千葉県立中央図書館ほか	1987～88	
27	地方社会教育活動促進日補助金（巡回文庫用図書購入費）申請書　昭和40年度	千葉県立中央図書館	1965	
28	千葉県訪問図書館ひかり友の会優良事業場見学関係書類綴,ほか	［千葉県立中央図書館］	1960	
29	館外奉仕課関係参考文献	千葉県立中央図書館ほか	1950～60	『公民館新聞』など
30	貸出文庫図書購入会議簿　昭和24年度	千葉県立中央図書館	1949	

No.	タイトル	出版者	年	備考
31	BookmobileS and bookmo-bile Service［一部，および和訳］	Eleanor FranceS Brown	1967	移動図書館史翻訳
32	移動図書館大会	千葉県立中央図書館	1953	
33	全国移動図書館研究集会参加申込書	千葉県立中央図書館	1972	
34	［調査票など］		1952ほか	書式，近県図書館要覧など
35	特別会計　30年	千葉県立中央図書館	1955	
36	移動図書館読書週間文化祭行事関係書類　昭和26〜34			
37	第2回全国移動図書館協議会	千葉県立中央図書館	1954	
38	移動図書館優良読者	千葉県立中央図書館	1952〜54	
39	読書会	千葉県立中央図書館	1950〜58	読書会調査，『赤十字図書室ニュース』など
40	千葉県移動図書館後援会千葉県訪問図書館中央運営委員会関係綴　昭和24年度〜28年度	千葉県立中央図書館	1949〜53	
41	昭和30年度移動図書館利用申込書綴	千葉県立中央図書館	1955	
42	千葉県移動図書館関係名簿及規約集(附貸出文庫)	千葉県移動図書館後援会ほか	1958	
43	社会教育関係団体名簿　昭和35年	千葉県教育庁	1960	
44	青少年健全育成実施要綱	千葉県教育委員会	1961	
45	社会教育関係名簿　昭和27年	千葉県教育庁	1952	
46	千葉県病院名簿	千葉県衛生民生部	1958	
47	市町村文化団体名簿　昭和44年度	千葉県教育委員会	1969	
48	千葉県の社会教育施設　1956	千葉県教育庁	1956	
49	移動図書館理事　中央運営委員名簿	千葉県移動図書館後援会	1953〜60？	
50	千葉県移動図書館関係名簿昭和28年	千葉県移動図書館後援会	1953	
51	移動図書館地区協議会関係書類	千葉県立中央図書館	1950〜59	
52	千葉県移動図書館五周年記念事業会計証拠書類	千葉県立中央図書館	1954	
53	昭和24年訪問図書館綴り		1949	
54	移動図書館車の調査結果について	東京都立立川図書館	1973	
55	昭和47年度千葉県移動図書館運営協議会	千葉県立中央図書館	1972	

No.	タイトル	出版者	年	備考
56	移動図書館車調査報告書（都道府県立図書館所有車）			
57	分館		1953〜1954？	
58	1954年読書週間千葉県移動図書館優良読者表彰名簿	千葉県立中央図書館	1954	
59	館外奉仕用図書一般貸出券申し込書　昭和46〜54		1971〜1979	カードが１箱
60	移動図書館ステーション別貸出統計　昭和39〜41年度	千葉県立中央図書館	1966	
61	日誌　館外奉仕課　昭和40年10月より	千葉県立中央図書館	1965〜66	
62	［日誌　館外奉仕課］	千葉県立中央図書館	1962〜63	年度不明
63	［日誌　館外奉仕課　昭和39年12月〜］	千葉県立中央図書館	1964	
64	日誌　館外奉仕課　昭和43年	千葉県立中央図書館	1973〜74	
65	日誌　館外奉仕課　昭和44年	千葉県立中央図書館	1969	
66	日誌　館外奉仕課　第８号	千葉県立中央図書館	1961〜62	
67	日誌　館外奉仕課　昭和39年度以降	千葉県立中央図書館	1964〜66	
68	日誌　館外奉仕課　昭和42年	千葉県立中央図書館	1967	
69	内勤簿　昭和30〜9，31〜8	千葉県立中央図書館	1955〜56	
70	十冊文庫月別貸出統計	［千葉県立中央図書館］	1974〜76	
71	一般ステーション貸出冊数	千葉県立中央図書館	1973〜78年度	
72	館外奉仕課公文書綴（その他）	千葉県立中央図書館	1978〜81	
73	館外奉仕課公文書綴　昭和56年度	千葉県立中央図書館	1981〜82	
74	館外奉仕課公文書綴　昭和57年度	千葉県立中央図書館	1982〜83	
75	館外奉仕課統計類　昭和54・55年度	千葉県立中央図書館	1978〜81	
76	館外奉仕課公文書綴　昭和59年度	千葉県立中央図書館	1984〜85	
77	館外奉仕課統計類　昭和60年度	千葉県立中央図書館	1984	
78	借用図書報告書　昭和57年	千葉県立中央図書館	1982	
79	市町村普及担当者会　昭和59年	千葉県立中央図書館	1984	
80	申請書綴　昭和56年度	千葉県立中央図書館	1981	
81	申請書綴　昭和57年度	千葉県立中央図書館	1982	
82	申請書綴　昭和58年度	千葉県立中央図書館	1983	
83	申請書綴　昭和59年度	千葉県立中央図書館	1984	
84	申請書綴　昭和60年度	千葉県立中央図書館	1985	
85	申請書綴　昭和61年度	千葉県立中央図書館	1986	

No.	タイトル	出版者	年	備考
86	申請書綴　昭和62年度	千葉県立中央図書館	1987	
87	動く本棚閲覧月報　[昭和37年]		1962	
88	動く本棚閲覧月報　[昭和38年]		1963	
89	配本所巡回日誌　昭和47年		1973	
90	動く本棚　集計表　昭和38年以降		1963〜	
91	動く本棚　集計表　昭和35		1961	
92	動く本棚　集計表　昭和36		1962	
93	全国移動図書館調査　昭和49年	岡山県総合文化センター	1974	
94	移動図書館巡回希望申込書綴　昭和46年度	千葉県立中央図書館	1972	
95	昭移動図書館関係綴　昭和47年度	千葉県立中央図書館	1973	
96	昭移動図書館関係綴　昭和48〜49年度	千葉県立中央図書館	1975	
97	館外奉仕課資料　昭和52年		1973	
98	移動図書館市町村別団体名簿　昭和38〜40		1963〜1965	
99	移動図書館昭和36年度閲覧月報		1961	
100	移動図書館　図書貸出日報綴　昭和34年度	千葉県立中央図書館	1959	
101	移動図書館　図書貸出日報綴　昭和35年4〜9月	千葉県立中央図書館	1960	
102	移動図書館　図書貸出日報綴　昭和35年9〜36年3月	千葉県立中央図書館	1961	
103	移動図書館　図書貸出日報綴　昭和36年4〜8月	千葉県立中央図書館	1961	
104	移動図書館　図書貸出日報綴　昭和36年8月以降	千葉県立中央図書館	1961	
105	移動図書館　図書貸出日報綴　昭和37年11〜38年3月	千葉県立中央図書館	1963	
106	移動図書館　図書貸出日報綴　昭和38年4〜6月	千葉県立中央図書館	1963	
107	移動図書館　図書貸出日報綴　昭和38年7〜39年3月	千葉県立中央図書館	1964	
108	移動図書館　図書貸出日報綴　昭和39年4〜6月	千葉県立中央図書館	1964	
109	移動図書館　図書貸出日報綴　昭和39年7〜40年3月	千葉県立中央図書館	1966	
110	移動図書館　図書貸出日報綴　昭和40年4〜41年3月	千葉県立中央図書館	1966	
111	移動図書館　図書貸出日報綴　昭和41年4〜42年3月	千葉県立中央図書館	1967	

No.	タイトル	出版者	年	備考
112	移動図書館　図書貸出日報綴　昭和42年４〜43年４月	千葉県立中央図書館	1968	
113	移動図書館　図書貸出日報綴　昭和43年４〜44年５月	千葉県立中央図書館	1969	
114	移動図書館　図書貸出日報綴　昭和37年４〜10月	千葉県立中央図書館	1962	
115	個人利用者職業別・年齢別統計　昭和39・40年度	千葉県立中央図書館	1965	
116	ステーション設置資料　昭和47年	千葉県立中央図書館	1973	
117	ステーション設置資料について　昭和47年	千葉県立中央図書館	1973	
118	利用報告書　昭和49年　上半期	千葉県立中央図書館	1975	
119	移動図書館閲覧月報　昭和36年度		1961	
120	移動図書館閲覧月報　市町村団体名簿　昭和38〜40		1963〜1965	
121	昭和49年一般並施設貸出申請書綴り		1974	
122	昭和51年度予算資料　館外奉仕課		1976	
123	昭和51年度読書施設調査票綴り　館外奉仕課		1976	
124	改廃ステーション綴り　昭和48〜		1973〜	
125	図書借用申請書昭和48〜		1973〜	
126	市町村50年度予算について			
127	国庫補助金関係綴り			
128	昭和47年度予算要求明細書	千葉県立中央図書館館外奉仕課	1972	
129	予算資料		1976	
130	昭和50年度市町村に対する申請書つづり		1975	
131	昭和48年度予算要求明細書	千葉県立中央図書館館外奉仕課	1973	
132	昭和51年度　申請書綴り		1976	
133	昭和48年度市町村に対する図書サービスについて(回答)		1973	
134	昭和52年度市町村に対するサービス一般貸出・施設貸出申請書		1977	
135	昭和52年〜　ステーション設置申請関係(一般)	千葉県立図書館	1977	

No.	タイトル	出版者	年	備考
136	タイトル無綴 昭和40年〜ステーション解説年月日リスト付	千葉県立図書館	1977	タイトル無し
137	昭和51年度全国移動図書館研究集会(鹿児島)		1976	
138	移動図書館20周年総会功労者招待者名簿原稿		1969	
139	館外奉仕活動研究会報告	神奈川県立図書館	1979	
140	47 全移研		1972	全国移動図書館研究集会資料綴り
141	昭和47年度 全国移動図書館研究集会事例発表者資料		1972	紐綴じ
142	昭和49年度全国移動図書館研究集会資料(岡山県)		1974	
143	全国移動図書館大会(秋田)		1973	ファイル, 昭和48年度全国移動図書館研究集会資料
144	愛知県移動図書館利用のてびき	愛知県立図書館		埼玉県も有り
145	移動図書館10周年記念展示資料			写真あり暫定へ(貸出用品, カレンダー, 閲覧券等)
146	全移研資料		1972	昭和47年度全国移動図書館研究集会資料
147	昭和47年度全国移動図書館研究集会資料実体調査票控		1972	行政文書
148	昭和41年度全国移動図書館研究集会 岐阜県		1966	
149	昭和39年度全国移動図書館研究集会要項(埼玉県)		1964	2冊あり
150	昭和47年度全国移動図書館研究集会事例発表推薦控		1972	
151	昭和45年度全国移動図書館研究集会報告書(大阪)		1970	
152	[昭和47年度]全国移動図書館研究集会関係者への礼状発送について		1972	文書類
153	昭和47年度全国移動図書館研究集会		1972	文書類
154	昭和47年度全国移動図書館研究集会分科会委員会参加申込書類		1972	文書類
155	昭和47年度全国移動図書館研究集会研究テーマ資料		1972	

No.	タイトル	出版者	年	備考
156	移動図書館関係綴(昭和44.3〜47年)		1969〜	「のびゆく千葉県　県庁のある千葉市　小学校教育番組　千葉県教育委員会」の資料も同封
157	昭和26〜29年　自動車文庫要覧(岐阜県立図書館)		1951〜1954	
158	昭和28年　群馬・栃木・埼玉移動図書館見学記		1953	
159	あけぼの　北海道移動図書館機関誌[各道県移動図書館広報誌]			ファイル，むらさき号，あけぼの号
160	昭和28年移動図書館大会つづり　廿日出館長挨拶記録　講演金森順二郎講演記録		1953	
161	昭和28年訪問図書館ひかり研究集会評価表		1953	
162	移動図書館資料			沢山の資料：ファイル，県外の資料
163	S39年度　移動図書館大会証拠書類		1964	文書類
164	S39年度　訪問図書館ひかり号友の会見学証拠書類		1964	文書類
165	昭和35〜40年度移動図書館関係綴	千葉県立中央図書館館外奉仕課	1960〜1965	冊子
166	移動図書館関係	千葉県立中央図書館館外奉仕課	1972〜1974	
167	移動図書館関係3	千葉県立中央図書館館外奉仕課	1971〜1974	
168	昭和36〜43年度移動図書館関係つづり	千葉県立中央図書館館外奉仕課	1961〜1968	
169	昭和47年度千葉県移動図書館運営協議会証拠書類		1972	
170	館外奉仕関係(山崎)		1966〜1971	
171	館外奉仕資料		1970〜1971	
172	館外奉仕活動　昭和49年度資料	千葉県立中央図書館館外奉仕課	1974	
173	移動図書館関係	千葉県立中央図書館館外奉仕課	1970〜1972	冊子
10.　その他				
1	S39〜　内部資料		1964〜	
2	移転準備資料，館外奉仕計画		1967〜1968？	県立図書館の機能と性格，移転準備委員会資料，館内奉仕運営要領，移転設計質問状等

第3部 資 料

No.	タイトル	出版者	年	備考
3	参考書類ファイル 図書館調査資料		1965〜1975？	
4	館外奉仕計画（案）		1966〜？	他県の調査資料（さいたま・神奈川・岐阜）
5	移動図書館後援会，ひかり友の会書類，病院貸出文書（S35.7.9），等		1960〜？	ファイル
6	資料（山崎）		1966〜1973？	千葉県立の資料委員会，郷土資料関係文書，打ち合わせ記録
7	打ち合わせ ファイル（山崎資料）		1964〜1969？	資料配置計画・移転計画作業 館外奉仕体制改善策（案） 等
8	公共図書館 移動図書館分科会統計		1964〜1968	文書類
9	雑		1965？	統計・文書類
10	受領書控えつづり			6冊，日本図書館協会と千葉県図書館協会公費
11	個人ノート			職場ステーション S42年負担金依頼文あり
12	個人ノート関係機関等			
13	S30〜33年参考資料つづり（岩田）		1955〜1958	行政文書類のファイル，放送告知文あり運営委員会再編成等
14	S41〜48年諸資料つづり（山崎）		1966〜1973	行政文書類のファイル，千葉県立中央図書館に関する内容（資料移動等）
15	その他資料 S47〜50年		1972〜1975	行政文書類のファイル廿日出の歌あり

3. 年 表

　本書の記述に即して，千葉県立(中央)図書館の活動を中心に概要をまとめた。『千葉県図書館史』(千葉県立中央図書館，1968)および『千葉県移動図書館ひかり二十年史』(千葉県立中央図書館，1970)，『図書館報』などを典拠とした。典拠によって日付などが異なる場合は，いずれかの記述によった。また，千葉県を県，千葉県立(中央)図書館を県立図書館，日本図書館協会を JLA などと略記した。◇には，全国の図書館動向，一般事項を参考のために記した。

1933(昭和8)年
　10.13　千葉県立図書館，県の中央図書館に指定される
　　◇ 7. 1　図書館令改正および公立図書館職員令改正
1934(昭和9)年
　4. －　館則改正，巡回文庫を貸出文庫に改称
　4. －　今沢慈海，成田中学校校長に就任
　11.10　県立図書館，新館舎で閲覧開始
　12.10　県立図書館，新築落成式
1935(昭和10)年
　2.10　県立図書館，規則を改正，併せて「新館経営ノ綱領，経営方針」を公表
　8.21　廿日出逸暁，県立図書館初代専任館長に就任
　10. 7　県中央図書館主催第1回図書館講習会(～10.9)，講師今沢慈海など
　11.20　読書週間，読書奨励講演会などを開催
　12. 1　千葉県図書館令施行細則公布
1936(昭和11)年
　1.25　県立図書館主催巡回読書奨励講習会を県下6か所で開催(～3.24)
　4. 2　県立図書館に千葉県美術協会発足
　4. 5　県立図書館に千葉県書道会発足
　4.18　県立図書館に学校と図書館との連絡に関する座談会を開く，講師今沢慈海
　4.30　『千葉県図書館報』を『千葉県図書館情報』と改題
1937(昭和12)年
　1. －　県立図書館廿日出館長ほか，県内の図書館視察(～2. －)

2.12　県主催, 図書館経営研究会を県下7か所で開催(～2.20)

3.30　県, 図書館事業奨励金を交付(13館)

－.－　移動図書館費700円を予算要求したが, 認められず

◇ 7. 7　日中戦争始まる

9.10　文部省, JLA に「国民精神総動員ニ関スル件」通牒

1938(昭和13)年

2.19　県主催, 読書指導研究会を県下4か所で開催(～3.5)

2.－　県立図書館廿日出館長ほか, 県内の図書館視察(～3.－)

3.28　県, 図書館事業奨励金を交付(千葉県図書館協会, 11館)

◇ 9.16　文部大臣, 道府県中央図書館を有する地方長官に対し国民精神総動員文庫用に350円を交付

1939(昭和14)年

1.－　県立図書館廿日出館長ほか, 県内の図書館視察(～2.－)

3. 1　図書館実務講習会開催(～3.3)

5.15　『千葉県図書館情報』を『千葉文化』と改題

6.19　千葉師範学校卒業生のため図書館科の講義が設定され廿日出館長が出講(～6.22)

◇11. 8　JLA, 文部省の指示により従来の全国図書館週間を読書普及運動の名で実施(～11.12)

1940(昭和15)年

2. 2　県立図書館, 貸出文庫利用者座談会(2.7, 3.4にも)

2.23　図書館実務講習会開催(～2.24)

2.－　県立図書館廿日出館長ほか, 県内の図書館視察(～3.－)

3.31　県, 図書館事業奨励金を交付(7館)

12.15　『千葉文化』用紙統制のため休刊

12.26　県, 千葉県図書館協会に対し事業奨励金を交付

12.－　房総叢書刊行会『房総叢書』刊行開始(～1944.4)

◇ 9. 7　JLA 理事会, 全国図書館大会中止を決定

1941(昭和16)年

3.19　県立図書館, 貸出文庫利用者大会並映画の夕開催

◇12. 8　太平洋戦争始まる

1942(昭和17)年

4.24　学務部長, 県下図書館未設置市町村に対し, 時局対策上図書館設置促進の通牒, 既設市町村, 図書館長に対しては時局対策対応処置を奨励

◇ 9.25　文部省主催, 読書会指導に関する研究協議会を開催(金沢市・～9.27)

1943(昭和18)年

－.－　この年, 図書館の新設19館

◇ 2.18　出版事業令公布

1944(昭和19)年

  3.14　読書会指導者錬成講習会開催(成田市・〜3.15)

  ◇ 9. -　『図書館雑誌』休刊

1945(昭和20)年

  7. 7　千葉市が空襲を受け，県立図書館に罹災者を収容，閲覧休止

 12. 3　県立図書館，罹災後の閲覧を一部開始

  ◇ 3. 9　東京大空襲，8.6広島，8.9長崎に原爆投下

    8.15　天皇，戦争終結の詔書を放送

1946(昭和21)年

  2.16　県立図書館に千葉県文化振興会発足

  3. -　船橋市，公立図書館設置を申請(つづいて1947.11安房鴨川，12東金町が申請)

  7. 1　千葉県文化振興会『千葉』創刊(12号〜:『千葉文化』，15号(1948)〜:県立図書館発行)

  ◇11. 3　日本国憲法公布

1947(昭和22)年

 11.27　安房鴨川町図書館設立

 12.27　木更津市長，佐原，八日市場，東金，鴨川の各町長と知事との間に県立図書館分館設置に関する覚書を交換しそれぞれに分館を置くこととなる

  ◇ 3.31　教育基本法，学校教育法公布

1948(昭和23)年

  4. 1　香取郡佐原町図書館設立

  4. 7　県立図書館香取分館開館(佐原町図書館併置)

  4.14　県立図書館山武分館開館(東金町図書館併置)

  5. 7　県立図書館君津分館開館(木更津市立図書館併置)

  5.17　県立図書館海匝分館開館(八日市場町図書館併置)

  7.19　県立図書館安房分館開館(鴨川町図書館併置)

  9. 9　千葉県軍政部主催，視聴覚教育技師(ナトコ映画)養成講習会

 - . -　秋，1949年度予算要求書に移動図書館費を計上

  ◇ 6. 7　国立国会図書館，一般公開

1949(昭和24)年

  1. -　県立図書館にフィルムライブラリー設置

  4.22　文部省あて移動図書館用自動車配布を申請　→　6.15払下げ

  6.16　県立図書館，移動図書館の本体の改造に着手

  7. 7　県立図書館，移動図書館の名前を公募

  8. 8　県立図書館，移動図書館誕生，訪問図書館「ひかり1号車」と命名

  9.14　県立図書館，「ひかり1号」市原，長生，夷隅地区に巡回開始

11.11　第1回訪問図書館運営委員会開催(および11.14，11.15)

◇　6.10　社会教育法公布

1950(昭和25)年

2. －　アメリカの *Library Journal* 誌(75巻4号) に「ひかり号」の記事が掲載される

5.30　日映映画「格子なき図書館」に採録のため，県立図書館「ひかり号」の活動状況を同社が撮影(～5.31)

7.17　「ひかり2号車」巡回開始(千葉，東葛，印旛，香取，山武地区を追加)

7. －　県立図書館，「ひかり2号車」完成

◇　4.30　図書館法公布

9.20　長野県立長野図書館，PTA 母親文庫開始

1951(昭和26)年

1.13　千葉県立図書館設置条例公布，名称が中央図書館となる

1.23　図書館に関する規則を公布

4. 1　千葉県訪問図書館ひかり友の会・中央委員会設立，5.12中央運営委員会開催

6. 8　千葉県立中央図書館規則制定

9.15　移動図書館・分館連絡用として小型ジープ払下げ申請も許可されず

11. 1　訪問図書館友の会機関誌『ひかり』創刊

－. －　事業所を対象にした職場ステーション随意的に設置(3か所)　→　1955.5本格実施

◇　4. 1　図書館法第17条施行(閲覧料無料化)

1952(昭和27)年

2.28　県立図書館，「ひかり3号車」完成(わが国初の内外書架)

3.16　訪問図書館ひかり友の会大会開催(千葉市)

6. 2　「ひかり3号車」巡回開始，全県巡回可能となる

1953(昭和28)年

3.15　第2回ひかり友の会開催，ひかりの歌の入賞発表

10. 7　千葉県移動図書館創立発起人会開催

11. 3　千葉県移動図書館後援会設立

◇　2.23　第1回全国移動図書館運営協議会開催(岐阜市・～2.24)

8. 8　学校図書館法公布

9. 1　町村合併促進法公布

1954(昭和29)年

1.18　館山，茂原，大多喜の3新設分館の設置についての覚書を県教育委員会と地元との間で交換

1.18　県立図書館安房館山分館開館(館山市立図書館併置)

7. 3　県立図書館夷隅分館開館(大多喜町立図書館併置)

7.13　県立図書館長生分館開館(茂原市立図書館併置)

8. 8　移動図書館ひかり5周年記念大会開催(千葉市)

　◇ 3. 4　文部省主催第2回全国移動図書館協議会開催(〜3.6)

　　5.28　JLA 定期総会で「図書館の自由に関する宣言」(主文のみ)を採択

1955(昭和30)年

1.17　県立図書館,「ひかり4号車」完成

2.12　1954年11月7日開催の千葉県図書館大会の決議により,新生市町村に対する図書館設置についての要望書を,それぞれの合併新生市町村長あてに発送

2.21　「ひかり4号車」巡回開始

5. −　職場ステーション設立

8. 6　第2回移動図書館運営研究集会,町村合併後における「ひかり号」の運営のあり方を検討(〜8.7)

11.11　県立図書館,「ひかり号」の運営のあり方について再編を求める依頼文書を市町村教育長に発送

　◇ 7.18　文部省,青少年巡回文庫実施要領を発表

1956(昭和31)年

6.28　JLA 公共図書館部会,全国移動図書館研究大会開催(木更津市・〜6.28)

8.26　県立図書館廿日出館長,国際図書館会議,欧米図書館視察(〜12.31)

　◇ 3.15　JLA,図書館法改正委員会を設置

1957(昭和32)年

1.23　県立図書館分館引き上げ問題起こる　→　2.9解決

10.25　千葉県公共図書館協会,千葉県立中央図書館長,「当市町村に公立図書館設置方について要望」

10.26　県立図書館,移動図書館により全県に対する読書普及運動と図書館未設置市町村に対し,図書館設置勧奨を行う(〜10.27)

　◇12. −　JLA 図書館法改正委員会,「図書館法改正草案」を発表

1958(昭和33)年

4.26　県立図書館に千葉県読書連絡協議会発足

1959(昭和34)年

1.16　成田日赤病院,県立図書館に対し患者用図書の利用について申請(患者の嘆願書を添付)

2. 3　病院巡回移動図書館の設置調査を実施

5.31　県立図書館廿日出館長,退職　→　6.1国立国会図書館連絡部長

　◇ 4. 9　「青少年の読書指導のための資料の作成等に関する規程」(文部省令)公布

　　9.20　本を読む母親の全国大会開催(長野市・〜9.21)

第3部　資　料

1960(昭和35)年

  3. 1　県立図書館,「ひかり5号車」完成

  4. 3　移動図書館ひかり10周年記念式典開催

  6.27　「動く本棚」病院ボックス開始(成田日赤病院)

12.17　千葉県移動図書館後援会理事会,千葉県訪問図書館中央運営委員会,ステーショ
     ン再編を議論

  ◇ 5. 1　鹿児島県立図書館,親子20分読書運動開始

    10.14　**JLA**,中小公共図書館運営基準委員会を設置

1961(昭和36)年

  5. 1　県立図書館,移動図書館ステーション運営の伺い(改善勧告書)を各市町村教育長
    あてに発送

人 名 索 引

→ は「次を参照せよ」。

後 記

　「ひかり号」研究を本にしないかとのご提案を，日図研の川崎良孝理事長（当時）よりいただいたのは，2014年4月のことであった。本グループ結成の呼びかけ人でもある川崎先生からのおすすめを，大変ありがたく思った。

　われわれとしても，「ひかり号」関係資料目録だけでも公刊したいと考えていたので，さっそく内容の検討を進めた。その結果，目録だけではなくそれぞれの「ひかり号」に関する論考も載せようということになり，その準備に取り掛かった。そして各自の原稿がほぼまとまってきた2016年4月，改めて松井純子事務局長に出版についてお伺いを立てた。

　松井事務局長のお取り計らいで，この件は理事会に諮られ，2016年度の特別会計予算からの助成を得て，日図研から本書を刊行する運びとなった。また前田章夫理事長から「序文」を頂戴することになった。この間の松井事務局長のご尽力と，前田理事長をはじめ理事会の皆さまのご高配に感謝申し上げる。

　振り返れば約20年間，本グループは日図研の援助によって活動を継続することができた。「ひかり号」研究でも，日図研大会発表の際に寄せられた会員の皆さまからのご助言が何よりの励みであった。

　本書には，千葉県立中央図書館・鵜澤堅治館長より「刊行に寄せて」をいただいた。また歴代の館長，おおくの館員の皆さまには，「ひかり号」関係資料の整理や分析に当たり，何かと便宜を図っていただいた。「ひかり号」研究は，県立図書館のご協力なしには成り立たなかった。深くお礼申し上げる。

　聴き取り調査に応じて，われわれのぶしつけな質問にもていねいに答えて下さった，旧館員の方々，牛久町読書倶楽部の皆さんにも，お礼を申し上げる。また，会場の提供などでご家族の方にもお世話になった。

　最後になるが，本書を大岩好昭・きくゑご夫妻の墓前に捧げたい。お二人は本研究の中心となった大岩桂子のご両親である。お二人をはじめとする若者たちの「読書」に対する情熱がなければ，「ひかり号」は誕生しなかったであろうし，走り続けなかったであろう。

　「ひかり号」関係資料も，幾たびか廃棄の危機があったと思う。しかし好昭

氏など，「ひかり号」に関わった館員たちがそれを守り通し，われわれ後進に残してくれた。「ひかり号」関係資料は，千葉県戦後史を語る価値ある文化財である。今後の保存と活用をお願いしたい。なお，本書のジャケットカバー，各扉，ならびに口絵の写真は，好昭氏の遺品アルバムより拝借したものである。

残念ながら好昭氏は2010年8月に逝去され，直接お話をうかがうことはできなかった。きくゑ氏もわれわれが「ひかり号」研究を始めた頃には体調を崩されており，インタビューの機会も得ないまま，2016年4月他界された。本書の刊行が，きくゑ氏の一周忌に間に合ったことがせめてもの慰めである。今頃はお二人仲良く「ひかり号」に乗って，天上の各地に本を届けているのであろう。合掌。

いま図書館はきびしい逆風にさらされている。図書館だけでなく，戦後築き上げてきたこの国のしくみ全体が危機に直面しているといってもいいだろう。だからこそ，もう一度原点に立ち返って考えてみることが大切ではなかろうか。

敗戦という未曽有の困難を乗り越え，利用者のもとに平和のひかりを届けた図書館員たちの奮闘は，図書館の本質とは何かをわれわれに示してくれた。千葉県のすみずみにまで文化の風を吹きわたらせた「ひかり号」は，これからの図書館を考える上でも，貴重な糧になると確信する。多くの図書館員に，また千葉県の皆さんに本書を読んでいただければ，幸いである。

追　記

本書のジャケットカバーのデザインは石川優花氏にお願いした。また，編集には株式会社天理時報社のお世話になった。深謝申し上げる。

著者紹介 <small>(50音順)</small>

石川　敬史（いしかわ　たかし）
十文字学園女子大学
『図書館の現場力を育てる』（共著，樹村房，2014）；『大都市・東京の社会教育：歴史と現在』（編集委員，エイデル研究所，2016）ほか

大岩　桂子（おおいわ　けいこ）
元・（公財）千葉県教育振興財団
「千葉県立図書館「ひかり号」利用者の分析：1940～1950年代を中心に」『図書館界』Vol. 66，No. 2，2014. 6（石川敬史と共著）；「「ひかり号」の活動と視聴覚メディア」『図書館界』Vol. 67，No. 2，2015. 6（中山愛理と共著）ほか

奥泉　和久（おくいずみ　かずひさ）
元・横浜女子短期大学図書館
『近代日本公共図書館年表：1867～2005』（日本図書館協会，2009）；『図書館史の書き方・学び方：図書館の現在と明日を考えるために』（日本図書館協会，2014）ほか

小黒　浩司（おぐろ　こうじ）
作新学院大学
『図書館用品カタログ集成. 戦前編』（金沢文圃閣，2016）；『図書館をめぐる日中の近代：友好と対立のはざまで』（青弓社，2016）ほか

久保田　正啓（くぼた　まさひろ）
筑波大学大学院図書館情報メディア研究科
「アウトリーチの観点から見た市立移動図書館の役割と意義：「第三の場」理論を下敷きにして」『図書館界』Vol. 67，No. 5，2016. 1 ほか

関　和美（せき　かずみ）
亀田総合病院図書室
「転換期における「ひかり号」の検証：病院ボックスを中心に」『図書館界』Vol. 68，No. 2，2016. 6（石川敬史・大岩桂子と共著）ほか

中山　愛理（なかやま　まなり）
大妻女子大学短期大学部
『図書館トリニティの時代から揺らぎ・展開の時代へ』（京都図書館情報学研究会，2015）；『情報サービス演習』（ミネルヴァ書房，2017）ほか

障害者OK

> 視覚障害その他の理由で，活字のままではこの資料を利用
> できない人のために，音声訳（録音図書）および拡大写本，
> 電子図書（パソコンなどを利用して読む図書）の製作を認め
> ます。ただし，営利を目的とする場合は除きます。

文化の朝は移動図書館ひかりから
千葉県立中央図書館ひかり号研究

2017年3月31日　初版第1刷発行　　定価4,000円（税別）

編著　日本図書館研究会オーラルヒストリー研究グループ
発行　日本図書館研究会
　　　〒531-0072　大阪市北区豊崎3-8-5-104
　　　電話06-6371-8739（FAX とも）
　　　http://www.nal-lib.jp
　　　E-mail : nittoken@ray.ocn.ne.jp
印刷　株式会社　天理時報社

ISBN 978-4-930992-23-9